图书在版编目（CIP）数据

英雄与时势 / 温伯陵等著. -- 上海：文汇出版社，2023.5

ISBN 978-7-5496-4001-0

Ⅰ．①英… Ⅱ．①温… Ⅲ．①历史人物－生平事迹－中国－通俗读物 Ⅳ．①K820-49

中国国家版本馆CIP数据核字(2023)第045835号

英雄与时势

作　　　者 /	温伯陵　　豆　子　　小约翰等
责任编辑 /	邱奕霖
特约编辑 /	黄巧婷　　石祎睿　　王佳鑫
封面设计 /	温海英
封面插画 /	周　末
出版发行 /	文汇出版社 上海市威海路755号 （邮政编码200041）
经　　　销 /	全国新华书店
印刷装订 /	三河市龙大印装有限公司
版　　　次 /	2023年5月第1版
印　　　次 /	2023年5月第1次印刷
开　　　本 /	710mm×1000mm　1/16
字　　　数 /	266千字
印　　　张 /	17

ISBN 978-7-5496-4001-0

定　　价 / 49.90元

侵权必究

装订质量问题，请致电010-87681002（免费更换，邮寄到付）

目 录

汉武帝刘彻：大汉雄风的开创者	001
孙策：江东小霸王的一生	015
夏侯惇：被《三国演义》低估的猛将	059
马谡：错位的悲剧英雄	079
晋武帝司马炎：搅动时局之人	091
王猛：环环相扣的金刀计	115
宋武帝刘裕：生于微末，起于乱世	123
王玄策：从大唐到天竺	161
西域千年往事	169
唐玄宗李隆基：明君的末路	177
王坚：改写世界历史的钓鱼城之战	211
陆秀夫：负帝投海殉国	219
江阴八十一日：大明最后的坚守	243

汉武帝刘彻：大汉雄风的开创者

上医治国

汉武帝时期，是汉代军事影响力的分水岭；而刘彻在军事策略上的决定性改变，则出现在元光二年（前133年）。

在这一年之前，汉朝对匈奴的军事方针是以防御为主；这一年之后，进攻成了刘彻没有选择的唯一道路。汉朝的皇帝也因此从文景两朝的守成之君逐渐转变为武帝这样开拓进取的一代雄主。由此引发的汉朝和匈奴之间长达两百年的战争，更是成就了汉朝在历史上的"强汉"之名，也让"汉"成为生长在中华大地上的亿万人民的代称和标签。

白登后遗症

元光二年，这是刘彻继位的第八个年头。

有文景两朝打下的基础，说国泰民安，自然是不假。比起高皇帝（刘邦）那会儿，现在国家人口成倍增长了，粮食堆积成仓了，国库也充盈了。前两年，武帝还去检查过国库，发现因为钱长时间花不出去，库房中很多穿钱的绳子都烂掉了。如果他的理想只是做一个中庸之君，时不时劝下农、修下水利，遇到灾年免赋赈灾，安安稳稳地过一辈子，到最后肯定也少不了得一个"明君"的头衔。

但刘彻今年才二十四岁，让他过那种从现在一下子看到自己垂垂老矣时啥模样的日子，他怎么过得下去？！

刘彻即位之初，便在思考这样的问题：人生的意义在于什么？

东方朔告诉他：在于折腾。

对刘彻来说，眼下最想折腾的，莫过于"和亲"这件事。

一年多以前的建元六年（前135年）末，刘彻即位以来第一次接待了匈奴使者。他们的目的很明确：提醒汉武帝和亲的时间到了。

依照以往的表现看，和亲对匈奴人有约束力的时间非常短。和亲过后最多两三年，和平便告失效。匈奴人想来抢的时候，还是来抢；想要夺的时候，还是来夺。

所以，相较于和亲，刘彻更倾向于用武力解决问题。虽然没跟匈奴人较量过，但刘彻也不是战场上的初哥。建元三年（前138年），南方的闽越攻打东瓯；建元六年，闽越攻打南越。两次刘彻都派兵前去调停，结果都还没等刘彻的军队开到前线，闽越就主动撤退了。刘彻心想："天子之兵，有征无战"，说的不正是朕吗？以人口与匈奴相当的闽越为参照物，即便匈奴比它强大十倍，朕也有信心将他们击溃！

可一提和匈奴打仗，下面的大臣们脑袋都摇得像拨浪鼓似的。在刘彻看来，他们都得了一种叫"白登后遗症"的病，而且病入膏肓。

这个病的根源，得从高皇帝说起。

公元前200年，高皇帝携统一天下的大势，率三十二万大军出征匈奴，却被围困在白登山七天七夜。满朝能征善战的将军居然毫无办法，连累得高皇帝差点冻死、饿死在山上；最后凭着陈平的计策，才得以脱身。

从白登山回来以后，高皇帝整个人都变了，他不再谈对匈奴用兵的事情，反而接受了刘敬出的"和亲"这么一个馊主意，把堂堂大汉的边境安宁，寄托于柔弱女子和金银珠宝！以致后来数十年间，不论是高后、文皇帝，还是先帝（景帝），对匈奴都只能忍气吞声。如果有人敢提用武力解决边境问题，接下来肯定会有人悠悠地从口中吐出"白登"二字，然后便是满朝文武对企图破坏汉匈和平之人的口诛笔伐。四处横飞的唾沫星子，刘彻在殿上都可以看得到。

总之，从高皇帝之后，"白登"成了朝廷中所有人提都不能提的禁忌。而且这种认知已经深入到政治的基因之中，在大臣们的骨子里一代代传下来。

一年前，当刘彻提出"拒绝和亲，要和匈奴打仗"这一想法时，御史大夫韩安国就带头反对："匈奴聚散无常，很难找到他们的落脚点；而且从上古时代开始，那里就不是适合人待的地方，占领了也毫无价值。如果军队远涉数千里与之交战，让匈奴人以逸待劳，这是取死之道，不如和亲。"

此言一出，从者蚁附："当年高皇帝……""想当时白登……"。

当时韩安国两年前刚被提拔到御史大夫的位置，而且按综合能力来讲，如果没有什么意外的话，刘彻是准备让他做丞相的。这样一个人带头反对，事情就变得很棘手。

唉，没办法，只能继续和亲。

看着那个肩负和亲使命的宗室女子远去的背影，刘彻发誓，这将是最后一次。

和亲过后，边境确实安宁了一段时间。但一年过去，刘彻估计和亲的有效期大概也差不多结束了，依边境的军报，匈奴人又开始有蠢蠢欲动的迹象。

接下来怎么办？继续送女人，送钱财，破财免灾？

这种事情，先帝可忍，汉武帝不可忍！

代庖者王恢

坦率地讲，刘彻希望有一天，能有太尉、大将军或是某个将军把一份进攻匈奴的作战计划递到他的面前。然而第一个做这事的人，却是主管外交礼仪事务的大行令王恢。

当然，这并不算出乎刘彻的意料。因为王恢是燕人，做过边吏，熟知边境的情况，也带过兵、打过仗。

刘彻还记得，建元六年匈奴来人提出和亲时，群臣就"要不要继续和亲"这个问题在朝堂上唇枪舌剑，当时第一个出来表达反对意见的就是王恢。

虽然刘彻最后迫于压力未能阻止和亲，但王恢显然察觉到了皇帝内心的真正想法。

王恢这次的整个计划十分详尽，而且可行性很高：首先，由一个叫聂壹的人装作从马邑城逃亡出来的样子，去匈奴那里诓骗军臣单于，表示自己能带手下混进马邑城，等军臣单于率领大军接近马邑城的时候，便杀死守城的官员制造混乱，然后双方里应外合将马邑城一次性洗劫一空。当然，这是一个诱饵，只要军臣单于上钩，朝廷大军事先在马邑城周围布下口袋阵，便能将匈奴人一举歼灭。

王恢的计划并非空穴来风，也绝非他自己的独创。当年战国之时，赵国名将李牧曾经在雁门伏击匈奴单于，一战便大破匈奴主力十余万，换得赵国边境十多年的平静。

在朝廷主和派占上风的大环境下，王恢提出的这个计划实在是太好了，既诱敌深入，又以逸待劳，完美避开了以往难以解决的"深入敌后还找不到敌人"的问题，真的是一个理想得不能再理想的计划！可以预见，哪怕是韩安国，也难以拒绝和反驳。

刘彻心想：看来王恢两年前站出来反对和亲，也并不是为了迎合朕的投机主义，而是真的和朕心往一处想、劲往一处使。

"朕心甚慰。"

王恢的计划里，有一个关键的人物，叫聂壹；有一个关键的地方，叫马邑城。

聂壹这个人，是马邑城的地方豪强。当然，这里说的"豪强"，大概也就是一般意义上的豪强，远比不上郭解、朱安世这样的全国性"黑社会大佬"，自然也没有能让汉武帝知道的价值。

按王恢的说法，聂壹从事的是边境贸易，据说在马邑一带也算是个人物，甚至在匈奴高层那儿也说得上话。

对于这个说法，刘彻持保留意见。一个汉人能在匈奴那里混得顺风顺水，本身就有问题，犯法的事情想必没少做。甚至不用猜也能知道，他大概没少往匈奴那边走私铁器等犯禁的物品。

但这是小事。聂壹顶多是一只硕鼠，从底下仰视确实庞大；可从刘彻的角度俯视，几乎小不可见，再肥，也不过是一只肥大的硕鼠而已。

刘彻其实知道，这样的硕鼠，在地方上是很多的，光马邑就绝不止他聂壹一只。但如何处理，这是地方官员的事情，不需要他亲自关心。硕鼠就是硕鼠，再多也就是一群硕鼠而已，无法撼动他的江山。

王恢在密奏中说：聂壹这个人是有爱国情怀的，他觉得任由匈奴人在边境长期胡闹下去不是个事儿，希望朝廷能以百姓的性命为先，狠狠打击匈奴的气焰。为此，他有一个大胆的想法，并愿意以身犯险去实施。

糊弄谁呢？！暂且不说聂壹的计划是什么，单就他主动提出消灭匈奴这事，就不合逻辑。聂壹是商人，商人以什么为先？不是天下苍生，不是江山社稷，也不是礼义廉耻——是利！把匈奴人都赶跑了，他跟谁做生意，赚谁的钱？

所以，估计是聂壹走私禁物的事情东窗事发，或者跟地方上的官员分赃不均，惹恼了某些权贵，让人逮了个现行。往匈奴那里走私铁器，在本朝一直都是掉脑袋的罪过——聂壹想要活命，也就只有"先将性命豁出去，将功折罪"这一条路可走了。

这应该才是事情的真相。

但如果事情确如刘彻所想，这就涉及另外一个问题：王恢为何不据实而报，反而要给聂壹打掩护？难道说聂壹事发之后花钱买通了王恢？或者说他之所以在地方上顺风顺水，是因为上面有人——而这个人就是王恢？

刘彻希望是自己多虑了。

万事俱备

今天是立春过后第一次廷议，题目刘彻已经给出来了："以往和亲，朕把宗室女子打扮得漂漂亮亮的嫁给匈奴单于，又送上丰厚的金银绢帛，换来的却是匈奴单于的傲慢无礼。匈奴人对我汉朝边境的侵犯和强盗行为也没有停止，边境百姓每日生活在水深火热之中，为此朕深感痛心和忧虑。如今，朕决定出兵攻打匈奴，解决边境的祸患，诸位以为如何？"

刘彻知道，不管说什么，让这帮"病人"带兵跨过边境主动进攻匈奴，是绝不可能的，但他意不在此。

果然，殿下群臣一片哗然，反对之声此起彼伏。

这时，王恢站了出来，他高声呵斥住众人的喧哗："陛下圣明，匈奴不可不击，百姓不可不救。臣有一策，可将匈奴主力消灭于边境之上，无须跨境远征。"

随后，王恢把他的方案提了出来。

谁也没料到王恢会有这么一手。大殿之上，一时鸦雀无声。

"朕以为王恢此计可行。我堂堂大汉，岂能长期受辱于区区匈奴！朕必将与匈奴人战斗到底，一雪自高祖以降七十年来之屈辱！众卿以为如何？"虽然实际上刘彻的决策已定，但必要的程序还是要走的。

"……"刘彻的态度强硬，朝中众人也感受到了势在必行的气势，因此没有人回答。

"那朕可就点名了！御史大夫，你以为如何？"

"臣，"韩安国犹豫了一会儿，还是说出了后半句，"以为可行。"

"臣等附议……"其他人一看连平时在对匈问题上领头的韩安国都没敢反对，也赶紧跟着表示支持，免得日后落人口实。

既然如此，那就这么决定了。

经过三四个月的准备，大军终于集结完毕。

大汉朝地大物博，军事经济自然不是当年的赵国可比。这次行动，刘彻准备了两倍于李牧的兵力，出动骑兵、车兵、步兵和弓箭手共计三十多万人。同时，他任命御史大夫韩安国为护军将军、卫尉李广为骁骑将军、太仆公孙贺为轻车将军、大行令王恢为将屯将军、太中大夫李息为材官将军协同出征，可谓把朝中的精兵良将都用上了。

聂壹准备完毕。他已经和军臣单于接上头，约定先期进入马邑城中，以悬挂马邑县令、县丞的人头为信号。匈奴接到信号后，军臣单于将亲率大军，由武州塞直取马邑城。

边境同样准备完毕。马邑城四周，三十多万士兵在各自将领的带领下，已将一个完美的口袋阵布好，只等"口袋"扎紧的那一刻。马邑城中，早已选好了几个死囚，并在剩下的时间里让他们吃饱喝足，做一个饱死鬼——他们虽穷凶极恶，但历史将赋予这几人一项伟大的使命：用他们的脑袋充当吸引匈奴人的诱饵。

本着爱民思想，马邑以及附近地区，尤其是匈奴有可能途经之地的老百姓，都被勒令最近一段时间必须待在城中，没有特殊情况禁止出城；"大军准备伏击匈奴，各地必须严密配合"的旨意，也已传达给当地各级官员。

刘彻也准备好了。当韩安国、王恢、李广等人出发时，他让下人们去准备一场盛大的庆功活动。只要胜利的消息一到，他就要祭高庙，向高皇帝宣告这个振奋人心的事情；他要大宴群臣，趁机讽刺一番那些久病不愈的"白登后遗症"患者；他要大赦天下，普天同庆，让大家都知道大汉朝又进入了一个新的更强的时代……

刘彻还有好多事情要做，可现在他一想到即将获得的胜利，就坐立不安，有一种非得站起来在一个狭小区域内来回踱步的冲动和一丝丝无法再进行思考的紧张。

这种情况，只在他当年第一次接受先帝考核时出现过。

功亏一篑

元光二年，夏，六月，晴。

将军们出征已经有一段时间了，如果不出意外的话，前方的消息很快就会传到长安。

刘彻这几天寝食难安。他想，早知道应该御驾亲征，到马邑去看看，也胜过在长安苦等。

这几天夜里，他睡不着的时候就在心里反复盘算这次伏击。想来想去，结果无非三个：第一种情况，匈奴主力被包围并全歼，军臣单于或身死或被俘，传首长安；第二种情况，军臣单于突围成功，匈奴主力损失惨重，退守大漠，较长时间内无力寇掠边境；第三种情况，韩安国等人未能包围匈奴，双方一场混战之后各有死伤，匈奴人短时间内无法再发动大规模进攻，经过一段时间休整之后，双方又回到原来的攻防状态。

第一种情况当然最好；第二种情况也还行；实在不行，如果出现了第三种情况，就相当于一次大规模的边境攻防战，其实对他也没什么损失。一言以蔽之，这铁定是个不赔的买卖。

等待结果的日子真难熬。

又过了三天，结果终于来了。

拿着军报的吏员，并没有如刘彻想象中那般欢呼雀跃。没有人在未央宫外两里地就开始高呼"捷报"，也没有大臣提前进宫准备向他贺喜。

情况似乎不妙。

他忐忑地打开军报，生怕看到惊人的伤亡数字，看到血淋淋的战败报告，看到匈奴和朝臣们赤裸裸的愤怒与嘲讽。

然而并没有。军报总结起来只有一句话：机密泄露，军臣单于不战而逃，双方几乎无损失。

这个令人哭笑不得的结果，让刘彻多日的谋划和之前膨胀的信心，成了朝廷众臣日后的笑料。

以下为当时马邑前线的具体情况还原（部分靠军报，部分靠后来经历此事的将军的口述以及特使在马邑周边搜集的信息）：

事情的第一步进行得很顺利，聂壹假装逃亡入匈奴，很快取得了军臣单于的信任。按计划，和军臣单于达成约定之后，聂壹带着自己人回到了马邑城，并在约定的时间将死囚的脑袋砍下挂在马邑城门上。

从城外跟踪匈奴斥候的士兵那儿可以得知，当时匈奴的斥候看到人头，因为距离较远无法分辨真假，便以为聂壹真的已将马邑县令及其他官员杀死，于是快马回报军臣单于。

军臣单于接到报告，不疑有他，带领十万匈奴主力穿过武州塞，直扑马邑城。与此同时，马邑城外各支部队得到消息，也进入一级战备状态，只等匈奴人进入"口袋"。

整个过程到这里，仍然是在计划之内的，而导致军臣单于发觉中计的变故，发生在距离马邑仅仅百里之遥的地方。这里离口袋阵的口子已经很近，部署在离马邑最远的王恢部队的哨兵，甚至用肉眼便可看到匈奴人的踪迹。

匈奴人的一只脚已经踏到了陷阱的边缘，现在只需要他们再往前一步！

然而就在此时，军臣单于突然下令停止行军，并命令手下在四周抓捕一名汉人"舌头"。

天不佑吾大汉！以朝廷制度，在边境每百里置尉一人，其下有士史、尉史各两人。而匈奴的斥候竟然就在附近亭中捕获一名雁门尉史！

这个该死的尉史，不仅看过朝廷颁发的伏击匈奴的檄文，还经不起匈奴人屠刀的考验，竟然把朝廷在马邑伏击匈奴的消息告诉给了军臣单于！

军臣单于吓得差点从马背上摔下来！他也顾不得许多，急匆匆命令匈奴骑兵后队变前队，直接原路返回塞外。

此时韩安国等人还在百里之外，对前方的变故一无所知。唯一及时知道匈奴人后撤消息的，只有王恢一人。

按原来的计划，王恢麾下三万士兵的任务，是在前方战斗发起后，攻击匈奴人落在后面的辎重部队。相比在一线和匈奴主力死磕，攻击一支没有重兵把守的辎重部队应当是件非常轻松愉快的差事。这本来是刘彻故意留给王恢的奖赏，却暴露了王恢虚伪和投机的一面！作为唯一一个知道匈奴动向的将军，王恢的作为就是不作为！他眼睁睁看着匈奴大军在自己眼皮子底下从容后撤，然后带着侥幸和对刘彻的嘲讽越走越远！

在匈奴人撤退之时，王恢带着他的三万人也开始后撤。等到韩安国、李广等将军听闻边境士兵报告匈奴大军已经退回塞外时，再想追，已经来不及了。

至此，被刘彻寄予厚望的马邑伏击战，彻底沦为了一个耻辱的笑话。

现在只有最后一个问题：既然没有人告密，那是什么让军臣单于突然之间醍醐灌顶，在最后一刻停了下来？

答案让人啼笑皆非：提醒匈奴人的，恰恰是我们自己！

当时，为了避免百姓不必要的恐慌和伤亡，将军和官员们让百姓都留在家中。但为了不让匈奴人起疑心，他们又把百姓的牛羊马匹都赶到城外去放养，极力营造一番跟平时没什么不同的景象。

于是乎，这就是军臣单于在当时看到的景象：广袤的丘陵和草原上一片寂静，随着风儿吹过，一片片茅草和低矮的灌木弯下了腰，露出了隐藏其中的成群牛羊。

这正是塞外的风景啊！天苍苍，野茫茫，风吹草低见牛羊。

见牛羊……不见人，在匈奴人眼中，这就非常可疑！

唉！舍不得谷子种不出粮！刘彻就少嘱咐了一句，可恨这些将军，都是满口仁义的假道学！

想那李牧，当年为了伏击匈奴，先是在城外大肆放牧，让百姓满山遍野随意走动，然后在与匈奴先锋的交战中诈败，留下数千人让匈奴骑兵肆意砍杀，这才让匈奴人深信不疑。

要不怎么说"慈不掌兵"呢，也只有李牧这等名将，才有魄力设下如此香饵，最后钓上匈奴主力这只金鳌。

耻辱的替罪羊

将军们和三十多万大军，全须全尾地回来了。虽然在述职过程中，韩安国等人并未表露出太多不满，甚至各自对没有及时追上军臣单于进行了象征性的检讨——但这些话听到刘彻的耳朵里，却句句都是对他的讥讽！

还有就是听说军臣单于回到塞外后，非但没杀那个雁门尉史，反而觉得他是上天派来拯救匈奴的，最后给他封了王——什么王？哦，对了，"天王"。

这么说，军臣单于这个人，还挺实在，但"天王"这个称号，怎么听怎么像故意来隔空恶心贵为天子的刘彻的。

一切都让刘彻面红耳赤、血压升高——不用提醒，臣子们应该也知道，这表示刘彻很生气。

刘彻一旦生气，就意味着有人要倒霉了。倒霉的这个也不是别人，只能是王恢。至于罪名，刘彻随便安了一个：贻误军机，畏敌避战。

这个罪名虽然随便，却不是瞎编的。如果王恢当时果断率三万人攻击匈奴主力的话，本可为刘彻挽回一些颜面。如果他表现得再好一点，在攻击匈奴的同时派人急速回马邑附近请求其他人的支援——两地相距不过百里，只要能咬住匈奴人半天，有"飞将军"之称、自刘彻的爷爷孝文皇帝时期便以"打匈奴上瘾"闻名于世的李广将军，就能赶到支援——如此一来，胜负亦未可知，最多就是王恢把自己和三万人都赔进去。即使这样，刘彻也会给他的后人加官晋爵，让他们享受烈士遗孤的待遇。

可王恢倒好，匈奴退，他也退，还自诩为刘彻保留了三万士兵！

刘彻心想：笑话！朕缺的是这三万人吗？缺的是让世人知道朕不甘和亲、坚决与匈奴战斗到底的决心！缺的是让朝中众臣住嘴的战绩！

所以说，王恢不能退，退就必须死！

王恢被下了大狱。依照刘彻的愤怒程度，廷尉认定王恢的量刑是死罪，准备秋后问斩。刘彻就是喜欢廷尉这种遇事不需要交代的聪明人。

几天之后，又到了刘彻去给太后请安的日子。

说实话，刘彻登基之后，跟太后见面的日子便少了，时间一长总不免有些生分。况且自从去年太后不看他的面子，生生逼死了他的宠臣韩嫣，刘彻就越发不想到这长乐宫来。

"陛下，"多日不见，太后依然如旧时模样，"王恢是马邑事件的策划者，他的本意无非是消灭匈奴、替陛下分忧，现在因为事情没有做成就杀了他，岂不是给匈奴报了仇？"

太后久居宫中，并不像两年前才崩掉的太皇太后那般关心政治，如何会说出这番话？刘彻觉得其中有猫腻！

前些日子，也没见下人们提及有什么特殊的人进宫见过太后。如果有，应该就是他那个以贪婪闻名的舅舅田蚡。刘彻推测，应该是王恢托关系找到田蚡，田蚡再找的太后。

这个田蚡，仗着是太后同母异父的弟弟，坐上丞相的位置后便飞扬跋扈、四处敛财。要说他胆子大到什么程度？平日里肆意提拔官员就不提了，有一次甚至连朝廷考工署的地，他都想要划给自己当宅基地！这样的人，要不是刘彻的舅舅，早被诛三族了！天底下也就只有他田蚡敢在这个时候收钱捞王恢！

王恢是一定要死的！更何况他为了活命，竟然贿赂刘彻最痛恨的田蚡！而且以田蚡之贪婪，王恢能让他出手，出的价钱想来不是个小数目——可王恢竟轻松拿出，哼！怕是平时也没少得聂壹这样的人输送利益吧！

刘彻觉得以前是被王恢蒙蔽了。该死！

刘彻注视太后……

良久。

"太后此言，是自己的肺腑之言，还是替谁说的？"

"那也是你舅舅的意思。"

没错了！刘彻深吸一口气，缓缓说道："太后既然知道马邑的事是王恢提出来的，也自当知道朝廷为这件事做了多少准备。几十万兵马和粮草的调动，岂是儿戏！当时的情况，如果王恢能攻击匈奴的辎重部队，虽然未必能抓住军臣单于，但也足以以行动告慰天下。可是他王恢，竟避战胆怯，毫无作为，还借口说是为了保存力量！难道他提出计划的时候，就没有想到过会死多少人吗？"

"陛下，难道……"

刘彻不想再多言，太后虽然会怪罪他不给她面子，可她逼死韩嫣之时，又何曾有看他的面子！

"太后，今不诛王恢，朕无以谢天下！"这是刘彻给此事最后的定论。

"朕诸事缠身，改日再来向太后请安！"他随即起身，径直走出长乐宫。

迈出新的一步

王恢死了，是自杀，就在刘彻从长乐宫出来之后不久。

这也证实了王恢此人确实手眼通天，人都已经在大狱了，宫里发生的事情他依然能够知道。而且后来经过打听，也印证了刘彻的猜测：王恢是以千金才求得田蚡在太后面前为他求情。

一千金！

刘彻虽然少出宫门，但也知道如今国泰民安，一石米价值不过百钱。王恢一个两千石的官员，年薪折现不过二十金，如何能在数日之内以五十年之俸禄买命？想那司马迁也同样是两千石官员，后来就是因为拿不出五十金的赎命钱，才生生挨了裆下一刀！

所以，王恢死得不冤。

王恢的死，虽然堵住了群臣的嘴，但匈奴人却已经被彻底激怒了。他们越发频繁地出现在两国边境，往来寇掠不可胜数，情况一日比一日严重。

和亲在这个时候已经不是可以被选择的方案，匈奴也拒绝进行任何形式上的外交谈判；大量军队长时间被动驻屯防御，在四处漏风的数千里边境上也并不现实。

现在，刘彻只有最后一条路可走，而且必须一条路走到黑。

但刘彻还需要等待，因为朝中以韩安国为代表的绝大多数将军并不具备陪他走这最后一条路的能力。他需要新的、年轻的、具有足够冒险精神和军事天分的将领，与他一起去开创一个新的时代，或者迎接另一个失败。

元光六年（前129年），匈奴入侵上谷，杀掠边民数千人。

这一次，刘彻决定再也不等了，随即派出四支一万人的骑兵，入草原对匈奴进行报复性打击。就在这一次赌博性的军事行动中，刘彻等待许久的将才终于出现了，他就是卫子夫的弟弟卫青。

卫青第一次出征，便深入草原千里，攻击了匈奴人祭祀的圣地龙城，不仅歼敌七百，还全身而退。

元朔二年（前127年），张骞回来了。他虽然没能说服月氏与刘彻夹击匈奴，但带回来了西域以及匈奴地区详尽的地理和水源等信息。有了这些，军队在草原大漠中再也不是盲人瞎马。

刘彻知道，一个新的时代来临了。

进攻！

寇可往，吾亦可往！

孙策：江东小霸王的一生

橙衣恶少

谋定此生

孙策，字伯符，孙坚的长子，孙权的大哥，赫赫有名的江东小霸王。

虽然站在历史的舞台上，即将成为这一幕戏的男主角，但孙策面临的形势是相当差的。

首先，老爹战死了，葬礼还没开始办，手下的将领士兵就都作鸟兽散了。

其次，老娘还活着，需要好好赡养，还要抚慰她丧夫的悲痛之心。

最后，弟弟们还小，都还不懂事，需要人照顾，无法和他们商量这些事。

这所有的事务，都落在了孙家新的顶梁柱——孙策头上。这个十七岁的少年，表示压力巨大。但是他知道为人子要守孝道，明白长兄如父的道理，也还记得他的父亲在他这个年纪所做的英雄之事。

"父亲，好好安息吧，母亲和弟弟们我会照顾好的。我会继承您的坚毅、胆略，您的遗志将由我来实现。我会为您报仇的，我发誓。"

孙策将父亲的灵柩运回曲阿（今江苏丹阳）下葬后，又把母亲和弟弟们从舒县（今安徽庐江）接到江都（今江苏扬州江都区）居住，至此料理完了孙坚的后事。

其实孙策并不是一个人在战斗。虽然他的亲弟弟们（包括孙权）都还小，但他还有一个可以为他出谋划策、劳心劳力的异姓兄弟——周瑜。

这一切，都是拜孙坚所赐。可以这么说，作为父亲，孙坚是不合格的。

孙坚年轻的时候，起义兵，征战四方，长年在外，所以，子女的教育就落到了他老婆吴氏一个人身上。

吴氏具体怎么教育孩子的，我们不得而知；但是从最终的成果来看，那是相当成功的。因为她的四个儿子，有两个成了大器，其中一个还当上了皇帝。后来，她被追封为武烈皇后。

作为两个大器儿子中的第一个，孙策受到了良好的教育。之所以说良好，是因为吴氏是个有才有德的女子，忠孝礼仪、道德仁义这些东西必然是经常挂在嘴边的，有事没事肯定还会说孙坚当年如何如何了得。

就这样，孙策的性格逐渐形成了，跟他父亲很像。十来岁的时候，他就已经声名远播，因为他豪爽义气，喜欢结交朋友，可谓现实版的宋江。

居住在舒县的一个少年，也是英勇豪气之人，听说了孙策的名声之后，决定去拜访他。两人一见如故，倾心交谈，结为知己。

后来，孙策听从这个少年的建议，把全家都搬迁到了舒地；那少年也把自家的一座大宅让与孙策居住。然后两人分别去对方家的后堂，拜见了彼此的母亲，结为异姓兄弟。

你猜得没错，这个少年正是周瑜。而这，只是他们一世缘分的开始。

等到孙策得知父亲战死的噩耗之后，周瑜过来安慰他，让他节哀顺变云云。孙策却对他说："我要报仇。"

对于一个男人，确切地说是对中国男人而言，有两种仇恨是刻骨铭心、不共戴天的，一个是杀父之仇，一个是夺妻之恨。

就这样，一心要报仇的孙策拜别了自己的把兄弟，举家搬到了江都。在这里，孙策结交当地豪杰和青年才俊，积蓄力量。

江都当地有一个名士，很有谋略。孙策听说之后，数次去拜访他，向他讨教天下大事，当然也有私仇之事。

"现今天下大乱，汉室衰微，各地英雄豪杰拥兵自重，一心为己，没有哪个人能扶危济乱。我爹与袁氏兄弟曾共同讨伐董卓，可惜没能成功，最后竟被黄祖所害。我虽年轻学浅，但也有些志向，我想先去袁术那儿讨要我爹的旧部；再去我舅舅丹阳太守那里，招兵买马，然后攻占吴郡（今江浙一带）、会稽（今浙江绍兴），以便报仇雪恨，做臣服于朝廷的外藩。您以为如何？"

孙策说了那么多，本想得到名士的指点，可是名士让他失望了。名士只是淡淡地说："我见识浅陋，并且还在守丧，实在是无能为力。"

这话总共三句，两句假的，一句真的——名士的母亲去世了，他确实在守丧。看来名士也是要考验孙策，看看这个娃是不是有耐心、有眼光。

孙策准确地猜出了名士的用心，知道他是想看看自己的诚意，情绪有些激动："您的智谋远近闻名。我今天所说的事，全都取决于您，为什么您不能指点一二呢？倘若我一朝得志，大仇得报，绝不会忘记您今日的教诲！"说完之后，孙策又想起父亲战死的惨状，再也控制不住自己，涕泪交加。

当着名士的面，一个无助的年轻人袒露了自己最真实的内心——我想请你帮助我报仇！

名士看到了一个真实的孙策：感情真挚，慷慨陈词，神色间流露出忠义豪壮之气。在他看来，这个二十岁的年轻人，所说的、所做的都发自肺腑，着实令人感动。

他为孙策擦干了眼泪，平静地对他说："去吧，孩子。你继承了你父亲的骁勇武烈，假如你真能去丹阳，召集吴郡、会稽的兵马，那荆州、扬州都是你的，报仇雪恨也指日可待。到那时，你就能凭借长江天险四处出击，诛灭群贼，匡扶汉室；必然会成就和齐桓公、晋文公一样的霸业，万古流芳。不过现在时局混乱，要想建功立业，当渡江向南发展。我会在这儿支持你的。等丧期一过，我就去追随你。"

孙策听完之后很高兴，因为名士不但认可了自己的想法，还给出了建议。不再哭泣的他，拉着名士的手笑了："原来您跟我的看法是一致的，那我马上就行动。我的母亲和弟弟们，就暂且托付给您，这样我便没有后顾之忧了。"

名士欣然答应，并且在未来履行了自己对孙策的承诺，追随他而去。这位名士，就是与张昭并称"江东二张"的张纮。

按照预定计划，孙策直接去寿春（今安徽寿县）拜见袁术，请求收回亡父的旧部兵马。

"我父亲当年跟您一起讨伐董卓，同盟结好，可怜不幸遇难，没能完成大业。我时常感念您对我父亲的恩德，愿意继续为您效力，一片诚心，天地可鉴！"

袁术十分诧异，也十分感动，然后拒绝了他——他不愿意将孙坚旧部交予孙策。

"我已经任用你的舅舅做丹阳太守，你的堂兄为丹阳都尉，那里是出精兵的地方，你可以去那儿招募兵马。"

得到袁术的首肯之后，孙策就去丹阳见他舅舅吴景，顺便把老娘也接了过去，让他们姐弟得以团圆。

家事做完之后，就要做公事了。孙策在当地招募士兵，总共招到数百人。孙策觉得有点少。更糟的是，孙策在带领这几百人经过泾县（今安徽泾县）的时候，被当地的豪强祖郎偷袭了，全军覆没，连孙策本人也差点战死。

侥幸逃脱的孙策记住了一个人，明白了一个道理。

记住的这个人叫祖郎，他打败了自己，差点把自己的计划扼杀在摇篮里。

明白的道理是，实现自己的志向是一件很困难的事情。这世上，每个人都有自己的志向，他们相互倾轧、相互冲突，所以成为对方奋斗路上的拦路虎；只有打败一个又一个的拦路虎，才能实现自己的志向。

虽说收获很多，比如仇人名单上又加了一个人（第一个是黄祖），人生经验又增添了一笔，但现实是残酷的：士兵一个都没有了。

就这样，单枪匹马拜别袁术、去丹阳招兵的孙策，又单枪匹马地回去见他了。

看着孙策战败的惨样，袁术有些心软。既然人家都说了要为自己效力，也实在没理由不给他点兵马。于是，袁术就把孙坚旧部一千多人交还给了孙策，又向朝廷表奏孙策为校尉。

有了官职、兵马，有了容身之处，孙策的事业终于起步了。

"虽说是在袁术手下效力，但只要我厚积薄发，积蓄力量，早晚会成就大业的。"

"父亲的遗志、仇恨，我一时都不曾忘却。"

在袁术帐下，孙策把他的人格魅力发挥得淋漓尽致，导致的直接后果是，像袁术手下乔蕤、张勋这样的大将，都对孙策很敬重、很倾心。要知道，在三国时期，将军的地位比校尉要高得多。

当然孙策并非只会结交朋友。作为校尉，他治兵严谨，坚持原则，不留情面。

有一次，他手下的一个骑兵犯了罪，逃到了袁术大营，藏在马厩里。孙策知道之后，派人直接进去，就地斩杀了那骑兵。然后，他亲自去拜见袁术，为自己的无礼谢罪。

袁术表现得也很大度："算了算了，有些士兵就是喜欢叛变，我和你一样也很厌恶这种事，你有什么好谢罪的？"

看着孙策为人处世那么老到，袁术常常叹气："要是我有个像孙策那样的儿子，就算死了也没有什么遗憾了啊！"（使术有子如孙郎，死复何恨！）

可惜孙策并不是袁术的儿子，所以袁术虽然很看重他，但并不重用他。原因很简单，这种有能力的人，一旦给他施展的空间、合适的机遇，便会一发而不可收，就像俗话说的，"一遇风雨便成龙"。

他又不是我儿子，他成了龙，我怎么办？

袁术是这么想的，也是这么做的。只是他的手段比较老到，忽悠得孙策团团转。

起初，袁术曾经许诺让孙策做九江太守，但后来却任用了另一个人。又过了不久，袁术要攻打徐州，向庐江太守陆康讨要三万斛米作为军粮。陆康拒绝了，袁术愤怒了。

愤怒的袁术派遣孙策去攻打陆康。为了激励他，袁术作出一副痛心疾首的表情："伯符，之前的九江太守我用错了人，这不是我本意，我深表遗憾。这次你要是打败了陆康，那庐江就是你的了。"

孙策不知道袁术这个承诺的可信度有多高——但是没关系，对于此时的孙策来说，打陆康这件事不需要动员，可以立马抄家伙就上。

原因很简单，陆康得罪过孙策。孙策曾经去拜见陆康；陆康不知道是看不起孙策还是事多太忙，反正没有亲自接见，而是让主簿代表自己接见了他。孙策很生气，觉得自己受到了轻视、受到了侮辱，从此仇人名单上又多了一个人。在这一点上，孙策跟他爹孙坚真是一个样。

仇恨的力量是巨大的，孙策带领人马攻打庐江，不破城不罢休。围城打了两年，终于打下来了。

陆康在城破之后一个月，就得病去世。在这场战争中，他的宗族百余人战死、饿死了近一半（大部分是围城后被饿死的）。可是后来，他兄弟的一个孙子，却娶了孙策的女儿，做了孙家的女婿，当了三军的大都督，打败了来犯的强敌，保住了孙吴的江山。这个人就是陆逊。

人生，很诡异；命运，很奇妙。

虽说袁术这个人的承诺值不了几毛钱，但孙策还是怀有几分期望的。可当他看到庐江太守任职令的时候，期望变成了失望：那上面的名字并不是孙策——说白了，孙策又被袁术忽悠了。

"我本想在袁术手下磨砺自己，积蓄力量，以便得志报仇。可袁术这个人，就会忽悠我，对我没有丝毫重用之心。我的机遇在哪里？我的未来会怎样？"

孙策，不要着急，休息，休息一会儿。你的机遇马上就要来了，在这之前，你必须先做好准备。

抓住这个机会，就会得到江东六郡，就会奠定孙吴基业，就会一朝得志，不负此生。

寿春这个地方，本来是扬州的治所（可理解为政府机关所在地），但此时已经被袁术占据了。

这样一来，新任扬州刺史刘繇就尴尬了：自己的窝被人占了。去跟袁术讲理，他自然是不听的，毕竟天子权威、朝廷法令在东汉末年都是虚的。去打他，夺回寿春？开什么玩笑，袁术兵强马壮，势力庞大，不来打刘繇，刘繇就千恩万谢了，怎敢去招惹他？

无奈之下，刘繇只好寻找新的治所。几番衡量之后，他挑选了曲阿。曲阿这个地方当时有两个人驻守，一个是丹阳太守吴景，一个是丹阳都尉孙贲。前者是孙策的大舅，后者是孙策的堂兄。之所以要强调这层亲戚关系，是因为孙策能够建功立业，宗族势力是一股不可忽视的力量。

刘繇毕竟是朝廷任命的扬州刺史，丹阳郡本来又属扬州，所以当刘繇率军渡江来到曲阿的时候，吴景和孙贲作为下属自然要来迎接。这样一来，丹阳郡的一把手换成了扬州刺史刘繇，他掌握了话语权。

这个时候孙策在干什么？他正在拼命打庐江，为了袁术那不值几毛钱的许诺。

但这事在刘繇看来就没那么简单了：吴景、孙贲本来就是袁术的人，与我不是一条心；他们又都是孙策的亲戚，等孙策攻下庐江来打我的时候，这两人必然会跟他里应外合谋害我。先下手为强，后下手遭殃。

可设想的事毕竟还没有发生，总不能用这个理由把人杀了吧？再说，他也不敢杀，吴景和孙贲的老大是袁术啊！

既不能杀，又不能留，那只好驱逐了。于是，吴景、孙贲被驱逐出了曲阿城，率领本部兵马退守历阳（今安徽和县）。

撵走了两人之后，刘繇还是不放心。看这架势，袁术早晚是要来打自己的，还是先做好战斗准备吧。于是刘繇派遣部将樊能、于糜驻守横江，张英驻守当利口，布防以抵御袁术。

袁术很生气，自己安插在丹阳郡的人被赶出来了，势力受损不说，面子上也过不去。既然刘繇已经表明了态度，那袁术也就用不着客气了。

他一方面表奏举荐自己的亲信惠衢为新的扬州刺史；另一方面派吴景为督军中郎将，与孙贲一起率军攻打樊能、张英。

让袁术没想到的是，樊能和张英着实是两个硬骨头，吴景、孙贲打了一年多也没能打得过。袁术很恼火，可手下又没有强将可用，真是憋了一肚子气。

同样憋了一肚子气的还有一个人：他空有一身好武艺，可就是没有用武之地；胸怀大志想建功立业，却屡遭失败；一心要为父报仇，可到现在还没有一点资本——不错，这个人就是在幕后憋坏了的伯符兄。

这时候的孙策正处于人生的低谷，要兵没兵，要地没地，姥姥不疼，舅舅不爱。自己好不容易招了点兵，却被祖郎给灭了；父亲的旧部就那么点兵马，屈居袁术手下还不受信任、不受重用，并且屡次被他忽悠。

到底该怎么办呢？

其实不受重用倒也不能全怪袁术，因为孙策实在是一员猛将，太能打仗，智商情商也挺高，人格魅力也挺足——这是袁术及其手下诸人公认的。让这么个人受重用，任其磨砺发展，那不是养虎为患吗？所以，袁术的态度是既不重用也不放弃，时不时忽悠他给自己出出力。

猛虎出笼

就在孙策苦恼的时候，曾在孙坚手下担任校尉的一个老部下来求见他。这个人叫朱治。他觉得袁术此人不论为政还是德操都不行，就劝孙策早点脱离袁术，去收取江东。

先来说下江东的地理概念：在长江中下游地区，以芜湖（今安徽芜湖）和南京段长江为界，南岸的地区被称为江东。在当时，江东包括六个郡：吴郡（郡治今江苏苏州）、会稽郡（郡治今浙江绍兴）、丹阳郡（郡治今江苏南京）、豫章郡（郡治今江西南昌）、庐陵郡（郡治今江西泰和县西北）、庐江郡（郡治今安徽庐江县西）。

收取江东是个好主意。因为当时天下比较乱，中原地区的割据势力都比较强，相比而言，江东地区比较弱；另外，孙坚生前在江东素有威名，广播恩惠。

朱治也没有白献此计，之后他跟随孙策征战江东，立有战功，不光为自己挣得了前途，也为儿子赚了一个老婆——孙策的女儿后来嫁给了朱治的次子。

主意拿定了，就先收取江东作为根据地吧。但这时候，孙策还有一个难题尚未解决——怎么让袁术放自己走？

在袁术等人的眼里，孙策是一头猛虎，拴住了还可以用来吓唬吓唬人；但要放了他，那就会反咬自身了。所以，正常情况下，袁术是不会放孙策走的。

但随着与刘繇战事的发展，情况变得有些不正常。丹阳郡屡攻不下，让袁术很无奈："总不能就这样一直耗下去吧。收兵？我可咽不下这口气！"

好了，机会来了。孙策直接来见袁术，对他说："我愿助我舅攻打横江；攻克横江之后，顺势在江东征兵。因为我家对江东百姓有旧恩，所以能征募三万左右的士兵，用来辅佐您匡济汉室。"

话虽说得挺漂亮，但袁术知道孙策的心思：不就是急着想报父仇吗？不就是想找个地盘吗？不就是想征召一支兵马吗？

但现在这战况也没别的人能用了。再说刘繇占据曲阿，会稽郡由王朗占着，这两个人还是有一定实力的。袁术心想：连我都不一定能打下来，何况这个没兵没粮的穷小子？他这次出去，最多也就帮我攻克横江和当利口，我就不信还能有啥更大的作为。

那就让他去吧！

虽然袁术这一生判断失误过很多次，但这次无疑是最严重的一次。正是他的"大慈大悲"，使得孙策有了站在历史舞台中央的机会。

等等，好像忘了点啥——对了，还没给官职呢！这可不行，遇敌叫阵的时候，总不能说：嘿，对面的你们给我听好了，我是孙策。

孙策？何许人也？咱中国人向来讲究名分、头衔，没有这个，上战场都不好意思开口喊。

袁术说："有！"于是表奏孙策为折冲校尉——是个校尉，还不是将军。

有了官职，可还没有兵马粮草，总不能让孙策一个人举着旗子去打仗吧？

袁术说："也有！"给了孙策士兵一千多人、战马几十匹。

孙策：这有点少吧。

袁术：要不要？不要我拿走。

带着这些兵马，孙策上路了，真正踏上了通往成功之路。此时，孙策正好二十岁。

在去往前线的路上，孙策也没闲着，连拉带拽，又招募了一些士兵；等到了历阳，队伍已经有五六千人了。

兵多了，粮草怎么办？总不能去抢老百姓吧？这时候，一个老朋友以救世主的姿态降临了。

孙策见到他之后，大喜，说："我得到你，万事不愁，大事可定了。"

此人正是孙策的拜把兄弟——周瑜，他不光带来了一些兵马，还带来了很多粮草。要问为什么周瑜有这本事，因为他伯父周尚是丹阳太守。

兵马齐备，粮草充足，准备好了就动手吧。孙策先进攻横江，攻克，守将樊能败逃；又进攻当利口，攻克，守将张英败逃。

在此期间，孙策把助他成功的三股力量——父亲旧部、亲族、朋友——拧成了一股。用现在的话说就是：整合人脉资源。

横江、当利口被攻克之后，孙策有了渡江的条件，而刘繇则失去了长江这个天险。

孙策随即挥军渡江，势如破竹，所向披靡，没有人敢阻挡他的锋锐。当地的老百姓听说孙策来了，都吓得失魂落魄；而当官的、当将的，更是迅速达成共识，采取了一致行动——弃城逃跑。往哪儿跑呢？还是跑到山上林间藏起来吧，总之越远越好。

这是为什么？

除了因为孙策的威名，还因为军队的名声差。正常来说，当兵的应该是保卫老百姓的，残害百姓的那叫土匪——不论是以何种名义的残害！

但到了东汉末年，黄巾起义一折腾，朝廷兵力严重不足，只好把征兵的门槛降低了，并且地方也可以自行征兵、镇压民变。慢慢地，军队的素质就下来了，逐渐土匪化。如果再摊上一个不大讲究纪律的将领，那这支军队基本上就和土匪差不多了。

这种军队和正规军打仗可能不大行，但打变民还是有把握的，顺便还能欺负一下良民，抢劫偷盗的事没少干。于是，老百姓看见当兵的就怕，一怕抢掠二怕打。就算百姓被杀了，当兵的也不犯法，大不了上报说杀的是变民。

这也是东汉末年皇帝权威丧失的一个缩影，各地的割据势力就是这么成长起来的。摊上个有点良心的军阀，老百姓的日子还能过；摊上土匪，那就惨了。

综上所述，老百姓听说孙策大军来了，自然是像老鼠见了猫一样怕得要死；不知道谁家的牛羊要被抢走，谁家的女子要被奸淫。

官吏们听说孙策这么猛，活脱脱一个三头六臂的怪物，打不过，又怕投降也被杀，只好像小偷见了警察似的，跑得没影了。

但是，孙策是不一样的，孙策的军队也是不一样的。

每攻克一处，孙策都严令军士不准掠夺百姓财物，一粒米、一棵菜、一只鸡都不准拿——这种做法，慢慢地帮助他深深地赢得了民心。

人们很高兴，纷纷主动拿出酒肉来犒劳孙策的军队——你看，其实老百姓很容易满足，对他们好点、尊重点，他们就很好说话。哪有人天生就愿做刁民、变民？

孙策这个人，长得很帅，又很幽默，性情豪放阔达，能够听取不同意见，又善于用人。这么个外在美与内在美兼具的男子，用自己的人格魅力征服了每一个和他接触过的人，这些人都愿意为他尽心尽力，甚至愿意为他去死。（见者莫不尽心，乐为致死。）

若按中国士人的传统报恩法——士为知己者死——来解释这个现象，那就是：孙策让每个遇到他的人都觉得遇到了知己。这是一种怎样的人格魅力？难以想象，难以置信！

孙策这种无与伦比的人格魅力，成了他获得成功的最大王牌。

牛渚营，是刘繇囤积粮草的地方，现在成了孙策眼中的一块肥肉。没费多大力气，肥肉就被这只猛虎吃到了嘴里：大把的粮米谷物、大批的战马草料、大量的武器防具。孙策乐得嘴都合不拢了。

孙策攻破牛渚营后，时任彭城相的薛礼、下邳相的笮融都很紧张，因为他们驻扎在秣陵（今南京市江宁区）。如果孙策沿江往下攻打的话，他们两个是在劫难逃。

于是，他们就跟刘繇结盟了，刘繇被推举为盟主。薛礼驻守在秣陵城内，笮融驻守在秣陵南部，三人相约互为援手，共同抵御孙策。

孙策没有让他们失望，下一个目标——秣陵。

先打笮融。笮融不服气，出城与孙策交战。孙策很慷慨，送给他一份见面礼——斩首五百级。然后笮融表示服气了，老老实实地"闭门谢客"，再也不出城交战。

不出来是不是？那就去打薛礼。薛礼表示自己打不过，没扛多久就逃了。可是孙策还没来得及高兴，后背就被人"砍了一刀"——樊能（当初守横江的那位）聚合了败逃的一些将士，偷袭了孙策后方的牛渚营。

被人偷袭的滋味是不好受的，孙策急忙率军回救；大战一场，再破樊能，俘虏万余人。

薛礼被打跑了，樊能又被收拾了一回，现在轮到笮融了。一番休整之后，孙策再次来攻打笮融。

可能是孙策身先士卒，过于勇猛，一支不长眼的箭幸运地射中了他。这可不是丘比特之箭，被射中是会死的——不过还好，射中的是大腿。大腿受伤就不能骑马，于是孙策退出了战斗，坐车返回牛渚营。

没过多久，噩耗传来，孙策死了！

笮融很兴奋也很紧张，他又问了一遍来降的士兵："真的死了？"

"真的死了，被箭射死了，我亲眼见到他咽气的。"

这下可放心了，老虎一死，就没啥好怕的了，速速出击，攻打孙策大营！

笮融的将士们听说孙策死了，那颗惊惧已久的心终于可以平静下来了。在去攻打孙策大营的路上，他们遇到了几百号人，都打着孙策的旗号。狭路相逢勇者胜，冲啊！

可惜，笮融军好不容易积攒的勇气并没有用武之地，因为，兵刃未接，那几百号人就都逃跑了。

这下笮融军士就更放心了，看来孙策果然已死，否则他的军队怎么一点斗志都没有？

加速前进，直捣孙策大营！

就这样走着走着，突然道路两侧如幽灵般冒出了很多人，随即箭如雨下、杀声四起。不好！中埋伏了，快跑！

此时再跑已经晚了！好不容易把人引诱出来，包了饺子，岂能放过一个？孙策的军队大败笮融军，斩首千余级。

这还不算完，孙策得了便宜还卖乖，顺便调戏了笮融一把，展示了他幽默的一面。他率军反攻笮融大营，命令士兵们大喊："孙策到底怎么样了？"（孙郎竟云何？）

这种说法不够贴切应景，用现在的话说应该是这样：睁大狗眼看清楚，你爷爷我孙策在此！

听到这个噩耗，笮融军中将士们的心脏再也承受不了了，又惊又怕，连夜逃跑了一大半。

孙策的这招引蛇出洞，用得实在是妙！这种战场上的急智，是一个优秀将领必不可少的素质。

笮融你也不要哭，不就是被骗了一次吗？设身处地地想一想，一般的将领遇到这种情况所做的反应也应该跟你差不多。你也不用自责，毕竟你的对手是非同一般的孙策，太狡猾了！败就败了，谁都知道马后炮容易，遇事决断难啊！

擦干了眼泪，笮融开始让兵士挖深沟、筑高墙，好好准备防御工事。这回打死也不出来了！

孙策看到笮融的龟缩姿态，又看到他的地势比较险固，就决定不再强攻，而转战他处。于是，笮融笑了；海陵、湖熟、江乘这些地方的守将哭了，因为这些地方全被孙策攻克了。

外围的防线全都被突破了。现在，曲阿城直接暴露在孙策眼前。刘繇虽然害怕，但也没有弃城而逃——因为他实在无处可逃，曲阿是他在丹阳郡仅存的地盘了。

本以为能够轻而易举地攻破曲阿城，但另一头猛虎的出现，让曲阿攻防战更加紧张刺激。

这只猛虎名叫太史慈，是刘繇的老乡，此时正好来曲阿拜会刘繇，顺便谋求个官职。此时的太史慈已经小有名气，所以当孙策大军到来的时候，有谋士向刘繇建言，让太史慈当领军大将。

刘繇丝毫没有顾及同乡之谊，愤愤地或者不屑地说："我如果用了太史慈做大将，许子将必会笑话我！"（我若用子义，许子将不当笑我邪！）

许子将，就是评价曹操"治世之能臣，乱世之奸雄"的那个人物评论家。在那个时代，许子将经常对当世的英雄豪杰加以点评，每月一次。凡是被他点评过的人，都会全国闻名，进而就有了被推荐做官的资本。

这么看来，太史慈应该是没被许子将点评过，至少不是什么杰出人物。所以，刘繇为了不被人嘲笑，拒绝使用太史慈做大将。

但是，有些人即使没有大将的虚名，也会用实际行动证明自己有大将的实力。太史慈就是这样的人。

刘繇虽然没让太史慈当大将，但也没让他闲着，派他作为斥候出去侦察敌情。两虎相斗的好戏由此开始了。

太史慈带着个小弟，骑着马四处侦察，跑着跑着，就跑到了神亭岭。突然，他们遇到了一小队骑兵，数了数有十三个人。看穿着装束，不像是刘繇军士，那必然是孙策的斥候了。

一般而言，常人遇到这种情况——己方两个人、敌方十三个人，只要头脑还正常，必然是掉头就跑。平均一个人差不多要打六个，被人群殴致死还比较有可能。

不同常人的太史慈没有跑，他勒马问那领头的骑兵："我是东莱太史慈，你是何人？"

"我是孙策！"

互通姓名之后，太史慈的举动更加超越常人了——他直接策马冲过来单挑孙策。

前面说过，老百姓、守城官吏听说孙策来了，都吓得失魂落魄，四散而逃，可见其名声之恐怖。而现在，太史慈明知是孙策还要来单挑，真是有自信，有胆量，堪称猛虎！

还要多提一点，跟着孙策的其余十二人也都不是等闲之辈，诸如韩当、黄盖，都是当年追随孙坚征战四方、身经百战的老将。

可太史慈就是不怕，明知山有虎，偏向虎山行，因为他也是只猛虎！

孙策刚开始可能也吓了一跳——毕竟在这种形势下，敢来挑战自己的人还没见过。反应过来之后，他示意其他人不准插手，他要亲自教训这个不知天高地厚的无名小将。

好强争胜的血液已经开始沸腾了，孙策挺枪上前，迎战太史慈。两只猛虎的獠牙有了第一次碰撞。

真是棋逢对手，谁都讨不到便宜。孙策刺中了太史慈的马，顺手把太史慈背后的手戟夺了过来；太史慈也没吃亏，把孙策的头盔抢了过去。两个人就这样一来一往地打着，武艺都很高强，攻得凶险，守得稳固。旁观的人也都看得心血澎湃，着实刺激。

如果不是两边都派了大队骑兵来找人的话，必然要这么一直打下去，以决胜负。

因为刘繇之前在横江、当利口，以及其他各城池都布置了守军，所以战力比较分散，当孙策攻到曲阿的时候，刘繇手里的军队已经很少了。在孙策的强攻之下，曲阿被攻陷，刘繇带着太史慈就逃了。太史慈，不用悲伤，我们还会再见的。

孙策率军进入曲阿城，先是犒劳将士，然后发布法令安抚民心。内容如下：

凡是刘繇、笮融等人的部下，愿意投降的，之前的事情一笔勾销；愿意从军的，一人入伍，免除全家赋税；不愿意的也绝不勉强。

这个法令使得孙策彻底征服了曲阿乃至整个丹阳郡的百姓。十多天的时间里，就有两万多人来参军，还得到了一千多匹马。

自此，孙策完成了第一桶金的挖掘。丹阳郡到手，这是他在江东立足的根据地，是钱粮兵马的保证。再加上新加入的两万多士兵，他成了不可忽视的一股军事力量。有钱有粮有地盘，兵强马壮我怕谁？

二十一岁的孙策，威震江东。

袁术震惊了！孙策这小子，竟然在这么短的时间里就把刘繇打跑了，还占据了丹阳郡——当初这个顺水人情送得真是悲催。事已至此，孙策已成气候，只能拉拢他了——袁术表奏孙策为代理殄寇将军。

终于成为朝廷承认的将军了啊！别的都是虚的，只有实力才能让朝廷和军阀们认可、尊重。

孙策决定让士兵暂时休整一段时间，都太累了，也该歇歇了。他正坐在营帐里休息呢，忽然有人来报："部将吕范前来求见。"

吕范进来之后没跟孙策废什么话，直接就说："现在将军你的事业越做越大了，士兵也越来越多了，但军队纪律还有不完备的地方。我愿意暂时担任都督一职，帮您治理。"

可不要误会，吕范并不是来伸手要官的。孙策是这么说的："你已经是士大夫，还统率重兵，在外征战屡立战功。让你屈居这么个小职位，管理些鸡毛蒜皮的小事，不太合适吧？"

吕范还在坚持自己的意见，他明确地告诉孙策："不是这么回事！我离开家乡来跟随将军你，并不是为了老婆孩子，而是为了治理天下。这就像大家坐在同一条船上过海，一件事不牢靠，大家要一起遭殃。这也是为了我自己着想，并不是单为将军你啊！"

孙策笑了笑，不知道该怎么回答。吕范可一点都不含糊，直接无视孙策这不置可否的态度，出门就跑了，边跑边脱衣服——他倒不是当街耍流氓，而是为了换装。他把自己的单衣脱了，换上便于骑马的军服，然后拿着鞭子就去报到上任了，自称已经兼任了都督一职，负责整治纪律。

吕范的这番作为表明了自己坚定的态度。孙策想了想，就正式发了委任状给人事部门，任命吕范为都督。从此以后，军营气氛变得严肃和睦，纪律变得严格明确，每条军令都能得到贯彻。

总结性的评论不多说，诸位可以想想：如果你是孙策，此时会如何做？如果曹操是孙策，又会如何做？

之前我们曾经提到过张纮这个人，说他是"江东二张"之一，而另外一个"张"就是彭城张昭——此时已经被孙策招揽为自己的长史了。这两个人，都是智谋之士，孙策常常让他俩一人留守后方，一人随军出征。

孙策很尊敬张昭，把他看作良师益友，政务和军务全都委托给他去做。

张昭经常收到朝中士大夫的来信，夸他把江东治理得好，政绩卓著，丝毫不提及孙策。孙策听说之后，十分欢乐："从前管仲在齐国做相国的时候，齐桓公把啥事都交给他处理，最后还不是成了春秋五霸之首？现在张昭贤能，而我能任用他，他的功名政绩难道就不属于我了吗？"

这番话传到张昭的耳朵里，估计他也会很高兴，毕竟被上司信任的感觉很好。

孙策信任他看准的每一个人（对比曹操），例证后面还会有很多，也从不跟下属争功，心胸宽广，用人不疑。对下属要办的合理之事，他也能全力支持，给予信任。溢美之词就不多说了，留待诸位自评。

各奔东西

趁着孙策休整，我们来说说其他相关人等的情况吧。

周瑜，这时候已经离开孙策，率军回丹阳了。毕竟自己的伯父周尚还在丹阳任太守呢，兵马还是要还回去的，不回去士兵们也不干。

可是回去没多久，袁术就派自己的堂弟袁胤来接任丹阳太守，周尚、周瑜另有任用。于是，叔侄俩就去寿春报到了。

另外两个回寿春报到的是吴景、孙贲。这两人毕竟是听命于袁术来打刘繇的，现在打完了，自然要回去交差。

再来看看被打跑的扬州刺史刘繇，他现在在丹徒（今江苏镇江）。虽然丢了丹阳郡，但没关系，还有其他郡呢。

当时的扬州比现在的大多了，包括六个郡：九江郡、丹阳郡、吴郡、会稽郡、庐江郡、豫章郡。其中，九江郡被袁术占着；丹阳郡刚被孙策夺去，他占了大部分；吴郡太守是许贡；会稽太守是王朗；庐江太守是刘勋；豫章太守是华歆。

除了前两个郡，其余四个郡至少在名义上还是服从朝廷的。也就是说，可以去这四个地方。（需要说明一点，江东六郡前文已经提及，并不是指扬州六郡。）

正在这时，刘繇和他的幕僚许子将发生了争执，争执的问题是——到底往哪儿跑？

刘繇想往东跑，去会稽郡，因为近。许子将说："不行！刺史大人，你不要慌乱，好好想一想就明白该往哪儿跑了。会稽郡富裕，是孙策垂涎的地方，并且还远在海边，你怎么能去那里呢？"

这么说也有道理，刘繇想象着以后发生的事情：孙策必然会攻打会稽，到时候被围困在海边，谁还能来救我？我还能往哪儿跑？

"那依你的意思，我们往哪儿跑？"

"我看不如去豫章郡，那里与荆州接壤，交通方便、四通八达。如果去那儿收拾兵将官吏、重整旗鼓，派使臣与兖州刺史曹操交好，那即使有袁术隔在中间，咱也不怕。刺史大人你又是朝廷委任的，受天子之命，一旦被人攻打，曹操和刘表（皇族成员，时任荆州刺史）必然来救！"

"有道理！那废话少说，赶紧收拾东西往豫章跑吧。"

定江东

当初，孙策还在袁术手下郁郁不得志时，朱治就建议他收取江东；其后，孙策脱离袁术，攻打刘繇时，他的老母和弟弟们（包括孙权）还在曲阿，朱治又派人早早接回了这一大家子，加以保护供养。也就是说，不论于公还是于私，朱治对孙策都是有恩的。

现在，孙策占据丹阳郡，刘繇逃往了豫章。时任吴郡都尉的朱治，驻扎在钱塘县，而吴郡太守许贡驻扎在吴县（郡治）。朱治决定从钱塘发兵攻打许贡，以便与孙策会合。

许贡也不示弱，直接发兵迎战朱治，两军在由拳（今浙江嘉兴）这个地方大战一场。许贡败了，随即逃跑，去投奔了在乌程（今浙江湖州）占山为王的山贼严白虎。

于是朱治率军进入吴县，宣布自己兼任吴郡太守，取得了吴郡的统治权。

就这样，孙策不费力气地将吴郡纳入了自己的势力范围，虽然在此过程中他并没有参战。正是靠着朱治——这位父亲的老部下，孙策不仅得以保全母亲、弟弟，而且还收获了一个粮米富庶的郡。孙策怎能不感激朱治？所以当他率军进入吴县时，仍然坚持让朱治继续任吴郡太守，表达了对恩人的充分信任。

在如何展开下一步军事行动的作战会议上，孙策和手下的将领们产生了分歧。

大部分将领认为，吴郡境内的割据势力并没有完全肃清，还有几只"苍蝇"，比如占山为王的严白虎——这家伙驻扎在乌程县，手下有一万多人，不可轻视。所以，他们的观点是先打这厮。

孙策笑了笑，摇了摇头，然后给出了自己对严白虎一行人的评价："他们那群盗贼，都没什么大志，很容易对付。"他接着说道："所以，我的观点是，先南下，打会稽王朗。"

有的将领对此表示担忧："如果严白虎在我们打王朗的时候背后捅我们一刀怎么办？"

"不会的，我不是说他们胸无大志了嘛。一群盗贼，能自保就不错了，还敢招惹我们？"

最终的决定是，攻打王朗。不过从事情的发展来看，严白虎一行人的确如孙策所说，老老实实地待在山里，哪儿也没去。

孙策率军由吴郡出发，准备渡过钱塘江，攻打会稽郡。

听说这事之后，会稽太守王朗倒也不怕，不顾谋臣虞翻让他先避避孙策锋芒的建议，直接领兵北上到固陵，在那儿屯扎以抵御孙策。

固陵城临江（钱塘江）而建，地势险要，防御工事很坚固。王朗率军坚守此处，是为了阻止孙策渡江。只要此处不丢，孙策想吞掉会稽就无从下口。

孙策数次渡江都没能成功，着实急了：固陵城真是块硬骨头啊！

一般在小说里，这种情况下必然会有人支着儿，然后如何如何。其实历史也一样，因为人遇到困难了就要想办法，一个人想不出来就大家一起想。

这次来支着儿的是孙策的亲叔叔孙静，他问了孙策一个问题："为啥我们要打固陵？"

孙策说："这还用问吗？打下固陵大军才能顺利渡江，不打下来怎么能拿下会稽郡？"

孙静又问了第二个问题："那为啥我们要正面死攻？"

孙策无语了。为了较劲吗？为了显示自己的勇气吗？为了证明自己的能力吗？

"好了，既然没有啥原因，那我们就不必再这样正面强攻了。在固陵之南数十里，有条叫查渎的小路，离查渎近的那个渡口就在固陵上游不远处——那里肯定没人驻守，我们应该从那里渡江直接攻打王朗的后方。这就是兵法上说的'攻其无备，出其不意'。"

真是个好主意！

孙策随即下令：近来天气不好，阴雨连绵，弄得水都混浊不堪，大家喝了之后会肚子疼，所以赶快准备数百口大缸（口小肚子大的那种），用来澄清浊水。

我没写错，你也没看错，孙策所下的第一条军令确实如此。别急，后面他会告诉你，他想干什么。

等到天黑之后，孙策开始让士兵点火把，多多益善，一人拿几个火把在营里巡逻走动。然后大家把大缸里的水一倒，翻身上马，带着大缸悄悄奔向上游渡口。凭借一人一口缸，这支部队顺利渡江，夜走查渎道，偷袭了高迁屯。

直到知晓高迁屯的军情，王朗这才反应过来，大惊：原来如此！

多点火把是为了在夜里迷惑王朗，让他误以为孙策大军一直都在大营里。准备水缸是为了渡江，用澄清浊水的理由准备水缸是为了骗一群特殊的人——细作，也就是间谍。

"原来你小子是想从背后攻打我啊！"王朗随即派原丹阳太守周昕率军去攻打孙策。

"怕的是你躲着不出来，出来打，我可就不客气了。"孙策大破周昕军，周昕本人也被斩杀。

王朗这回怕了，固陵现在是腹背受敌，守不住了。于是他直接坐船从海路跑了，一直跑到东冶（今福建福州某地，存疑）。孙策也不手软，一个劲儿地追，一直追到了东冶。无奈之下，王朗只好投降。孙策倒是挺欣赏王朗，想让他为自己效力；但王朗死活不肯，孙策也没勉强，更没加害，任由他去了。

拿下会稽郡之后，孙策自己兼任了会稽太守。王朗的谋臣虞翻，此时已投降了孙策，并且愿意为他效力。孙策让他继续担任之前的职务，并且视他为朋友，以礼相待。

孙策喜欢郊游打猎，这事在我们看来，也不过是个人爱好而已。但虞翻有不同意见："将军你喜欢微服出游，经常弄得随从来不及警戒，卫兵们对此感到很辛苦。做领导的得稳重，这样才有威严。白龙变成了鱼，渔夫都能射死它；白蛇到处乱跑，最后被刘邦斩杀了。希望你能留心啊！"

孙策说："你说得好啊！"然后，还是不改。

现在终于有时间收拾吴郡的残余势力了。"严白虎，你的死期不远了！"孙策决定亲自率军征讨严白虎。

严白虎不愧是个地方豪强，听说孙策大军来了，一方面开始高筑墙、广积粮，做好打持久战的准备；另一方面派自己的弟弟严舆去向孙策求和。

出乎意料的是，孙策同意和解。那接下来就是谈条件了。严舆说："只准你一个人和我会面商谈。"这意思很明白：兄弟，你可别阴我！

"没问题，我一个人见你就是。"

严舆放心了，觉得孙策这小伙子还挺有诚意，看来他确实是想讲和啊。

一对一的会面开始了，孙策和严舆两人面对面坐着，开始谈判。没谈一会儿，孙策突然抽出刀来，咣当一声砍向严舆坐的席子。严舆吓了一跳，身体动了一下。

孙策说："我听说兄弟你在坐着的时候能直接跳起来，身手敏捷，刚才我只是跟你开个玩笑罢了。嘿嘿嘿嘿……"

严舆擦了擦汗，也笑着说："嘿嘿嘿嘿，我一看见兵刃，就会那样。"

接下来发生的事就比较刺激了。两人还嘿嘿地笑着，孙策突然把手戟拿起来朝严舆掷去！命中，严舆还没反应过来就死了：

"还跟我吹牛，刚才我都试探过你了，你根本不能坐着跳起来，真是无能之辈。"

严舆死得不冤，当初孙策答应一个人见他的意思其实是：我一个人收拾你小子就足够了！

不得不说，无论胆量还是计谋，孙策都有他爹孙坚的影子。当然了，性格也很相似，这也从一个方面解释了爷俩的殒命为什么有些雷同。

那么孙策为什么不同意议和？我觉得主要原因是，严白虎是个山贼，这种人不讲信义，有奶便是娘，以后说不定什么时候就又反了。你在外正跟人打得不亦乐乎的时候，这厮从背后给你来那么一下，就够你受的。何况现在整个吴郡差不多都受孙策控制，剿灭他们还不是时间问题？

不议和就拉倒，为什么要杀严舆？不是看不起孙策，而是单挑严舆毕竟还是有风险的。这个问题严白虎可以回答。

严舆被杀之事山贼们很快就知道了，十分恐惧。因为严舆向来能打好斗，可谓山上第一猛将，现在被孙策一个人就给杀了。山贼们的精神世界坍塌了：孙策这人得有多厉害啊？！

接下来的事情就很简单了，孙策开始进攻，很快攻破严白虎大营。山贼们四散而逃，严白虎带着许贡（前吴郡太守）也逃往余杭，投奔许昭去了。

程普建议孙策对这两人赶尽杀绝。但孙策因为敬佩许昭的情义，就没有再追杀他们。

就在孙策开疆拓土的时候，朝廷发生了一些大事：曹操率军入朝，挟天子以令诸侯，并且将都城迁到了许县（今河南许昌）。

孙策适时派出使臣去许县朝见天子（当然还有曹操），还进贡了些江东的特产。天子很高兴，认为孙策尽到了做臣子的本分，就派人去江东答礼，给孙策"加锡命"。那意思是说：朝廷已经知道你的功劳了，你现在身受皇命，继续为朝廷效力吧。

这一招是很明智的，向朝廷（主要是曹操）示好，表明自己服从中央，至少能够起到一定的麻痹作用——因为曹操并不了解孙策在江东的具体情况。另外，曹操当时正举着天子旗号，四处征讨不服从朝廷的割据势力，差不多逮谁灭谁。现在孙策表示服从朝廷，曹操总不能再用这借口打他了吧？

接下来发生的事情就有些不可思议了，袁术竟然称帝了！当时，东汉王朝虽然风雨飘摇，但毕竟没有灭亡，还是天下正统——无论在传统士大夫心中还是老百姓心中。你袁术是个什么东西？竟然敢称帝？这是赤裸裸的造反！

对这件事意见最大的必然是曹操，他刚把皇帝挟持在手里没几天，袁术就自立门户。要是让他做大了，自己手里这人还有什么用？

当然，孙策也是有反应的，他马上写信给袁术，劝他不要称帝，并且表明了态度：如果你不听劝非要称帝，那咱们就绝交。之所以这么做，是因为孙策（还有他爹孙坚）毕竟在袁术手下效力过，私交还是有一些的，自然不愿意看到袁术自寻死路。况且信中已经说得很清楚：你若僭号（冒用帝王称号），便与你绝交！

袁术收到信，看过之后，默然良久，十分失落。因为他本来觉得孙策应该站在自己这边的。不是朋友那只能是敌人了。少了这么一员猛将，真是可惜。管不了那么多了，袁术称帝的心如此之坚定，不论谁劝都无效。

事已至此，东汉朝廷必须得有个态度，曹操随即代帝发诏——讨伐袁术。收到诏书的人主要是徐州刺史吕布、吴郡太守陈瑀，当然还有孙策。

朝廷派了使臣来传召孙策，任命孙策为骑都尉（中级将领，比将军低），袭父爵乌程侯，兼任会稽太守。

什么？骑都尉？三郡兵马，一个骑都尉如何能统领得了？

孙策嫌官太小，不大乐意，就托人旁敲侧击地跟使臣说。使臣于是就按照制度，依据孙策兵马总数任命他为明汉将军。终于是将军了！

还记得吗？孙策在大败刘繇之后就被袁术表奏为殄寇将军了。是的，没有错——但这个"将军"是代理的。这意味着，打完了仗，军衔就要被收回了。所以，这次朝廷授予骑都尉一职给孙策，他很不乐意——怎么着也得给个将军吧？

在东汉末年，军衔是很混乱的。但朝廷常置的高级军衔并不多，大体如下：

大将军：第一品，位列三公之上（三军总司令）。

骠骑将军：第二品，位比三公。

车骑将军：第二品，次于骠骑将军，位比三公。

卫将军：第二品，次于车骑将军（禁军总司令）。

左将军：第三品，位比九卿。

右将军：第三品，位比九卿。

前将军：第三品。

后将军：第三品。

上述将军被统称为重号将军；与之对应的是杂号将军，比如四征将军、四镇将军、四安将军、四平将军。每一个系列又都分为东南西北四个，如征东将军、镇西将军、安南将军、平北将军。虽然是杂号将军，但也算是公认的中高级将领。还有那么一批将军，如破虏将军、讨逆将军等，是连上述杂号将军还不如的杂号将军。很遗憾，孙策此次被封的明汉将军就是此类。

导致这一现象的原因是，东汉末年战乱四起，立军功的人实在太多，正常的军衔已经封不过来，所以就临时造了各种各样的"将军"出来应急。但不管是重号将军还是杂号将军，只要是"将军"，说出来都能唬唬人。

与此类似的另一个现象是，诸多的太守、刺史。东汉时期的一级行政区是州，诸如扬州、青州、冀州等，共有十三个。简单来说，东汉末年州的最高行政长官是刺史；州下设郡，郡的最高行政长官是太守；郡下设县，县的最高行政长官是县令。

按理说，一个行政区的最高行政长官只能有一个；但东汉末年，这事就不靠谱了。经常出现这种怪现象：某个郡有两个太守——一个是朝廷任命的，有委任状但没有地盘；另一个是自封的，没有委任状但占着地方。还有些时候，朝廷任命的太守和地方割据军阀表奏的太守不是同一人，但都说自己是"太守"。比如陈瑀是朝廷任命的吴郡太守，另一位是孙策任命的朱治。你说听谁的？

这就解释了为什么那么多人都说自己是"丹阳太守"。

接下来，孙策就该打袁术了，用实际行动来跟袁术划清界限，向朝廷表明忠诚。孙策一方面派部将攻打丹阳郡，另一方面写信给尚在袁术麾下的舅舅吴景、堂兄孙贲。

丹阳郡虽然之前被孙策占据过，但当时的太守是吴景，总不能夺舅舅的地盘吧？后来孙策打下吴郡、会稽郡之后，丹阳太守成了袁胤。也就是说，丹阳郡大部分还是在袁术的掌控中。

袁胤不经打，丢下丹阳郡跑了——这样孙策就夺取了丹阳郡（一部分）。吴景收到书信之后，直接丢下广陵太守的大印，来投孙策。孙策认可他曾做过丹阳太守，在当地颇有声望，就让他继续担任太守之职。孙贲也一样，袁术一称帝，他就弃官跑回江南了。

就这样，吴景、孙贲正式加入孙策集团，孙策也与袁术正式决裂。

那时，孙策已经集结完军队，准备亲自讨伐袁术。但行军到钱塘县就停住了。因为他接到密报，有人要图谋害他。于是他决定先不打袁术，全力对付新的敌人。

牵头搞这个阴谋的人是陈瑀。他是朝廷任命的吴郡太守，却驻扎在海西（属广陵郡，今江苏连云港和盐城交界地区）。虽然也是受诏讨伐袁术的一员，但他有自己的小算盘。

陈瑀趁孙策奉诏出征之机，派密使渡江，携带三十多枚官印去见江东各县豪强。这些豪强都是不服孙策的人，打头的有祖郎、严白虎等。

两边都有共同的敌人——孙策。大家一合计，决定利用孙策出征攻打袁术、留守兵力空虚的时机，里应外合，一起攻打孙策统占的郡县。事成之后，太守之职自然是陈瑀的，各个县的一把手就是当地豪强的了，陈瑀把官印都带来了。

孙策知晓之后，迅速做出了战略部署：吕范、徐逸率军攻打海西陈瑀，自己亲自收拾严白虎这些豪强。

吕范没有让孙策失望，大败陈瑀于海西，阵斩其大将陈牧，俘虏士兵及家眷四千多人，只剩下陈瑀一个人没抓住。陈瑀也来不及管被俘的妻儿，只身骑马投奔冀州袁绍去了。

袁术恨孙策，因为他不光不为自己效力，还与自己为敌，将他堂弟丹阳太守袁胤打跑了。

祖郎也不喜欢孙策，因为他老是侵占自己的地盘，丹阳郡除了泾县以西的六个县，都被他占了。

敌人的敌人就是朋友，一个新的联盟又建立起来了。袁术派出使节，携带官印给祖郎，想让他率领山越族人一起攻打孙策。祖郎同意了。

需要说明的是，山越这个民族，是古代百越族的后裔，也算是丹阳当地的原住民。汉族祖先比较勇猛，开疆拓土的时候，把山越的地盘给吞并了。于是，山越人和汉人开始混居，慢慢也就融合了。

孙策决定亲征祖郎，留二弟孙权留守宣城——但正是这个决定，差点要了孙权的命。祖郎信心十足地率领山越人与孙策在陵阳大战一场，结果完败被俘。

五花大绑的祖郎被推到了孙策面前，准备经受一顿痛骂，然后去迎接被斩首的命运。可是孙策说了一番话，让祖郎心悦诚服，当即叩头谢罪，愿意归附。

"你曾经袭击过我，还用刀砍中了我的马鞍。现在我率军征战四方，建功立业，所有的旧恩怨就此一笔勾销。只要是有才能的人，我必会重用。我对待天下人都这样，不止你一人，你不用担惊受怕了。"

看到祖郎愿意效忠，孙策将他扶起来，亲自为他解开绳索，然后赐给他一套新衣服，并让他以后在军中任职。

下一个征讨对象是老熟人太史慈。太史慈跟随刘繇逃到豫章之后，在山中湖边到处乱窜，并自称"丹阳太守"。后来听说泾西六县还未被孙策攻克，他就去泾县建立了根据地，收附当地的山越族人，联合对抗孙策。

孙策再一次跨上战马，亲自率兵攻打太史慈。这一次不是单挑，而是打群架。最后孙策赢了，太史慈被俘。

当两个人再次见面的时候，太史慈被绑得跟个螃蟹似的，没有了之前的骁勇霸气。孙策二话没说，直接上前为他解开束缚，拉起他的手："还记得神亭岭的事吗？如果那时你俘虏了我，会怎样？"

"我不知道！"

这段对白挺有意思。孙策本来的意思是：你看，你被俘了我亲自为你松绑；我若被俘，你难道不会也这样对我吗？

也不知道太史慈是真不懂还是心里有气，直接回了句"我不知道"。这让孙策有点下不来台，也就是俗话说的热脸贴上了冷屁股。

但孙策没有表露任何不爽，反而大笑："今后我们一起做大事吧！你的忠烈义气，天下闻名，我早就听说了，你只是没遇到明主啊！我是你的知己，跟我一起就不用担心会不如意了。"

太史慈正式入伙！

平定六县之后，孙策大军凯旋，祖郎和太史慈两人骑马走在最前面开路，全军都觉得这两个人很荣耀。自此，丹阳郡全部被纳入孙策的势力范围。

在孙策亲征泾西六县的时候，张纮也跟着一起去了。当他看到每次交战孙策都亲自上阵，身先士卒，就对他建言："主将是使用谋略的人，是三军的灵魂，不应该随意上阵与小兵打斗。希望你能自重，保重身体，别让大家都为你担心。"

这话说完没多久，就部分应验了。攻打祖郎的时候，孙策一时杀得兴起，一头扎进了祖郎军中，然后被人团团围住。庆幸的是，身边还跟着老将程普和一个骑兵。一定要冲出去！程普和那骑兵两人在前面开路，边冲边大声喊，用矛四处乱刺，打开了一个突破口，孙策才有惊无险地逃了出来。

临阵杀敌固然有风险，但驻守城中也不一定安全。孙策出征，孙权留守宣城；在这里，孙权经受了一次重大考验。

因为孙策带走了大部分兵力，所以宣城守军只有不到一千人。也不知道是谁通风报信，山贼竟然聚集了数千人前来偷袭。

山贼的速度实在是快，孙权刚想翻身上马，背后的刀就劈下来了，"当"的一声砍中了马鞍。城内一片慌乱，守军都不知道该怎么办。

只有一个人拼命保护孙权，他的奋勇和胆气感染了慌乱的守军。慢慢地，越来越多的守军加入进来，与这人并肩作战。最后，山贼被稳住阵脚的守军打跑了。而这个人也已经奄奄一息，解开衣甲，竟然身受十二创，过了好久才苏醒过来。此人正是周泰。

后来大家都说，如果当日没有周泰的话，孙权这娃就完了。孙策知道这事之后，也对周泰感恩戴德，让他做了一个县的县令。

攻克庐江

周瑜决定不干了，因为他觉得袁术这人必将一事无成。于是他骗袁术说，自己想去居巢当县令；袁术表示同意。在去上任的路上，周瑜跑了——投奔孙策去也！

在路上，周瑜遇到了另一个县令，这个县令也认为袁术成不了大器。二人再一细聊，发现观点颇多相同；后来又聊到孙策，聊着聊着，这人就决定跟周瑜一起去追随孙策。这个人叫鲁肃。

这两个人，对东吴集团的价值，我就先不多说了。

曹操以朝廷的名义征召王朗回朝；孙策没有为难他，放他回去了。经过一番颠簸，王朗终于站在了曹操面前。

"王朗，我问你，孙策怎么能坐大到现在这样？"

"唉！孙策这人，骁勇善战，有能力又有大志向，并且还有张昭这样有民望的人做相，有周瑜这样的江淮豪杰做将。这一群人，既有智谋，又有野心，以后必将成为天下大贼，不是小打小闹的那种。"

平定丹阳之后，孙策再次派使节入朝，进献贡品。曹操很想招抚、拉拢孙策，就上表封他为讨逆将军，赐爵吴侯。如果曹操能够看到当初许贡写给朝廷的那封奏章的话，不知道他还会不会再与孙策达成政治联盟。

事情是这样的：孙策打下会稽郡之后，许贡应该是被俘了——至少没跑了。后来，许贡偷偷向朝廷上表，说孙策太厉害，就像是项羽转世（外号"小霸王"的由来），不能任由他坐大，得把他召到都城严加看管，不能随便放出来。

可惜的是，这封奏章最终没有送到曹操手里，而是被孙策的部下截获了。孙策看完之后大怒，这封奏章要把自己的真实情况全都告诉曹操，还顺便给出了解决方案。倘若曹操看到了这封奏章，必然会以各种理由召他入朝——去的话就回不来了，不去的话就会成为曹操的征讨目标。

"快快去把许贡叫来！"

许贡来了，孙策把奏章给他看。许贡装模作样地说不是他写的，不是他干的。孙策也没多废话，直接让人把他勒死了。

许贡之死本不是什么大事情——按当时的情况，几乎每周都能死个太守、县令啥的。这里详细地说明这件事，是因为他的死，最终也决定了孙策的命运。

在曹操、吕布、孙策等军阀的联合打击下，袁术的地盘越来越少，实力越来越弱。到最后，连他的手下大将都纷纷弃他而去，去寻求更好的发展。这回袁术成了名副其实的孤家寡人，又羞又愤，吐血三五斗，死了。

伪皇帝一死，接下来就该分家产了，此时袁术的手下们发生了分歧。以堂弟袁胤为首的一派，已经被曹操打怕了，不敢再守寿春，准备去投奔庐江太守刘勋；以部将杨弘、张勋为首的一派，在孙策效力袁术帐下时与他相交甚好，决定率部去投奔孙策。

既然谈不拢，那就各走各的路吧，就此分道扬镳。

刘勋倒不管这些，投奔他的他要，不投奔他的他也要。于是他在半路截击了想投奔孙策的那帮人，将他们全部俘虏。

孙策听说了这件事，很愤怒，但又没什么好办法。因为刘勋的兵力很强，在江淮地带很霸道。孙策本来就很厌恶这根钉子，现在他竟扎到自己头上来了。

平静下来之后，孙策干了这么件事：亲自写了一封信，然后派使团出使庐江，带着信去拜见刘勋。

使节到了皖城（庐江郡治所，今安徽怀宁），先把金银珠宝、江南布匹进献上，然后马屁再拍上，把刘勋捧得高高的，把自己和孙策贬得低低的。

刘勋很高兴，看到这么多珠宝，笑得嘴都合不拢了。孙策不是一向很狂傲吗，对我不也得恭恭敬敬的？然后他打开了那封信，潘多拉的魔盒就此开启。

信上说：上缭（属豫章郡，今江西永修县）这个地方的山越族人啊，老是欺负我们（"数欺下国"——看孙策把自己的姿态放得多低，对刘勋自称"下国"），我怨恨他们好久了。我想攻打他们，但道路又不通畅，希望您这个"大国"能带领我们讨伐他们。上缭非常富庶，有钱有粮有女人，打下来能使您的实力大增。请您一定要出兵！

刘勋信了，决定出兵。大家听说这事之后，都来恭贺他——既收了那么多财礼又将攻取一块宝藏，双喜临门啊！

但并非所有人都高兴，谋士刘晔就表达了自己的担忧："上缭这个地方是小，但城墙坚固，护城河很深，易守难攻，短时间内是攻克不了的。到那时，士兵在外征战疲惫不堪，庐江又兵力空虚，若孙策趁机偷袭，那庐江必丢。这么看来，你若出兵则大祸临头。"

有道理，但接下来发生的一件事，让刘勋做了发兵的决定。

袁胤带着袁术的灵柩、妻儿老小，以及部队（主要是军乐队、仪仗队）来投奔刘勋了。前面的都好说，可是这么多人使得皖城的粮食供应一下子紧张起来。

庐江本来粮食就不多，这下不够吃的了。刘勋派部将刘偕去向豫章太守华歆借粮。可是豫章郡的粮食产量向来也不多，仅仅够自己吃的。华歆没办法，就让人带刘偕去上缭，向山越族人借粮。

刘偕借了一个月才借到一点点，还不够那几万张嘴塞牙缝的；就派人回去报告刘勋：这里人少、粮多，请速来！

我认为这件事才是刘勋发兵上缭的决定性因素。

山越人虽然少，但不傻。虽然刘勋是悄悄行军，但他们还是探知了这个消息，然后迅速做出应对——粮食全部藏起来，人全部躲起来。

刘勋率军来到上缭一看：已经是一座空城了，粮食一颗也没有，人也一个都看不见。

孙策知晓了刘勋的军事动向后，派孙贲率军八千埋伏在彭泽，自己与周瑜亲率两万人偷袭皖城，果然很快攻克，俘虏了士兵（主要是袁术的军乐队、仪仗队）及其家属三万多人，包括袁术和刘勋的老婆孩子。

在上缭中了空城计的刘勋，迅速回兵皖城；经过彭泽的时候，遇到了埋伏已久的孙贲，大战一场，败逃。逃亡的路上，听说孙策已经袭取了皖城，刘勋大惊，只好向荆州刺史刘表告急，同时向江夏（属荆州，今湖北武汉）太守黄祖（孙策的杀父仇人终于露脸了）求救。

黄祖派他儿子黄射率水军五千援助刘勋。孙策大怒：我还没找你报仇，你倒先找上门来了，看我不好好收拾你！

孙策再次出兵，再次大破刘勋，以及黄射。刘勋往北跑，投奔曹操；黄射往西跑，逃回江夏。此役，孙策俘虏了两千多人，缴获一千多艘舰船。

庐江郡拿下！

大乔，严格地说，应该是大桥，是皖城桥公的大女儿。她还有一个妹妹，叫小乔（小桥）。姐妹俩的名字已经失传，因为在中国古代，女人的名字是比较不重要的。这是我国封建时期的悠久传统——用夫家姓，或者夫家姓加娘家姓来称呼已婚妇女。如姓孙的女子嫁给姓朱的男子做老婆，那就称她朱氏或朱孙氏。

大乔、小乔都是美女。对她俩的容貌，史书只用了一句话描述——"皆国色也"。毕竟是史书，不会描写得那么细，具体就靠大家想象吧。

姐妹俩的姿色当时已经闻名江东。所以孙策入城后，就迫不及待地去见桥公。于是，孙策和大乔一见钟情、缔结鸳盟。

他倒不贪心，只娶了姐姐；妹妹被周瑜娶了。这样一来，孙策和周瑜的关系更近了一步，本来是拜把兄弟，现在又成了连襟。

孙策和大乔，周瑜和小乔，都是英雄配美女。那真是郎才女貌，琴瑟和鸣，伉俪情深，羡煞众人。一切都是那么浪漫、圆满、美好，看起来像是偶像剧一样。

成亲后，孙策还得意地对周瑜说："桥公这两个女儿，纵然容颜出众、国色天香，但能招得我们兄弟俩做夫婿，也该高兴了。"原话是"桥公二女虽流离，得吾二人作婿，亦足为欢"，出自《三国志》注引《江表传》。

史书对大乔、小乔的记载相当之少。《三国志》对大乔、小乔的正面描写只有一处，在《周瑜传》中，原文为："时得桥公两女，皆国色也。策自纳大桥，瑜纳小桥。"除此之外，别无记录。而《资治通鉴》直接就没提及大乔、小乔。

孙策，是三国里面我最喜欢的人物，所以我把他写得这么详细，希望能让他更具存在感和真实感。

君子报仇，十年不晚

建安四年（199年），孙策携大破刘勋之余威，率领三万大军，水陆并进，亲征江夏太守黄祖。此时距孙坚之死已整整八年。

"等待了这么久，我心中从未忘却为父报仇。现在我有了足够的实力，黄祖，拿命来吧！父亲，儿子就要为你报仇了！"

根据当时的形势来看，江夏郡并非必征讨的，至少不是必须马上征讨的，但孙策几乎带了所有的家底来找黄祖拼命，可见其复仇心切。

随行的知名人物有周瑜、吕范、程普、韩当、黄盖——孙坚手下的老将们都来了。另外，还有一个人——孙权，孙坚的次子。看这架势，兄弟俩是铁了心要诛杀黄祖，以报杀父之仇。

听闻这个消息，荆州刺史刘表迅速做出反应：派侄子刘虎和大将韩晞率五千长矛兵支援江夏。要说刘表跟孙策，倒没有什么仇；但江夏郡属于荆州，你来打我，我自然要防御。

其实黄祖并不怕孙策：我手下有三四万士兵，六千多艘战舰，还有刘表支援我的五千长矛兵，还怕孙策那区区一千多艘船的水军？但历史证明，船多的不一定能打过船少的。

十二月初八，孙策军行至沙羡（今武汉市江夏区）；十一日早晨，沙羡之战开打。

风在吼，马在叫，江水在咆哮。猎猎战旗下，全副武装的孙策，骑马检阅着军队，然后又亲自敲响了战鼓，急急的鼓点震撼着每一个参战者的神经。

战斗开始了。孙策军的将士受到激励，个个奋勇当先，比平时踊跃百倍，那是玩了命地攻打。江面上的船只密密麻麻，飞快地行进，冲向黄祖水军大阵。

当然了，勇气并不是决定这次战斗胜负的关键，精彩的一幕将要上演。

两军船只离得比较近的时候，孙策军的前锋船队突然集体着火，借着风势就朝黄祖水军飞速冲来。黄祖还没反应过来，就看到有人跳江了，这一跳，整个水军开始乱套。

趁着黄祖战舰起火、混乱不堪之时，孙策又送来了第二件礼物——万箭齐发。当箭矢像下雨一样落到黄祖军士兵身上的时候，这场战斗的胜负已定。

射完了箭，黄祖的战舰也都烧得差不多了，滚滚浓烟遮住了天空，熊熊的火光映得江面就像是破碎的金盘一样。鼓声、喊杀声、惨叫声、战马嘶鸣声混杂在一起，像是演奏一部惨烈的交响乐。孙策毫不客气地担当了指挥一职，开始登船作战！

黄祖水军将士已经被烟熏火燎折磨得不行，丧失了战斗力，等孙策军一登船作战，便纷纷投降。还不赶紧投降？再不快点，不被烧死就被淹死。

战斗只持续了两个多小时，到九点多的时候，黄祖军彻底崩溃。刘虎、韩晞被临阵斩杀，黄祖的妻儿老小被俘，其水军被斩首两万多（包括烧死后又被斩首的），跳水淹死的一万多人；孙策军缴获战舰六千余艘，财物辎重堆积如山。

唯一的遗憾是，黄祖跑掉了。虽然几乎全歼黄祖水军，但孙策还是没能攻占江夏郡；即使拥有战略优势，刘表的荆州也不是一下子能吃掉的。所以，孙策决定班师。

凯旋的路上，孙策给朝廷上了一份奏表，详细描述了沙羡之战的经过。

曹操看完整个奏表，一个骁勇善战、果敢霸气的孙策呈现在眼前；又想到这娃已经平定了江东诸郡——在自己看来这是很难实现的事，不禁大呼："难以跟这条疯狗争锋啊！"（猘儿难与争锋也！）

要说，当时曹操所处的环境也比较恶劣，因为他跟袁绍的冲突已经无法收拾，战争一触即发，而且袁绍的整体实力比曹操要强。在这种情况下，曹操实在没有余力去管孙策，只好招抚他，以联姻的形式达成政治联盟——虽然是他自认为的联盟。

具体联姻如下：

曹操的侄女（曹仁之女）嫁给孙策的弟弟孙匡；曹操的儿子曹彰娶了孙策堂兄孙贲的女儿。

这还不够，曹操又以礼征召孙策的弟弟孙权、孙翊，又让扬州刺史严象举荐孙权为茂才（就是秀才）。

"给了你们那么多好处，总该跟我一条心了吧？！"曹操是这么想的。

攻占豫章

在从江夏回来的路上，孙策听说了一件事——刘繇死了。本来，他死就死了吧，被孙策打跑之后，他就逐渐退出了历史舞台。

但孙策又听说了另一件事——刘繇手下的士兵尚有一万多人，这帮人本来打算去投靠豫章太守华歆。但是，华歆觉得作为朝廷的臣子，趁这个机会夺取兵权是不妥的，于是就拒绝了。这下好了，一万多兵士成了无主之人，天天到处游荡。

孙策想要收编这一万多人。他把太史慈叫来，十分诚恳地对他说："刘繇曾责备我为袁术效力，帮他攻打庐江。我也是迫不得已啊！我爹手下数千士兵都在袁术那儿，我立志要做大事，为了要回那些兵马，怎能不在他帐下委曲求全？后来，袁术称帝，我曾进谏于他，他不听从，非要做僭越之事，所以我跟他绝交了。这就是我跟袁术从交好到决裂的始末，只恨没能在刘繇活着的时候跟他说清楚。"

太史慈："原来如此。"

以上都是铺垫，接下来要说的才是重点。孙策接着说："现在刘繇的儿子在豫章，你去那儿看望一下他，并且要跟他的士兵们说清楚我的意思。愿意来的人，就跟你一起过来；不愿意的，你就安抚一下他们。另外，你还要观察一下太守华歆的治理能力如何。你去办这事，需要多少兵马，都随你的意。"

太史慈很惶恐，毕竟才降孙策没多久，也没立过什么大功，孙策竟对自己这么信任。

"我曾犯下不可饶恕的罪过（指曾与孙策为敌），将军你的度量就像齐桓公、晋文公的一样宽广，我必将以死相报！现在我们跟豫章没有交战，此行不宜带太多兵马，几十个人就够了。"

孙策还没说话，他手下的将领们就嚷嚷起来了："不可！太史慈一出去必然要往北逃跑，不会再回来了。"

随着一声大喝，世界清静了。

"太史慈舍弃我还能再追随谁？"（子义舍我，当复从谁！）大喝者，孙策也。

接下来，要为太史慈饯行。孙策握着太史慈的手腕，跟他道别："什么时候能回来？"

"不超过六十日！"说完之后，太史慈翻身上马，带着数十骑兵，奔豫章去了。

这下热闹了，军营里大家都在议论这件事，都觉得派太史慈去豫章十分不妥。有的说太史慈会趁机往北逃，投奔曹操；有的说他会向西跑，投奔黄祖；还有的说他会直接留在豫章，帮助华歆防守城池，抵御孙策。总之一句话：太史慈会背叛孙策，孙策是个傻子。

孙策把这些人聚在一起，自信地对他们说："你们都不要再议论了，我考虑得很周详。太史慈这人，勇猛、有胆识，而且他不是一个反复无常的小人。他必会坚持道义，注重承诺；他一旦将人视为知己，则生死不相负。你们就不要瞎担心了。"

过了不到六十日，太史慈果然回来了。这下大家都服气了，孙策看人真准啊！除了带回了孙策的信任，太史慈还带回了重要情报："华歆这个人啊，品德很高尚，但没有什么谋略，只能自保。"

这句话让孙策很是心安：既然没什么本事，那我就不用担心他了。但接下来太史慈又说了一件事，让孙策有了兼并豫章之心。

作为太守，华歆连豫章诸县都没控制住。丹阳有个叫僮芝的人，占据着庐陵，骗华歆说他奉诏为此地太守。鄱阳的山越族人建立了大营，派兵守着疆界，不接受华歆委任的官吏，说什么"我们已经自立郡府，只有朝廷派真太守来，才欢迎"。华歆不但不能控制庐陵、鄱阳，连邻近的海昏、上缭地区，也聚集了五六千山越人，只缴租赋，不服兵役、徭役，对此他也只能干瞪眼。

孙策听后大笑："豫章郡，我来也！"

与之前攻取郡县不同，这次孙策打算不动用武力，用说客去劝说华歆投降——毕竟不战而屈人之兵是最好的解决方案。

到底让谁来当这个说客呢？谁有这个能力能劝降华歆呢？孙策想到了一个人，于是对手下人说："去把虞翻请来议事。"

虞翻来了之后，孙策只跟他说了几句话："华歆虽然有些名气，但不是我的对手。并且听说他那里战斗装备比较少，如果不开门投降，到时候一打仗，必然会有人受伤。你去那儿详细地告诉他我的意思。"

带着孙策的嘱托和期望，虞翻来到了豫章郡，与华歆进行了一次有意思的对话。

虞翻："华太守，你觉得论名声的话，你跟原会稽太守王朗（虞翻曾效力于他）谁更高？"

华歆："我不如他。"

虞翻："豫章郡粮草多吗？兵器、辎重精良吗？士兵、百姓比当时会稽郡强吗？"

华歆："我们不如他们。"

虞翻："孙策将军智略超世，用兵如神。之前打跑了刘繇，这是你亲眼见到的；然后又平定了会稽郡，这也是你亲耳听到的。现在，你守着孤城，粮草不足，兵器不精，自己都知道不行，还不早点为自己谋划后路？别到时候追悔莫及！"

华歆："这……"（擦汗）

要说虞翻这些话，算是很客气了，给华歆留足了面子；换个直白点的，表达应该是这样的："你本人比不过王朗，粮草将士也比不过会稽郡的，我们都被孙策收拾了，你还在这儿扛个屁啊？还不赶紧收拾收拾东西，出城投降！"

摆事实，讲道理，分析完之后，就该亮底牌了。虞翻："如今孙策大军已到椒丘，我一会儿就要回去。如果明天中午你还不把降书送过来的话，那我只好跟你永别了。"

说完之后，虞翻就回去了，剩下又惊又怕、不知所措的华歆一个人在那儿呆呆地坐着。

这是人生的重要时刻，该如何选择呢？降，还是守？

华歆拿不准主意，就去请功曹刘壹来商量。刘壹劝他投降孙策，华歆表达了自己的担忧："我虽然是原扬州刺史刘繇任命的豫章太守，但仍然是朝廷官员。如果听你的投降了孙策，以后朝廷会不会治我的罪？"

刘壹真不白叫刘壹，一句话就给华歆吃了定心丸："王朗不是已经被朝廷重新召用了吗？那时候会稽郡兵马强盛——他投降孙策都被朝廷原谅，你还有啥好担忧的？"

做出决定的华歆连夜写了降表，第二天一大早就派人带着降表去迎接孙策入城。孙策率大军入城之后，与华歆相见，以晚辈见长辈的礼节向他行礼，并用上宾的礼仪对待他。

豫章拿下！

兵不血刃地拿下豫章郡之后，孙策将其南部的几个县分出来，增设了庐陵郡；任命堂兄孙贲为豫章太守，另一个堂兄孙辅为庐陵太守。

要说孙策的运气确实好，先是华歆献城投降，然后占领庐陵的僮芝又病了，孙辅轻松愉快地就去上任了。

安排好了两位堂兄镇守两郡，孙策放心地率大军返回了吴郡，然后开始论功行赏，大宴众将士。席间，孙策有点醉意地对虞翻说："我有一次去寿春，见到了马日䃅（学问家，曾任东汉太傅一职），还与他一起跟中原的士大夫们相会。他们这帮人啊，说我们江东人多才，但学问不广博——听那意思，就跟我们比不上他们似的。"

按孙策争强好胜的性格，不论战场上还是文学上，他必然都不服输。果然，他接着说："我当时就跟他们说，那可不一定！你博学多闻，所以想让你去许县，与朝中士大夫交流交流，羞辱一下那些吹牛皮的人。"

还没等虞翻回答，孙策又祭出了激将法："你要是不愿去，我就派张纮去。唉，就怕张纮不能让那些小儿闭嘴啊！"

通过虞翻之前的表现，能看得出来这人是个精明人物，轻松就化解了孙策的"攻势"："我可是将军你家里的宝贝啊，你现在拿出来给别人看，别人要是想要我、留我，那你不就损失大了吗？！所以我不能去。"

这倒真不是吹嘘自己，紧接着孙策说的话就证明了虞翻的能力和地位。

孙策听后很高兴，连说虞翻说得对，接着说了句："我还要在外征战，不能回府。你就是我的萧何，帮我去守会稽郡吧。"

成长的烦恼

当初，孙策攻克皖城的时候，对袁术的妻儿老小礼遇有加；后来拿下豫章，他又厚葬了刘繇，对其家属颇多照顾。士大夫们听闻了这些事，都对孙策的行为表示赞赏。

此时，孙策已经平定了江东六郡，自己兼任会稽太守，以舅舅吴景为丹阳太守，以堂兄孙贲为豫章太守，以堂兄孙辅为庐陵太守，以朱治为吴郡太守，以李术为庐江太守。

这一路走来，着实不容易，流过泪、流过血，装过孙子当过爷，终于一统江东。"我是这六郡土地的领主，我是这六郡百姓的主人，我是孙策。"

随着孙策一步步地成长、成熟、成功，除了他的地盘、军队、实力有所增长，也必须看到，他的脾气和权力欲也在一点点增长。当他高高在上地俯视众生时，唯我独尊的感觉和他天生的霸气交织在一起，让他变得有些刚愎、狂傲。读懂了这些，就比较容易理解他之后所做的一些事情。

比如会稽有个叫魏腾的官吏，经常违背孙策的意愿，惹得他胃疼，于是孙策就想杀掉他。大家都为魏腾捏了把汗，但又不知道该怎么救他。这时，孙策的妈来帮忙了。

这位老夫人，倚靠在井边的栏杆上，对孙策说："你刚平定江东，局势还没稳定，应当礼贤下士，舍过录功。魏腾在公事上尽职尽责，你今天杀了他，明天大家都会背叛你。我不忍心见你大祸临头，还是早点跳井死了算了。"

孙策大惊，就把已经抓起来的魏腾释放了。这次算魏腾走运；但接下来出场的两个人，可就没那么好的运气了。

高岱是个隐士，隐居在余姚。此人很有学问，算得上是大儒，并且名气还挺大，在吴郡、会稽两地基本是无人不知、无人不晓。

"既然如此，那就请他出来为我效力吧。"孙策一边派人去请高岱，一边在家做一些准备工作，等候高隐士的到来。又听说高隐士对《左传》颇有研究，于是孙策也读了读，准备与他讨论、切磋。

这时候，不知道是谁跳出来给孙策说了这么几句话，算是打了高隐士的小报告："高岱必以为孙将军你只是个武夫，不懂文学的事。如果你跟他讨论《左传》，他老回答不知道，那我这话就应验了，不信你等着瞧。"

如果他只打了这一个小报告，那还能称得上是小人；可他又打了另一个小报告，这时只能用无耻小人来称呼他了。

无耻小人这头刚跟孙策说完，那头又去找高岱了，见面就说："我们孙策将军，很讨厌强过他的人。如果他问你啥，你最好说不知道，这样才能合他的意。如果跟他辩论，那你就危险了。"说不定，他还跟高岱说搞不好要掉脑袋云云；连说带吓，整得高隐士很紧张。别管你是大隐还是小隐、大儒还是小儒，遇到说错话会掉脑袋的时候，那自然是不说话，以求自保了。

搞定！无耻小人的圈套顺利完成了，接下来请看好戏。

孙策见到了高隐士，就兴冲冲地跟他讨论起《左传》来，一个又一个问题问个没完。高隐士牢记劝告，张口一个"不知道"，闭口一个"不清楚"。

"果然如此！人说得没错，姓高的你就是瞧不起我！来人哪，把他给我关到牢里去。"

可怜高隐士，以为自己不多说话就能取悦孙策，岂料竟是被人算计了。

高隐士被囚禁之后，他的很多朋友都来营救他。还有不少仰慕他的人也一起来了。这些人采用了比较温和的方式——静坐，向孙策请愿，要求释放高岱。

孙策登上城楼，看见底下黑压压的一片人坐着，绵延数里，心中大怒，于是就把高岱给杀了。

易中天老师对此事的评价是，孙策为了面子而杀了高岱。我觉得此说不妥。分析此事，可从孙策的性格入手。他本人虽然有时候比较暴戾，但从未因为别人惹他愤怒而杀过人。对他的性格，史书里有明证——"性阔达听受"，就是说性情豪放、阔达，能够听取不同意见。从他的所作所为里也能看得出来，孙策是一个心胸很宽广的人。

那到底为何一定要杀高岱？其实《三国志》给出了答案——"恶其收众心"，嫉恨高岱这个人收买了那么多人心。这能成为被杀的理由吗？能！前面说了，孙策这时候已经是江东之主，自然最怕别人抢夺他的权力。何况此时江东士民虽然名义上服从孙策，但并非全都心服（实际上，直到孙权执政时，与士族联姻，孙氏政权才逐渐稳固）。你高岱是什么东西？竟然有这么大的号召力，直接威胁我孙氏的江东基业啊！所以，在孙策看来，此人非死不可。

于吉是个道士，居住在东方某地。他经常到吴郡、会稽来，在那儿建造了道观，用来烧香传道；同时也制作符水给百姓治病，许多百姓都信奉他。

有一天，孙策在城楼上大宴宾客，主要包括手下的谋臣、将领，以及当地的名门望族。大家正吃喝得很开心，突然听到城楼底下一片喧哗。孙策往下一看，看到了奇怪的一幕：一个穿着精美道袍的道士，怀揣着一个小匣子，匣子上用漆画了些奇怪的图案。这个道士说此物是神仙用的，叫"仙人铧"，慢慢地来到了城楼下。

这让孙策有点摸不着头脑，刚想问问宾客们这是啥人，回头一看：我的老天爷，怎么人都跑没了？再一看楼梯，原来大家都争相往下跑呢，掌管宴会礼仪的人几番大喝禁止都无济于事。再往城楼下一看，三分之二的宾客已经下去了，齐刷刷跪拜在道士旁边。放眼远眺，整条街道都是跪拜在地的百姓。而那个道士，十分淡定、平静地接受着众人的跪拜，仿佛真是一个仙人似的。

"这还得了？快把他给我抓起来！现在就去！"

很快，孙策知道了这个道士叫于吉，于吉也知道了抓他的人是孙策。

于吉的信徒们急了，纷纷让自己的媳妇去求见孙策的母亲，想让她求情救救于道士。孙老夫人答应了，就去跟孙策说："于道士曾给军中将士看病抓药，也算是帮过你，你不能杀他。"

"不行，此人非杀不可！"

"到底为什么非得杀他？"

"这个人会装神弄鬼，能惑乱人心；甚至能让诸位将领不再顾及君臣之礼，吃着喝着就突然把我一个人撂那儿，全都下楼去跪拜他——所以此人不可不除！"

孙老夫人摇着头走了，接着诸位将领来求情，声势弄得比较大，联名上书求孙策饶了于道士。

看到这一幕，孙策内心是又气又急，愤愤地说："前交州刺史张津，抛弃了圣人的学说，也不顾及朝廷法令，天天读妖邪道书，弹琴烧香，想羽化成仙，最终被南蛮子杀了。这些邪魔外道都是没用的东西，你们还没看明白吗？于吉的名字已经在阎王的生死簿上了，你们别再上书浪费纸笔了。"

说罢他就下令将于吉推出斩首，并将首级悬挂在市集里展览。而那些信奉于吉的人，都不说他死了，而说他是得道升天了（"尸解"），然后又都去祭祀他，祈求福祉。

对于此事，我们不讨论迷信不迷信的问题，只来探究于吉是否该杀。在我看来，孙策必然会杀于吉。理由跟杀高岱差不多。更恐怖的是，于吉的影响力远超高岱，因为连很多将领都信奉他。

孙策处理此事太直接，他是以个人的绝对权威杀了于吉，而非以法律的名义。虽然于吉最终是个死，但为何而死很重要，因为这是要给活着的人看的。以权力杀他，百姓觉得你是暴君，随便杀人；以法律杀他，百姓觉得你是明君，伸张正义。这，就是区别。

杀于吉这事，虽然说得挺多，但极有可能是假的。记载此事的是《江表传》，其他史籍如《三国志》《资治通鉴》并未记录。这就涉及史料辨析的问题，如果所有史料中只有某一个记载了某事，那这事就会被认为真实性比较低，所谓"孤证不立"就是这个意思。

就事论事，《江表传》中记载的孙策杀于吉之事也有纰漏。为《三国志》作注的裴松之早就发现了这个纰漏——《江表传》中，孙策以张津之死举例，但孙策死于建安五年（200年），而交州刺史张津在建安六年（201年）还活得好好的呢。此处的自相矛盾，基本上可以判定，杀于吉一事非真。

其实《江表传》还不算离谱，更离谱的是《搜神记》的记载。在那里面，于吉不但能求雨，还能索命，最终害死孙策，报了仇。但考虑到《搜神记》是一本小说而非史籍，就不足为奇了。

杀高岱和于吉，孙策的理由都差不多，说白了就是对自己权力的保护，为了孙氏基业的稳固。江东六郡是他打下来的，保护胜利果实是他理所应当的责任，只是行事方式偏激。此时的孙策，更像是一个倔强的孩子，为了自己手里的糖果，坚持以自己的方式保护它，不论其他人是否理解。

最后的战役

吴郡的上方是广陵郡（郡治射阳，今江苏射阳县）；时任太守是陈登，他的另一个身份是原吴郡太守陈瑀的侄子。

陈登一心想为叔父洗刷耻辱，所以在孙策西征黄祖之时，他像他叔父一样，也悄悄地派密使携带官印渡江，结交了严白虎余党，图谋里应外合整孙策一把。

他们就这样小打小闹地折腾了一阵子。孙策从江夏凯旋，就有工夫好好收拾收拾陈登这小子了。

伐广陵郡，成了孙策戎马生涯的最后一次出征。他以一种让人嘘唏不已的方式结束了自己的光辉历程。

大军到了丹徒，停下了，等待后方运粮草来。这一停就停出事了。前面说过，孙策这人喜欢打猎。在等粮草期间，他经常带着人出外打猎。

有一天，孙策出猎遇到了一头鹿。这是一头速度比较快、脑袋比较灵活的鹿，四处乱窜，没有人能射中它。孙策自然不会放过这畜生，骑马就追。追着追着，随行众人就跟不上了，因为孙策骑的是最快的骏马。

追了一会儿，孙策没见着鹿，倒是遇到了三个拿着弓箭的陌生人。孙策很警觉，就问："你们是什么人？"

"我们是韩当将军的属下，在这儿射鹿呢。"

"他手下的兵士我都见过，怎么从没见过你们？"

在这儿文字已经无法描述当时的情景。想象一下，孙策被三个拿弓箭的人包围了，大体也就这么个情况。

以一敌三，孙策决定先发制人，抬手就射了一箭，一个敌人应声而倒。剩下两个人，又惊又急，纷纷拉弓朝孙策射去，其中一支箭射中了他的脸颊。就在这危急关头，眼看孙策就要命丧此处，他的随从们终于追上来了，就地斩杀了剩下的两个人。

原来这三个人是许贡的门客。许贡被杀之后，他们三人隐姓埋名潜伏着，时刻都想为主人报仇。后来看到孙策经常出来打猎，有时候还一个人到处跑，于是就决定刺杀他。

孙策并没有死，只是受了伤，脸颊中了一箭。他的这一次遇险，基本上属于可预知的事情，只是时间问题。之前有不同人在不同时间段说过相同的话，都是让孙策不要一个人单独行动。孙策玩得高兴就忘了，终于让他们的预言应验。

其实要说预测得最准确的，也是最离谱的，当数郭嘉。事情是这样的：

曹操和袁绍的矛盾终于爆发，官渡之战拉开了大幕，两军在官渡对峙。这时候，孙策征讨陈登的军事行动，引起了曹操集团的警觉。有传言说，孙策打算渡江偷袭许县，抢夺汉献帝。

这可是从背后捅刀子啊！本来曹操的兵力就不如袁绍，打他一个都很难；现在又有人从后面欺负你，没法活了！所以曹操以及他的手下们都很害怕。

然而郭嘉很淡定，他说："孙策刚刚平定江东，所杀的都是些有人愿为之效死的英雄豪杰。但孙策此人轻敌而又不防备，即便有百万大军，也无异于一个人独行在平原上。如果有刺客伏击他，一人就能解决了他。所以，依我看来，他必死于无名小卒（匹夫）之手。"

说这预言准确，是因为确实应验了，真真切切，丝毫不差。说这预言离谱，是因为郭嘉怎么能说得这么准？更关键的是，怎么连说的时间都这么巧？因为他刚说完没多久，孙策就遇袭了。

单说准确，倒也可以接受，毕竟其他人的预言也是这意思。但这时间，只能用巧合来解释了。能猜中他因何而死就已经不容易了，还能猜中他何时而死？

不管怎么说，孙策受伤了。注意，只是中了一箭，伤在脸颊上。随从们赶紧把他抬了回来，请医生来治疗。

医生也赶紧来了，诊断完之后，说了一句话："这个箭伤是可以治愈的，孙将军不用担心。"（医言可治）

大家都松了一口气，总算不是致命伤。医生把箭拔出来，敷上金疮药，然后就走了，临走前总是要多嘱咐病人几句的："孙将军你自己要注意一些，百日内别乱动，好好静养，千万不可动气。"

如果孙策真的能这么静心休养一百天，那中国的历史就要改写了。不幸的是，孙策没有遵从医嘱，最终葬送了自己的性命。

导火线是一面镜子——一面影响了很多人命运的镜子。孙策养了几天，可能是想看看自己的伤到底怎样，就照了照镜子。这一照，出大事了。

"啊！我的脸竟然这样了，以后还能再建功立业吗？"孙策怒吼着扔掉了镜子，推翻了几案，狂暴得像一头野兽。他发疯似地打砸、喊叫——与此同时，脸上的创伤也开始迸裂，血流满面。

病情恶化了，恶化到了无法弥补的地步。孙策也觉得自己大限已到，赶忙派人去叫张昭等人来，当然还有二弟孙权。

　　气氛很伤感，奄奄一息的孙策无力地躺在床上，凌乱的头发遮盖了那恐怖的半张脸。终于到了告别的时刻，先跟张昭嘱咐几句话吧："现在天下大乱，以吴越两地的百姓，三江地形的险固，完全可以跟天下英雄一决雌雄。你们好好辅佐我弟弟吧！"

　　张昭表示自己绝不会辜负孙策的嘱托——但八年后，他食言了。

　　"仲谋我弟，这是我的印绶，都交给你了。带着江东子弟，行军打仗，与天下英雄一争高下，你不如我；推举贤良，任命能臣，使他们能尽心尽力，保住江东基业，我不如你。"（举江东之众，决机于两陈之间，与天下争衡，卿不如我；举贤任能，各尽其心，以保江东，我不如卿。）

　　孙权大哭着接过了印绶，很无助地点了点头。

　　你问周瑜在哪里？很遗憾，他不在现场，因为他正率军驻守巴丘。

　　当夜，汉讨逆将军、吴侯，孙吴基业真正的创立者，吴长沙桓王孙策，卒，时年二十六岁。

　　对孙策的评价，《三国志》写得很出彩，对其优点、缺点概括得很准确，个人认为是对孙策最精当的评价：

　　　　策英气杰济，猛锐冠世，览奇取异，志陵中夏。然轻佻果躁，陨身致败。且割据江东，策之基兆也。

　　别了，伯符！

夏侯惇：被《三国演义》低估的猛将

黄天一

想要正确看待夏侯惇，就不能把他当作一个寻常武将来看。这个人所获得的实际成就，和《三国演义》中的文学性描述，反差相当之大。而大家对夏侯惇的印象更多是来自演义。这就造成了正史中的夏侯惇与大众眼中的夏侯惇判若两人的情况。

所以大家才会问：夏侯惇没有什么战功，为何在魏国地位却很高？

夏侯惇的地位为何这么高

夏侯惇之所以在曹魏集团地位如此之高，是有多重原因的。

第一，他是汉朝开国元勋、名将夏侯婴之后。虽至后期家道中落，但夏侯氏仍是沛国谯县的本地豪强。

第二，夏侯惇与曹操本是同宗同族的兄弟。

首先我们来看一下夏侯惇、夏侯渊与曹操的家族关系。

《三国志·夏侯渊传》："夏侯渊字妙才，惇族弟也。"

史料中显示，夏侯惇与夏侯渊的关系是"同族兄弟"而非"亲兄弟"，夏侯渊是夏侯惇的"族弟"而不是"之弟"。由此可见，夏侯渊与夏侯惇只是一对"堂兄弟"，血缘关系是没有那么近的。

而夏侯惇和曹操则不同。

裴松之注《三国志》:"嵩,夏侯氏之子,夏侯惇之叔父,太祖于惇为从父兄弟。"

史料显示,曹嵩是夏侯惇家过继给曹家的孩子,是夏侯惇的亲叔父,又是曹操的亲生父亲。也就是说,曹操和夏侯惇是旁系血亲;而夏侯渊作为夏侯惇的"堂兄弟",跟曹操这个"过继"的宗族在关系上自然要比夏侯惇远一些。

曹仁、曹洪等一众曹氏宗亲就更不用说了,都是和曹操血缘关系较远的堂兄弟,所以相比起夏侯渊、曹仁、曹洪等人,夏侯惇和曹操是在血缘上打断骨头连着筋的堂兄弟,关系自然要比其他宗室亲密得多。

《三国志·文帝纪》:"孙盛曰:在礼,天子哭同姓于宗庙门之外。哭于城门,失其所也。"

夏侯惇逝世,曹丕为其痛哭挂孝。在中国古代,亲族与派系在社会活动中非常重要,尤其是在政治活动中,身边得力之人有没有当权者"本家",关系到一个家族的兴旺。

第三,夏侯惇是曹魏集团及军队的主要创始人和缔造者之一,是能排在曹操后面的第二号人物。

太祖初创业,夏侯惇随曹操征伐,任裨将。

《三国志·夏侯惇传》:"太祖初起,惇常为裨将,从征伐。"

在演义中,夏侯惇出场于虎牢关之战前。《三国演义》第五回"发矫诏诸镇应曹公 破关兵三英战吕布"部分写道:"闻知曹操起兵,(惇)与其族弟夏侯渊两个,各引壮士千人来会。……不数日,曹氏兄弟曹仁、曹洪,各引兵千余来助。"

其实演义的这一段内容是根据正史改编的:在正史中,曹魏军队是从夏侯惇、曹仁、曹洪等人带来的这千余人中诞生的。没有这千余人,曹魏政权就没有任何的军事根基。曹孟德发矫诏准备起兵创业之时,夏侯惇是第一个给予其支持并最快响应其号召的人。

先看曹操起兵之时,《三国志·武帝纪》注引《世语》:"陈留孝廉卫兹以家财资太祖,使起兵,众有五千人。"

这五千人由曹操的好友卫兹资助,夏侯惇、夏侯渊、曹仁、曹洪、曹纯、曹劭携手招募而来。这五千人组成了最早的一批"曹家军"。也是这五千人，使曹操能够成为十八路诸侯中的一路。但在汴水之战中，五千"曹家军"基本被董卓部将徐荣歼灭。这一战，曹操损失惨重，受到的打击很大（后来他多次提及这一战）。

汴水之战，曹操第一次创业宣告失败。

由于不被其他诸侯（刘岱、张邈）待见，曹操率众愤然离去，回到老家谯县。由于曹洪与扬州刺史陈温关系好，于是带着曹操和夏侯惇去扬州募兵。

到了扬州，曹洪与曹操、夏侯惇兵分两路招募兵马。

《三国志·曹洪传》："扬州刺史陈温素与洪善，洪将家兵千余人，就温募兵，得庐江上甲二千人，东到丹阳复得数千人。与太祖会龙亢。"

《三国志·武帝纪》："太祖兵少，乃与夏侯惇等诣扬州募兵，刺史陈温、丹阳太守周昕与兵四千余人。"

夏侯惇则和曹操先后拜会扬州刺史陈温、丹阳郡太守周昕；陈温与周昕赠送了四千余人的军队给曹操等人。

《三国志·宗室传》注引《会稽典录》："曹公起义兵，昕前后遣兵万余人助公征伐。"

周昕的两个弟弟周昂和周喁也跟随了曹操；周喁有两千人马，曹操任命他为军师。

《三国志·孙坚传》注引《会稽典录》："初曹公兴义兵，遣人要（周）喁，喁即收合兵众，得二千人，从公征伐，以为军师。"

扬州一行，曹操与夏侯惇共募兵六千余人；加上曹洪独自招募的甲士，总共近万人。

曹洪与曹操、夏侯惇会师于龙亢。本想着又可以东山再起，但偏偏祸不单行，招募而来的扬州士兵并不想参战，于夜间发动叛乱。曹操、夏侯惇等人平叛，杀的杀，跑的跑，近万人的新兵最后只剩五百余人。

《三国志·武帝纪》："……还到龙亢，士卒多叛。"

《魏书》对此次征兵谋反作出了详解："兵谋叛，夜烧太祖帐，太祖手剑杀数十人，余皆披靡，乃得出营；其不叛者五百余人。至铚、建平，复收兵得千余人，进屯河内。"

后来曹操又到附近的铚县、建平县征兵，再募集了一千余人。这次募兵行动到此也就不了了之了。但无论怎样，曹操的二次创业成功了，"曹家军"再次崛起。

夏侯惇与曹操的关系就好比创业初期，没有钱、没有员工、没有资源，总之就是啥都没有的时候，一起艰苦创业、志同道合的人。在曹操创业最难、最苦的时候，陪他一起难、一起苦的是夏侯惇。

在建立曹魏的过程中，文臣武将尚未健全之时，讨董卓、征吕布、平袁氏、拒刘备、镇压反叛等大小战役，都是夏侯惇把自个儿脑袋别裤腰带上给曹操打下来的——即使他擅长的并不是打仗。

这也是夏侯惇的地位如此特殊的原因之一。他创立了最初的曹魏军队，招兵买马，号召为数众多的夏侯氏、曹氏宗族以及外姓文武（如典韦、韩浩）前来投靠，成了夏侯氏在曹魏政权的头号人物和代表人物，是一个派系、族群的领头羊，是曹魏集团中的第二大"股东"。

扬州募兵之后，曹魏政权度过了创业初期最艰难的一段时间。此时，他在北方已初具实力，升为诸侯之列。

《三国志·夏侯惇传》："太祖行奋武将军，以惇为司马，别屯白马，迁折冲校尉，领东郡太守。"

初平二年（191年），曹操剿灭黑山军以及南匈奴单于，袁绍表其为东郡太守；夏侯惇任折冲校尉，屯兵白马。

初平三年（192年），曹操荣升兖州牧，夏侯惇代替曹操成为东郡太守。东郡作为曹操最早得到的地盘，意义不言而喻；而夏侯惇接替曹操成为东郡太守，方显其地位。

曹魏政权由此开始起步。

演义和正史中的夏侯惇

在建立曹魏政权的过程中，夏侯惇与曹操历来是分工明确的：曹操主外，夏侯惇主内。

曹操亲领大军征伐各处，夏侯惇为曹操镇守后方。一个"狩猎在外"，一个"理政在家"，有点曹操"贤内助"的意思。

正史中，夏侯惇一直是以曹魏集团的第二主心骨存在的。

从这个地方就可以看出夏侯惇最早的职业定位和擅长的工作——镇守后方、屯兵纳粮。

比起戎马生涯，夏侯惇更倾向于文职工作。自从征讨吕布伤了左目后，夏侯惇"猛将"的形象就已深入人心，尤其是演义中直接给他写了一段"拔矢啖睛"的骇人剧情，更模糊了夏侯惇"儒将"的形象。

然而事实上，自夏侯惇失睛后，虽然也主导了很多前线的军事工作，比如率十万大军进攻新野、黄河隘口单挑关羽（演义）等，但此后便退居二线，开始全面转向后方运营的工作。

曹魏政权为缓解多年战乱带来的多重社会矛盾，实行了以屯田制为主的既定国策。

夏侯惇是此国策的身体力行者和积极响应者。

裴松之《三国志·武帝纪》注引《魏书》曰："是岁乃募民屯田许下，得谷百万斛。于是州郡例置田官，所在积谷。征伐四方，无运粮之劳，遂兼灭群贼，克平天下。"

从这段记载可以看出，曹魏政权号召百姓务农屯田，各州郡设置田官。连年的战争是要以屯田纳粮为基础保障的；没有屯田纳粮的功劳，就不可能剿除乱贼，平定天下。

夏侯惇在后方屯兵期间，还亲自下基层指导农业基础建设，贯彻曹魏屯田制的国策，并与当地的百姓相处甚好。

袁守定在其《图民录》中记载："凡有急事用民力，以身先之，亦鼓舞民气之一道。夏侯惇为陈留太守，大旱蝗起，惇乃断太寿水作陂，身自负土，率将士劝种稻。民赖其利。"

民力不足，夏侯惇便亲自引军前往，帮助百姓。时大旱蝗起，夏侯惇率部拦截太寿水，形成堤坝，并亲自挑扁担担土，率领士兵劝百姓多种稻田。

民赖其利——为百姓创造了大量的好处并使百姓依赖，这无论是在当时还是现在，都是好官的表现。在战场上身先士卒，在农场上以身示范，这是夏侯惇在曹魏实行屯田制的国策背景下完成的一项重要功绩。

后方的稳定程度决定前线的战局情况。如若后方失守，被抄了后路，在军事上便是毁灭性的打击；军事根基一旦被剿除，政治根基也就不复存在了。人类历史上的战争，有太多的"声东击西"、直取对方老巢的战术，致使敌军直接溃败，毫无还手之力。

《三国志·夏侯惇传》记载："太祖行奋武将军，以惇为司马，别屯白马，迁折冲校尉，领东郡太守。太祖征陶谦，留惇守濮阳。……复领陈留、济阴太守，加建武将军，封高安乡侯。……转领河南尹。太祖平河北，为大将军后拒。邺破，迁伏波将军，领尹如故，使得以便宜从事，不拘科制。……二十一年，从征孙权还，使惇都督二十六军，留居巢。……拜前将军，督诸军还寿春，徙屯召陵。"

《三国演义》第三十一回"曹操仓亭破本初　玄德荆州依刘表"："至建安八年春正月，操复商议兴师，先差夏侯惇、满宠镇守汝南，以拒刘表……"

白马、濮阳、陈留、济阴、河南地界（非今天的河南省，而是当时的地理区域）、居巢、召陵，均为夏侯惇镇守之地，这些地方更是曹魏政权的心脏；而经夏侯惇镇守过的城池，都固若金汤，粮道通畅。

唯一的一次失守是濮阳之变。

兴平元年（194年），曹操征讨陶谦；夏侯惇留守濮阳，领东郡太守。

张邈、陈宫叛迎吕布，袭击兖州。兖州太守荀彧书信告急夏侯惇；夏侯惇领大军去救兖州，不料途中竟遭遇准备偷袭鄄城的吕布军。曹操的家眷都在鄄城，为了去救曹操的妻小，夏侯惇率部去解鄄城之围而放弃了对濮阳的镇守。

《三国志·夏侯惇传》："太祖家在鄄城，惇轻军往赴，适与布会，交战。布退还，遂入濮阳，袭得惇军辎重。"

遭遇吕布大军，夏侯惇力战，击退了吕布。而吕布趁夏侯惇不在濮阳城中，趁机缴获了夏侯惇的军用物资，并遣军士诈降，将夏侯惇劫为人质。夏侯惇部将韩浩用计救回夏侯惇，并斩首诈降者。

《三国志·荀彧传》："彧知邈为乱，即勒兵设备，驰召东郡太守夏侯惇，而兖州诸城皆应布矣。时太祖悉军攻谦，留守兵少，而督将大吏多与邈、宫通谋。惇至，其夜诛谋叛者数十人，众乃定。"

后夏侯惇连夜赶到鄄城，立即诛杀叛党十余人，宛如一剂强心针，稳定了军心民心，同时也保护了曹操的家眷。

后在反击吕布时，夏侯惇、荀彧、程昱力保三城，而夏侯惇却被乱箭射瞎左眼，成了"独眼龙"。

这是一次非常了不起的战役，其意义不在赵子龙单骑救主之下。如若鄄城失守，曹操家眷均被吕布所擒，那曹家的香火就危在旦夕，曹丕、曹植、曹彰等一众子嗣都有可能被吕布所杀，妻女被淫辱，三国的历史也会被彻底改写。

夏侯惇舍命保鄄城，保下了曹操的香火，并为此付出了一只眼睛的代价，其功大过于天。

演义中，曹操后来闻夏侯惇失睛后，亲自来到夏侯惇病榻前以示重视和慰问，并让其回许都调理养病。

《三国演义》第十九回"下邳城曹操鏖兵　白门楼吕布殒命"："夏侯惇损其一目，卧病未痊。操临卧处视之，令先回许都调理。"

建安三年（198年），夏侯惇在兖州屯兵，闻吕布再次反叛，投袁术，命高顺、张辽引兵攻占刘备属地小沛。曹操令夏侯惇前去救援刘备，却被高顺所败。（在《三国演义》中，夏侯惇是在这一仗被曹性射瞎的。）

《三国志·高顺传》："建安三年，刘备还小沛，复合兵得万余人。吕布恶之，自出兵攻备。备败走归曹公。曹公厚遇之，以为豫州牧，将至小沛收散卒，给其军粮，益与兵使东击布。布复叛为术，遣高顺攻刘备。破之。太祖遣夏侯惇救之，为顺所败。复掳刘备妻子送布，备单身走。"

《资治通鉴·汉纪》："吕布复与袁术通，遣其中郎将高顺及北地太守雁门张辽攻刘备，曹操遣将军夏侯救之，为顺等所败。秋，九月，顺等破沛城，虏备妻子，备单身走。"

《三国志》注引《英雄记》："建安三年春，布使人赍金欲诣河内买马，为备兵所钞。布由是遣中郎将高顺、北地太守张辽等攻备。九月，遂破沛城，备单身走，获其妻息。"

再说夏侯惇镇守过的另一城池——白马，也是曹魏重镇，是曹操后期征讨袁绍、相拒于官渡的重要坐标。

在官渡之战前夕有两场关键的战役——延津之战、白马之战（也叫白马之围）。

延津、白马、官渡都位于河南省内，而当时的河南尹便是夏侯惇。

如此重要的三场战役都发生在夏侯惇的管辖区内，但史料对他在这三场关键战役中的记载却少之又少，只说明了他在三次战役中坐镇后方，担当了屯兵、运粮和军员调度的职责，偶尔与前线的曹操对接工作，其他事情便再无着墨。演义中对夏侯惇在官渡的描写还多少有几笔，比如担任了讨伐先锋和左路第一纵队的统领。

演义中，关羽过五关斩六将，所过"五关"都在夏侯惇的管辖之内。

而夏侯惇作为河南尹镇守后方，具有什么重要意义呢？

河南尹，指对应于京兆尹的、以洛阳为中心的汉故司隶校尉东部地区。换句话说，夏侯惇的官职是东汉首都郡的太守，主掌首都事务，劝务农，振乏绝，秋冬案讯囚徒，平其罪法，并举孝廉，典禁兵。也就是说，河南尹的职能主要是作为太守全面管理首都郡的军政事务。

曹操自"挟天子令诸侯"后，迁都许都；那夏侯惇作为河南尹的实际职能就有两层：一是管理故都洛阳的军政，二是管理新首都许都的郡治。

所以，夏侯惇"为大将军后据"是据守的以许都为中心的所有河南郡治。

"二十一年，从征孙权还，使惇都督二十六军，留居巢"（《三国志·夏侯惇传》）——夏侯惇总督曹魏二十六军，兼督张辽、曹仁，屯居巢以防东吴孙权。

官渡之战以前，曹操的主要根据地是黄河以南一带，故称"河南地界"；而袁绍占据的是黄河以北一带，故称"河北地界"；双方相拒于黄河南北两岸。

包括首都许都在内，延津、白马、官渡、濮阳、陈留、邺城、宛城、汴州、汝南、滑州以及通向河北袁绍之地的黄河隘口等重地，均在三国时期的河南地界内。

这是何等重要的地区！官渡之战前，曹操仅有河南这一处地区，这是曹魏建政的心脏，而河南的总管理者就是夏侯惇。[1]

---

[1] 参考张鹤泉：《东汉时期的河南尹》《略论东汉时期的河南尹》。——作者注（如无特别说明，均为作者注）

再看陈留是什么地方——是曹操起兵创业的地方，是其霸业开始之地。

夏侯惇担任河南尹之前，就已经做过陈留太守了，并在那里帮助百姓断水屯田，留下了"民赖其利"的美名。可见这些地方对曹魏的重要性和意义。

曹操把河南交给夏侯惇，无异于把整个政权的心脏都交给了夏侯惇管理。

这也是曹魏政权建立后，夏侯惇仍是汉官的原因。曹操自始至终没有把夏侯惇当作自己的部下来看，他认为夏侯惇与自己是同僚关系，是汉臣，也是曹魏政权的缔造者之一。

为何是夏侯惇

为何非得是夏侯惇受此待遇？为何曹操把重任托付给他，而不是同来的夏侯渊、曹仁、曹洪等一众亲族呢？

原因在正史中可窥见一隅。

《三国志·夏侯惇传》："……（惇）性清俭，有余财辄以分施，不足资之于官，不治产业。"

夏侯惇道德高尚，为人俭朴，不置田产，所得赏赐全部分发于兵士，至死家无余财。

夏侯惇高风亮节，又位在山巅，这种人最容易成就大业，受人敬仰。这也是曹操对他如此器重、他的地位如此之高的原因之一。

另外，夏侯惇平日喜好儒学，好与名士相交，重义气，德才兼备，声望颇高，是个足具文人气质的将帅。

曹操自来是仰慕治学高士的，夏侯惇的品行也是使其地位显著的一个关键点。

夏侯惇乃名将夏侯婴之后。在古代，一般出身名门之人都或多或少有些区别于普通百姓的高雅兴趣，诸如狩猎、射术、儒术、作赋、饮酒品茶等。夏侯惇出身不错，有条件接受教育，本身也喜好读书。

《三国志·夏侯惇传》："年十四，就师学，人有辱其师者，惇杀之，由是以烈气闻。"

从这里能看出，夏侯惇是个喜好学习的人，而且非常尊师重道。他十四岁起开始接受教育，学习知识礼数，并对儒家传统思想有一定的信仰。这与多数古代贵胄子弟不学无术、喜纵马高歌的形象截然不同。他还因有人侮辱了他的老师而杀人，为人甚是硬气，成了当时著名的狠人。

《三国志·夏侯惇传》："太祖自徐州还，惇从征吕布，为流矢所中，伤左目。"《三国志》注引《魏略》曰："时夏侯渊与惇俱为将军，军中号惇为盲夏侯。惇恶之，照镜恚怒，辄扑镜于地。"

夏侯惇本人对自己的形象非常注重，每次一照镜子他就会发脾气，这更加符合一个古代儒生的行为特征了。古代儒生非常注重自己的外表，以彰显自己知识分子和上流人士的身份。自左目失明后，夏侯惇形象受损，这使他非常苦恼，以至于一叫他"盲夏侯"，他就会大发雷霆。

此外，夏侯惇有贤者之风，爱才识才，尊师重道，乃一代儒将，军中楷模。

《三国志·夏侯惇传》："惇虽在军旅，亲迎师受业。"

有四件事，可以具体看出夏侯惇对于人才的发掘和尊重。

第一件：荐典韦。

夏侯惇为曹操保举了他一辈子都忘不掉的忠将猛士——典韦。

根据《三国演义》的说法，夏侯惇狩猎在外，看到典韦逐虎过涧，感叹其勇武过人，遂收为自己的部将。

《三国志·典韦传》："后属夏侯惇，数斩首有功，拜司马。"

典韦数次杀敌制胜，封为司马，直至成为曹操的贴身保镖。征张绣时，他为保护曹操，最后战死在宛城。

典韦殉职，成了曹操一辈子都咽不下的一根刺。每每想起典韦，曹操都不胜伤感。曹操曾多次为典韦痛哭流涕，甚至思念到头风发作。在《三国演义》中，他"三哭典韦"，还在行军的途中为其立碑祭祀。

第二件：收韩浩。

《三国志·夏侯惇传》注引《魏书》曰："汉末起兵，县近山薮，多寇，浩聚徒众为县藩卫。太守王匡以为从事，将兵拒董卓于盟津。时浩舅杜阳为河阴令，卓执之，使招浩，浩不从。袁术闻而壮之，以为骑都尉。夏侯惇闻其名，请与相见，大奇之，使领兵从征伐。"

韩浩本来都已经跟随袁术了，夏侯惇爱其才，挖了袁术的墙脚，硬生生地把韩浩扯到了自己的部队，随自己征伐。

韩浩忠勇刚烈又富有智谋才华；后曹操爱其才，收为麾下将领，视为心腹并屡屡委以重任。

这跟典韦很像：都是由夏侯惇举荐，性格上都具备"忠勇"的共同特点，并且都在夏侯惇的麾下"实习"过，有了一定的经验和军衔后再升到曹操的麾下，由曹操直接统领。

韩浩的忠勇和智谋，在一件事上，体现得淋漓尽致，那就是前文提及的用计救回夏侯惇，并斩首诈降者。这件事被曹操称为"万世之法"。

《三国志·夏侯惇传》："（布）遣将伪降，共执持惇，责以宝货，惇军中震恐。惇将韩浩乃勒兵屯惇营门，召军吏诸将，皆案甲当部不得动，诸营乃定。遂诣惇所，叱持质者曰：'汝等凶逆，乃敢执劫大将军，复欲望生邪！且吾受命讨贼，宁能以一将军之故，而纵汝乎？'因涕泣谓惇曰：'当奈国法何！'促召兵击持质者。持质者惶遽叩头，言'我但欲乞资用去耳'！浩数责，皆斩之。惇既免，太祖闻之，谓浩曰：'卿此可为万世法。'乃著令，自今已后有持质者，皆当并击，勿顾质。由是劫质者遂绝。"

这也是夏侯惇军旅生涯中的一大黑点——被敌军绑架，成了"肉票将军"。

韩浩为了营救夏侯惇、吓退敌军，便打肿脸充胖子，软硬兼施，先说："你们竟然敢挟持大将军，还想活吗？"让敌军心怯，然后又来了一套硬招："我奉命讨贼，难道会为了一个将军而纵容你们吗？"言下之意就是，宁可让夏侯惇被他们撕票，也要让他们几个死。

听了韩浩这一番话，敌军被吓退，放了夏侯惇。韩浩依然没有饶恕他们，将其全部斩首示众。曹操知道这件事之后，大感其勇敢行为，并称赞这是"万世之法"。曹操于是发令，如若再发生这种事，不要顾及人质的安危，与敌人一同消灭即可。

这件事过去后，韩浩为了不让夏侯惇误会，还向夏侯惇哭诉着解释："国法如此，我不得不这样做！"——请求夏侯惇的理解和原谅。这足以看出这个人胆大心细又懂得人情世故，不负夏侯惇对他的知遇之恩。

后韩浩归为曹操部下，并深受曹操信任，多次身居要职，随从征讨甚至掌管禁军，并与夏侯惇一道成了曹魏屯田制国策的践行者。

第三件：说田畴。

建安九年（204年），邺城破（此时夏侯惇为伏波将军、河南尹），后田畴随曹操征讨荆州归来。曹操在早前答应田畴，满足隐士的初心，战事一过，田畴便可回归山林、继续隐居。

曹操求贤若渴，爱才如命。他素知田畴才高，如当初对待关羽一般，再三阻拦田畴，并给他加官晋爵。田畴依旧不肯归服。

《三国志·田畴传》："太祖重其事，依违者久之。乃下世子及大臣博议，世子以畴同于子文辞禄，申胥逃赏，宜勿夺以优其节。尚书令荀彧、司隶校尉钟繇亦以为可听。太祖犹欲侯之。"

曹操起初非常重视这件事，甚至还将此事交给了曹丕、荀彧、钟繇等一众大臣来讨论，得出的结果依然是不可阻拦田畴归去。曹操不接纳这个观点，而田畴又以死相威胁，这令曹操无比忧虑。

曹操知夏侯惇与田畴关系甚好，于是就命夏侯惇代表自己去做说客。

《三国志·田畴传》："畴素与夏侯惇善，太祖语惇曰：'且往以情喻之，自从君所言，无告吾意也。'惇就畴宿，如太祖所戒。畴揣知其指，不复发言。惇临去，乃拊畴背曰：'田君，主意殷勤，曾不能顾乎！'畴答曰：'是何言之过也！畴，负义逃窜之人耳，蒙恩全活，为幸多矣。岂可卖卢龙之塞，以易赏禄哉？纵国私畴，畴独不愧于心乎？将军雅知畴者，犹复如此，若必不得已，请原效死刎首于前。'言未卒，涕泣横流。惇具答太祖。太祖喟然知不可屈，乃拜为议郎。"

在这个层面上可以看出，夏侯惇绝非坊间所流传的那般形象粗鲁，而是喜治学，对德行、道义有很高的追求；并且与曹操一样敬重文人志士，是个书卷气很浓厚的人。

而在说田畴这件事上，还可以从另一个层面体现夏侯惇的地位之高。

"畴素与夏侯惇善，太祖语惇曰：'且往以情喻之，自从君所言，无告吾意也。'惇就畴宿，如太祖所戒。"意思就是：从你夏侯惇嘴里说出来的话，就代表我曹操说出来的话；你去说服田畴，与我去说服田畴无二致。

而夏侯惇也不辱使命，恪守职责，表达了曹操对田畴的挽留之情。

田畴见了好友夏侯惇，也知道他是代表曹操来的，就一把鼻涕一把泪地倾诉衷肠。最后夏侯惇把这个结果告诉曹操；曹操才觉得这事拦不住了，加官晋爵后放走了田畴。

太子曹丕、心腹荀彧、名士钟繇三人都谏言田畴是拦不住的，但曹操不甘心；最后派了夏侯惇代表自己去劝服，结果依然是拦不住，曹操方才罢休。

你看，这就是夏侯惇的地位。夏侯惇一句话，曹操就服，曹丕、荀彧、钟繇等人均不可及也。

第四件：释卫臻。

卫臻是卫兹的儿子，官至司空、司徒、太尉，善断军务，是曹魏后期的权臣。卫兹是早年资助曹操起兵并跟随曹操一起草创基业的人，在征战中战死沙场。曹操感恩其功绩，每当路过陈留，便会给卫兹扫墓。

《三国志·卫臻传》："夏侯惇为陈留太守，举臻计吏，命妇出宴，臻以为'末世之俗，非礼之正'。惇怒，执臻。既而赦之。"

夏侯惇任陈留太守时，亲自举荐了卫兹的儿子卫臻为计吏，卫臻开始走上曹魏政坛。一次，夏侯惇设宴，并命卫臻带着夫人出席宴会，卫臻认为这是末世才有的败俗之举，不合正礼。夏侯惇大怒，把他抓了起来，但没过多久又把他放了。

后曹操感念卫臻的忠诚与才华，便将其收入自己帐下。

卫臻与典韦、韩浩一样，先是被夏侯惇发掘，又在夏侯惇的帐下"实习"，最后"转正"至曹操帐下，直接为其服务。

在军事谋略方面，夏侯惇也功绩斐然。汉中之战，讨张鲁，夏侯惇随曹操同行。这一战中发生了一件令人尴尬的事情。

《资治通鉴·汉纪》："武皇帝意沮，便欲拔军截山而还，遣故大将军夏侯惇、将军许褚呼山上兵还。会前军未还，夜迷惑，误入贼营，贼便退散。侍中辛毗、刘晔等在兵后，语惇、褚，言'官兵已据得贼要屯，贼已散走'。犹不信之。惇前自见，乃还白武皇帝，进兵定之，幸而克获。此近事，吏士所知。"

张鲁之弟张卫据守阳平关。汉中地区地势险要，易守难攻，曹军久攻不克，甚至无法找到张卫的主力部队；因此曹操命夏侯惇、许褚整军撤退。令人尴尬的事情来了：撤退的部队在夜里迷了路，竟然误入了张卫的主力军营。张卫大军以为曹操神兵天降，措手不及的张卫大军四散逃亡，溃不成军。主簿刘晔、侍中辛毗告诉夏侯惇，他们已经攻破了敌军的要点；夏侯惇不信并亲往前线查看，确认后报于曹操，幸而转退为进，一举拿下汉中。

建安十一年（206年），卫固在河东反叛，与张晟、张琰及高干等合兵一处，曹操派夏侯惇领大军前去征剿。

《三国志·杜畿传》："太祖遣夏侯惇讨之，未至。……会大兵至，干、晟败，固等伏诛，其余党与皆赦之。"

此战首勋当数用计取胜的杜畿，夏侯惇作为平叛大军的总指挥也功不可没。这一战也是夏侯惇有史可考的唯一一次独立带兵并取胜的战绩。

夏侯惇的地位

再看夏侯惇的地位。

我们先引用一段《三国演义》中的情节抛砖引玉。《三国演义》第六十六回"关云长单刀赴会 伏皇后为国捐生"："此时曹操威势日甚。会大臣商议收吴灭蜀之事。贾诩曰：'须召夏侯惇、曹仁二人回，商议此事。'操即时发使，星夜唤回。"

贾诩何许人也？曹操时代的主要谋士之一、托孤重臣、搞政治的老油条、识时务的俊杰、宫廷内斗的不倒翁、军事战略的专家；更是太子曹丕未来的"竞选"班底，是曹丕能代汉建魏、成为魏文帝的首要功臣之一。

他在这个时候，在曹操威望正盛，欲图大业、统一中原的关键性会议上，没有急于发表任何观点。他认为，此等大事，必须得有两个人先发表观点。于是他点出了曹魏政权的两个重要人物：夏侯惇、曹仁。曹仁是曹魏政权的缔造者之一，曹操的本家弟兄。

曹操认同了他的观点，并且是星夜急召，二人地位之高不言而喻。

贾诩的言外之意是：此等级别的事件，必须由这个政权的创建者们统一意见，夏侯惇、曹仁不发表观点，我等外姓士族不敢妄言。曹魏要收吴灭蜀，统一中原，最终还是你们曹氏、夏侯氏的"家事"。如果曹操、夏侯惇、曹仁三人未达成共识，我贾诩多说一句话都有可能引发后患；如果此三人达成共识，到那时才算是"国事"。

这是贾诩的政治智慧，当然也体现出夏侯惇、曹仁在曹魏军队中的威望以及说话的分量。

而后面一段才是关键："夏侯惇未至，曹仁先到，连夜便入府中见操。操方被酒而卧，许褚仗剑立于堂门之内，曹仁欲入，被许褚当住。曹仁大怒曰：'吾乃曹氏宗族，汝何敢阻当耶？'许褚曰：'将军虽亲，乃外藩镇守之官；许褚虽疏，现充内侍。主公醉卧堂上，不敢放入。'仁乃不敢入。曹操闻之，叹曰：'许褚真忠臣也！'不数日，夏侯惇亦至，共议征伐。惇曰：'吴、蜀急未可攻，宜先取汉中张鲁，以得胜之兵取蜀，可一鼓而下也。'曹操曰：'正合吾意。'遂起兵西征。"

什么意思？就是曹仁连夜赶回，去曹操卧室找他。此时曹操已经就寝，许褚不让他进——主公醉卧，就是亲戚也不行，曹仁便不敢入内。

但这事要是放在夏侯惇身上呢？

《三国志·夏侯惇传》记载："二十四年，太祖军于摩陂，召惇常与同载，特见亲重，出入卧内，诸将莫得比也。"

曹操在河南摩陂（夏侯惇为河南尹），夏侯惇经常与曹操坐一辆车，不经通报，自由出入曹操卧室，任何将领都无法相比——包括曹仁。

《三国志·夏侯惇传》："邺破，迁伏波将军，领尹如故，使得以便宜从事，不拘科制。"

夏侯惇的这种"特权"，已经不是一天两天了。在邺城被攻破后，夏侯惇被封为伏波将军，继续掌管河南一切事务；而且自由度甚高，不受繁文缛节的限制，不用上表朝廷，可自行裁决辖内一切事务。

由此可见，夏侯惇在世时，曹仁的地位和夏侯惇还是有差距的，更别说其他诸将。

曹操托孤之人

在《三国演义》中的情节里，罗贯中为凸显夏侯惇与曹操的关系，将夏侯惇安排为曹操临终之时心中唯一的托孤之人。

《三国演义》第七十八回"治风疾神医身死　传遗命奸雄数终"："次日，（曹操）觉气冲上焦，目不见物，急召夏侯惇商议。惇至殿门前，忽见伏皇后、董贵人、二皇子、伏完、董承等，立在阴云之中，惇大惊昏倒，左右扶出，自此得病。操召曹洪、陈群、贾诩、司马懿等，同至卧榻前，嘱以后事。"

从这里可以看出，临死之时的曹操最相信的，依然是夏侯惇一人。托孤要事，关乎曹操的家事和曹魏政权的未来气数，必须与夏侯惇一个人事先商议后再做定夺。后闻夏侯惇昏倒后，曹操才选择了我们现在知道的那群托孤重臣。

这里还可以看出，罗贯中也默认了曹操与夏侯惇的关系：奸雄曹操将死，你夏侯惇也别想"善终"，所以虚构了伏皇后、董贵人、二皇子、伏完、董承等被他们"害死"的人对曹魏二当家夏侯惇的"恐吓"。而这个幻象，在《三国演义》中频频出现：曹操自病倒后，几乎每日都能看见那些被他害死的人对他的"问候"。

曹操亡故后，曹丕继魏王位，封夏侯惇为大将军。

《三国志·文帝纪》："己卯，以前将军夏侯惇为大将军。"

遗憾的是，仅两个月后，夏侯惇便追随了曹操的步伐，去世了。

《三国志·夏侯惇传》："文帝即王位，拜惇大将军，数月薨。"

夏侯惇去世，曹丕悲痛，并亲自披麻戴孝。

《三国志·文帝纪》："庚午，大将军夏侯惇薨。"注引《魏书》曰："赐饶安田租，勃海郡百户牛酒，大酺三日；太常以太牢祠宗庙。"又曰："王素服幸邺东城门发哀。"

曹丕听闻大将军夏侯惇逝世，亲自赶赴邺郡，为其挂孝痛哭，加封子嗣，厚禄以祭之，全国吊丧三日（相当于降半旗了），并以厚礼安葬。

《三国演义》中也对"夏侯惇逝世"进行了历史再创造。《三国演义》第七十九回"兄逼弟曹植赋诗　侄陷叔刘封伏法"："人报大将军夏侯惇病笃，丕即还邺郡。时惇已卒，丕为挂孝，以厚礼殡葬。"

曹丕曾如此评价夏侯惇："昔先王之礼，于功臣存则显其爵禄，没则祭于大蒸，故汉氏功臣，祀于庙庭。大魏元功之臣功勋优著，终始休明者，其皆依礼祀之。"（《三国志》注引《魏书》）

曹操、夏侯惇等去世以后，曹魏第一代领导人的时代宣告结束。

至于夏侯惇的死因，史书中也曾有过一次记载。在曹操生前，夏侯惇曾对曹操是否可以称帝发表过自己的见解。而这个见解的结果可能导致了夏侯惇的死。

《三国志》注引《曹瞒传》《世语》："桓阶劝王正位，夏侯惇以为宜先灭蜀，蜀亡则吴服；二方既定，然后遵舜、禹之轨，王从之。及至王薨，惇追恨前言，发病卒。"

桓阶劝曹操称帝，夏侯惇认为应先灭蜀，蜀地平定了则江东自会归服；然后遵循舜、禹的禅让道路，登基称帝——曹操听从了这个意见。

此处便可见夏侯惇的话对于曹操来说具有何等重大的意义，就连曹操自己是否称帝称王，都要先听听夏侯惇的看法，并且还接纳了夏侯惇的建议。

关键是后面一句话："及至王薨，惇追恨前言，发病卒。"夏侯惇在曹操死后很后悔自己的这个建议。他认为曹操一生没有称帝是一个巨大的遗憾，后悔当初没有建议曹操先称帝而后定天下。夏侯惇认为这是自己的过失，最终心存愧疚，追悔而亡。

《三国志·明帝纪》："青龙元年……夏五月壬申，诏祀故大将军夏侯惇、大司马曹仁、车骑将军程昱于太祖庙庭。"

曹叡为表彰前臣的功绩，使夏侯惇、曹仁、程昱的牌位得以享受在太祖曹操的庭庙祭祀。

夏侯惇、曹仁谥号都为"忠侯"。《逸周书·谥法解》云："危身奉上曰忠。险不辞难。"所以，"忠"实为大誉之谥，仅次于司马师的"忠武"。

而坊间有一种争论，就是夏侯惇的"大将军"一职，是汉官、魏王国官还是魏帝国官？

《三国志·夏侯惇传》："二十四年，太祖军击破吕布军于摩陂，召惇常与同载，特见亲重，出入卧内，诸将莫得比也。拜前将军……"

《三国志》注引《魏书》："时诸将皆受魏官号，惇独汉官，乃上疏自陈不当不臣之礼。太祖曰：'吾闻太上师臣，其次友臣。夫臣者，贵德之人也，区区之魏，而臣足以屈君乎？'惇固请，乃拜为前将军。"

《三国志·文帝纪》："己卯，以前将军夏侯惇为大将军。"

史料显示，夏侯惇请命曹操为魏官时，曹操已是魏王，但依旧担任汉朝丞相。曹操认为自己与夏侯惇是同事关系，而不是上下级关系，所以拒绝了夏侯惇请命魏官的请求。但夏侯惇态度坚决并再次要求此事；曹操应允，拜夏侯惇为前将军。所以，自夏侯惇拜前将军始，就已是魏官了——只不过此处的魏还是东汉魏王国而已。

曹操去世，曹丕继魏王，拜前将军夏侯惇为大将军。而这里《魏书》已经表明了，魏王国大将军一职，是由魏前将军担任的。

洪饴孙《三国职官表》："魏大将军上公一人，第一品，掌征伐背叛。建安二十五年，魏国初置是官，黄初以来因之，班次在太尉上。"

夏侯惇为魏大将军，位在三公之上，乃第一品，掌对外战争和对内平叛。此时曹丕虽未代汉自立，但下属王国依旧有权力置属官。曹操称魏王之时，也依旧担任着汉朝的丞相，所以并不冲突。

哪怕是曹丕后来代汉自立，把魏王国变成了魏帝国，也依旧按照魏王国时期的官僚设置继续传承。所以夏侯惇既是魏王国的第一任大将军，也是魏帝国的第一任大将军。

由此可见，夏侯惇的"前将军"和"大将军"，都是魏官。

后人眼中的夏侯惇

后人是如何看待与评价夏侯惇的呢？

曹丕、段默、檀珪、罗贯中，甚至是晋朝开国皇帝司马炎，均称其为"曹魏元勋"。

曹丕："大魏元功之臣功勋优著，终始休明者，其皆依礼祀之。"（《三国志》注引《魏书》）

段默:"伏波与先帝有定天下之功。"(《三国志》注引《魏略》)

檀珪:"夏侯惇魏氏勋佐,金德初融,亦始就甄显,方赏其孙,封树近族。"(《南齐书·王僧虔列传》)

司马炎:"惇,魏之元功,勋书竹帛。昔庭坚不祀,犹或悼之,况朕受禅于魏,而可以忘其功臣哉!"(《三国志》注引《晋阳秋》)

罗贯中:"开疆展土夏侯惇,枪戟丛中敌万军。拔矢去眸枯一目,啖睛忿气唤双亲。忠心力把黎民救,雪恨平将逆贼吞。孤月独明勘比伦,至今功迹照乾坤。"(《三国演义》)

马谡：错位的悲剧英雄

王　璟

诸葛亮选马谡守街亭，并非看走眼了，而是无奈之举；马谡失街亭也不是因为大意，而主要是因为以当时蜀军的作战条件，街亭确实难守。

我们来详细分析一下。

诸葛亮第一次北伐的战略

赵云、邓芝首先被派去斜谷道，据箕谷，作为疑兵，被曹真堵在山里了；诸葛亮自己则深入西北，进攻祁山。从蜀军大本营往西，就已经是魏国的地盘。为了堵住魏国的援军，诸葛亮在刚抵达天水附近的时候，就派马谡去街亭了。

诸葛亮策反陇右三郡当地人的势力，靠"带路党"进了陇西。为什么诸葛亮会选择进攻这个地方？原因很简单，如果诸葛亮直接从汉中出发，无论是走斜谷、子午谷，还是走陈仓，都会遇到一个问题，就是被魏国迎头堵在山区，兵力施展不开，然后就会打成消耗战。而山区长途转运粮草，损耗极高：光是负责运输粮草的人，路上就要吃掉一大部分粮草。西汉开国前，韩信暗度陈仓的案例已经不可复制。因为那时候，汉水流过整个汉中地区，韩信是靠陈仓水道运粮的。而后来汉中发生了一次地震，这次地震导致汉水断流，变成了不同流向的两条河流。不仅如此，三国还处于小冰河时期，甚至东汉末年的饥荒、瘟疫，都和这次小冰河时期相关。换句话说，三国时期比之前的汉朝几百年都更缺水，陈仓水道水位变浅，诸葛亮基本上不能指望水运了。

而山区作战，很容易打成消耗战。打不了几个月，诸葛亮的粮草就扛不住了，只能退兵。对比之下，诸葛亮北伐的成本很高，而魏国防御的成本很低，魏国只要拖时间就够了。诸葛亮几次北伐，都在试图解决山区运粮的问题。

如果选择天水替代汉中作为基地，从街亭沿张郃的进军路线反向进军，只需几十千米就能到达河谷地带。如果急行军，两三天就能进平原，彻底解决了被堵在山区打消耗战的问题。相反，魏国的防守成本大大增加，从长安到街亭有三百多千米，补给线反倒比诸葛亮的还长。

另外，诸葛亮选择进攻天水，虽然距离远，但行军路线却是往西；魏国从长安支援，距离比支援斜谷或者子午谷要远得多。另外，从天水向长安报警本身也会耽误时间。

尽管如此，诸葛亮进攻天水，要跋涉几百千米的山路，时间依然很紧张。所以诸葛亮第一次北伐要想成功，得建立在成功策反了当地势力、有"带路党"的情况下，赶在魏国支援到来前扫平陇右三郡；然后以陇右三郡为基地，在街亭，甚至街亭更靠东的地方，与魏国援军打一次消耗战；击退魏国第一批援军后，依托地利建城。这个新建的城，可以作为第二次北伐的出发点。从此处出发，十天就可以抵达长安城下，且不要求急行军。由于此时已经丢失了荆州，只有掌握了陇右三郡，在防御成本和进攻成本很低、响应速度快的情况下，才可能实现《隆中对》的"待天下有变"。

在街亭建城后，诸葛亮其实是可以往西进凉州的。蜀国缺马，北方平原作战不可能不靠骑兵，占据雍、凉后可以组建骑兵，然后就像董卓或者马超一样，反过来进军长安。

诸葛亮选择进攻陇西，另一个原因是魏国在此地的军事实力比较弱。而魏国之所以在此地的军事实力弱，原因也很简单。从地图上可以看出，诸葛亮从汉中出发，已经是经过山区长途行军后才抵达天水的，补给线远比从汉中到斜谷或者子午谷要长——实际上这是兵家大忌，诸葛亮已经相当于断绝后勤补给了。因为这点，魏国认为诸葛亮是不太可能进攻陇西的，所以陇西的军力薄弱。而诸葛亮之所以敢这么做，是因为他搞"地下工作"，策反了三郡当地人。"三郡望风而降"——这里的望风而降，其实并不是指魏国在这三郡的军队和官员都投降了，而是指当地世家大族投降了。这些人投降的方式当然不是把城池拱手相送，而是向诸葛亮提供后勤支持。这也是诸葛亮在三郡投降后却不能直接带兵去街亭的原因。如果不把三郡掌握在魏军手里的城池给拔掉，那么诸葛亮一转身，这些魏军只要在当地大族中搞一次大屠杀，诸葛亮立马就会被断绝所有补给。所以，诸葛亮必须先扫清魏国在当地的军事力量，然后才能支援街亭。

以上就是诸葛亮第一次北伐的背景和他的战略构想。

街亭之战的关键点

实际上，街亭之战只是第一次北伐的一部分。准确地说，应该问：第一次北伐的关键点在哪儿？诸葛亮第一次北伐选择目标是陇西的原因，前面已经解释了，主要是为了给后续北伐选择一个离长安所在平原更近、离从长安出发的魏国援军更远的基地，避免被堵在山区。另一方面，选择一个从汉中出发往西的目标，意味着魏国的援军也得从长安出发往西支援，相比之下，长安比汉中还更靠东面，支援需要的里程更长。不仅如此，从陇西往长安报警，需要传递军情的距离也更远；诸葛亮从汉中出发后，在山地行军，泄露消息的可能性更小，魏国得到消息的时间就更晚。而且魏国在陇西的军事实力薄弱。

然而缺点在于，虽然诸葛亮从汉中出发比魏国援军从长安出发离陇西更近，但诸葛亮走的是山路，更难走，更绕；而魏国援军走的绝大部分是平原，可以跑得很快。

另外，实际上诸葛亮走超过三百千米的山路去进攻陇西的时候，后勤补给已经跟不上了。按照蜀国后来几次北伐的表现，每次蜀国只能准备好约九个月的粮草；而再考虑到长途转运，实际能支持诸葛亮作战的时间很短。支持诸葛亮走斜谷、陈仓都不够，何况是走往西、绕道几百千米山路的陇西呢？

诸葛亮为了解决这个问题，想出的办法是策反了陇西当地大族，直接在陇西当地获得补给。然而，这并不是说陇西当地人直接就把粮草送到诸葛亮的部队了。诸葛亮需要在进陇西后，建立一套转运系统，从陇西当地各处汇集粮草，然后转运到作战前线。这已经相当于一个替代性的行政班子了，需要时间，还需要防止这套行政系统受到魏国当地驻军的破坏。所以诸葛亮还得分散军队，把没投降的魏军先除掉。

而对于魏国来说，只要援军进了陇西，就相当于进了诸葛亮的粮仓。陇西无法在当地处于战乱威胁的情况下，还继续汇集粮草，供应诸葛亮的军队——诸葛亮就只能退兵，否则就要断粮了。所以，如果魏国援军进了陇西，实际上诸葛亮这次北伐就失败了，后续也就没有交战的必要了。

所以，第一次北伐的关键在于拖延魏国支援的时间，利用时间差完成对陇西的实质占领和资源整合。

往西进军，是为了延长魏国支援的距离；派赵云作为疑兵，是为了拖延魏国收到消息后作出判断的时间。曹真带着部队跑去斜谷道了，接到消息当然比在长安更晚；而且被赵云缠住了，也不是说退就能退的。后来支援陇西的张郃，部队从长安出发；然而张郃本人是从洛阳跑过来的，因为曹真自己被拖在斜谷道了，只能向更远的地方求援。这实际上又耽误了不少时间。

而马谡去街亭堵魏国援军，实际上是拖延魏国支援时间的最后一道防线，守街亭的作用仅占整个拖延计划的一小部分。这道防线仅在魏国援军来得早、诸葛亮还没来得及除掉陇西当地守军的情况下才会发挥作用——而走到这一步，诸葛亮的第一次北伐实际上已经岌岌可危了。

张郃的援军只是先锋。如果张郃能顺利进入陇西，那这次战役魏国就已经获胜了；如果不能，那后续还会有更多的援军派来。依照古代的行军速度要求，哪怕只是正常行军，张郃从长安到街亭也只需要十天；后续援军需要集结时间，但也只会比张郃稍晚。马谡即使挡住张郃，如果诸葛亮迟迟不能赶到的话，马谡面对魏国后续援军依然会战败。

而从魏国的角度来看，街亭之战获胜的原因是张郃支援得够快——一方面，判断诸葛亮主攻方向的速度够快；另一方面，张郃大部分时间是在平原行军，且是在国内行军，依托沿途补给，行军速度快。

所以，街亭之战的关键其实是诸葛亮占领陇西的速度和魏国的支援速度。即使马谡挡住了张郃，也只能给诸葛亮多争取十来天的时间。

为什么派马谡去街亭

第一次北伐的时候，其实蜀国是比较缺乏人才的。这时候诸葛亮带了哪些人呢？赵云、邓芝、魏延、吴懿、马谡、王平等将领。诸葛亮带出去的人里，赵云、邓芝当疑兵去了，对上了曹真；魏延在给诸葛亮当前部；吴懿估计要么在诸葛亮身边，要么就在管诸葛亮的后路。

马谡刚去街亭时，天水三郡名义上归蜀国了；实际上诸葛亮只是靠策反当地人进入三郡，并没有真正控制三郡。此时郭淮因为刚好在附近视察，所以在诸葛亮到达前就已经在天水组织兵力抵抗；天水的行政、军事两套人马都是齐全的。

根据诸葛亮的战略构想，蜀军扫平陇右三郡和魏国援军到达之间，必须存在一个时间差，让诸葛亮在接收三郡并将三郡转变成自己的后勤基地后，还能带着军队去堵魏国的援军，让战斗发生在山区。这样魏国的补给线远比诸葛亮的补给线长，而山区又施展不开兵力，只能打成消耗战，魏国就会面临诸葛亮之前北伐时的尴尬，没粮了就得退回去——这点才是随后诸葛亮能够守住三郡的前提。但诸葛亮并不确定自己控制三郡需要多长时间，也不确定魏国援军抵达的时间，所以必须找个人去守街亭。马谡去守街亭时，诸葛亮正在清扫马谡的后方，接收三郡投降的人员，并且在进攻郭淮的部队。

这也就是诸葛亮让马谡而不是魏延、高翔去守街亭的原因——很简单，清扫陇西比守街亭更重要。魏国的综合实力远强于蜀国，张郃带领的援军只是第一批抵达的部队而已，后续能补充的援军远多于诸葛亮；诸葛亮需要尽快抽出清扫陇西的兵力以支援街亭，和魏国在山区打成拖延势态——而那时候，需要三郡能够向诸葛亮稳定提供粮草补给。如果诸葛亮清扫陇西花费的时间太长，哪怕派去守街亭的人很给力也没用，整个计划还是会失败。

《三国演义》中说诸葛亮让魏延和高翔给马谡做掩护——那是不可能的，因为这时候诸葛亮正在和郭淮对峙。诸葛亮到达天水的时候，郭淮已经先到天水了，躲在上邽，也就是现在的天水市清水县；后来高翔被郭淮击败。上邽离街亭有四十五千米远，既然高翔在和郭淮作战，就不可能像《三国演义》里说的那样，跑去给马谡打掩护。

实际上，诸葛亮已经人手短缺到连参谋都派去当主将的地步，更不可能再让高翔去给马谡当陪衬了。

街亭之战是当年春天打起来的，如果诸葛亮把魏延、吴懿派去街亭，街亭能守的时间倒是长了，但这边清扫陇西的时间也长了——拖着拖着，魏国增援就到了。而且曹叡决定亲征，诸葛亮正月出征，曹叡正月丁未日就已经到长安了——这时候诸葛亮还在打郭淮。

所以，诸葛亮把魏延、吴懿留在陇西，加快清扫街亭后方才是对的，而不应该让魏延、吴懿去守街亭。

再者，马谡并非不知兵，也不是什么新手。从实践角度讲，马谡的经验不少，哪怕是给诸葛亮当参谋，那也是真正经历过国战的。诸葛亮就更不用说了，那也是真正指挥过国战的。

马谡是个参谋，诸葛亮把他当主将用了。其实换王平当主将，马谡当副将，可能结果会好一些——但也只是有一点可能。马谡和诸葛亮的关系很亲近，王平未必约束得了他。守街亭的时候，街亭并非主攻方向，不能调其他实力较强的主将；而能独当一面的人又少得可怜，马谡好歹当过县令、太守，也算独当过一面了。

马谡为什么上山

马谡上山并非像小说里写的那样"居高临下，势如破竹"，马谡上山的目的很明确，就是为了避战。

马谡不上山，张郃可以绕上山，这山并不陡。马谡当道下寨的话，就变成了被张郃四面围攻了，那就打成了两万五千对五万的消耗战。而街亭当时到底有没有城都是个问题——哪怕到了现在，街亭也没有城，只有村。《三国志》只记载了马谡没有当道下寨；后来把地形图传回给诸葛亮，然后诸葛亮大骂之类的都是演义了。至于说马谡认为自己"居高临下，势如破竹"，《三国志》里没记载这部分内容。

而且这种地形根本跑不起来：北侧一下山就是河，南侧下山倒是没河，但从山坡到平地有个几米高的台阶。第一级小土坎，高度比河漫滩略高的，一两米左右的，很可能是一级阶地前缘，是天然形成的；但之后的阶地前缘形成的土坎，起码有七八米甚至十几米高，最少也有五米（这种地形，在陕西这些地方很常见，是天然形成的）。这种地形，居高临下跑起来只能摔断腿，哪儿来的"势如破竹"的说法？说白了，这种地形就只能打烂仗，拼消耗。

如果马谡主动出击，下山过程中是无法列阵的——那么张郃只要让骑兵等在对方弓兵射程外，等马谡的人马下山了一半时，一个冲锋，刚下山的人就会全军覆没。相反，张郃要上山，马谡军拿根竹竿都能把张郃军全推下去。

至于当道下寨，街亭谷道宽几千米，长十几千米，很多人以为马谡当道下寨就把路堵死了——实际上哪怕马谡当道下寨，两万五千人的营寨也截不断街亭。马谡两万五千人，营帐总半径大约四百五十米。就算马谡立个空心圈，也就能挡住一千米多宽的位置。

马谡上山，张郃仰攻是肯定攻不上来的；而且张郃应该是带了不少骑兵的，上山仰攻，这些骑兵也就没用了。所以，张郃大概率不会仰攻。

张郃能否不管马谡，直接溜过去呢？不行。

魏国需要的是让援兵进陇西，支援陇西还没投降的城池。张郃根本不需要去截断诸葛亮的补给线。实际上，此时整个陇西都是诸葛亮的后勤补给基地，诸葛亮只是把陇西本地的魏军给堵在城池里了而已。诸葛亮此时离汉中有三百多千米山路，真打起来，根本指望不上汉中的补给。放张郃进陇西，就等于放张郃进了自己的粮仓，在张郃几万人的威胁下，依托陇西本地势力建立的后勤补给，立马就断了。

但张郃不敢放马谡不管，直接过去——因为张郃不知道诸葛亮走到什么位置了，万一刚进陇右就迎头撞上诸葛亮，背后又有马谡的两万多人马，张郃被夹在山道里前不着村，后不着店，没有补给，军队处于弱势，大概率会全军覆没。

马谡上山，不等于就没水了——上山后还可以在山下取水的，要等张郃到了才会没水。但如果能坚持到诸葛亮到，那就相当于不费一兵一卒挡住了张郃。只要张郃原地不动十几天，然后马谡在山上修点储水的装备再坚持十几天，这不就拖了一个月了吗？而诸葛亮第一次北伐的时候，陇右很多城池直接投降了——在马谡看来,整个陇右应该是传檄而定,要不了几天。

然而张郃的速度简直是神速。诸葛亮正月从蜀国出兵,曹叡亲征到长安就没动静了,大概率是曹叡刚到洛阳就接到了张郃拿下街亭的报告。从马谡缺水才失败的情况来看,张郃估计在曹叡抵达长安前一周就已经到街亭了。考虑到诸葛亮的进军时间,应该是马谡刚到街亭没多久,张郃也到了。

马谡守街亭的可选方案

按小说里王平的要求当道下寨?

这里引用知乎用户"岩窟王"对本文所作的精选评论:

"我在甘肃跑过四五年地质灾害调查,当地的河流,除了大河干流,其他都是季节性河流,一年之中绝大多数都是干沟。山边上那个沟肯定没水,取水必须去清水河。当地老百姓很多都是靠井水和窖水,其中窖水是主流。井水水量小,最多供个一两户、两三户的,供应两万五千人是想都不要想的。窖水更不用想了,一个是短时间建不好足够的水窖,黄土如果有裂隙是会透水的,而近地表的几乎肯定是透水的,不是单纯挖个坑就行。而马谡行军也不可能带几百几千个大缸,更别说还要把水运到山顶、倒容器里。

"在甘肃,山脚下一般也没水的。前面说了,那沟很可能是干沟,取水只能去清水河(没去过现场,只是凭经验推测)。所以只要不是背河下寨,张郃一来,都没法取水了。马谡不是当地人,可能想不到这些;如果他再观察一段时间,可能也会发现这个问题。不过战场上瞬息万变,没有时间让他观察个十天半个月的再下寨。

"而背河下寨,三面无险可守,就又是消耗战。另外说一下,马谡就算当着路口下寨,可能还是会没水!那样更惨,又没水,还是消耗战。"[1]

在街亭守城?

---

[1] 引用时对字词稍有改动,原意不变。——编者注

东汉开国，来歙独自率领两千人奇袭略阳（后来的街亭），然后挡住了几万人的进攻。很多人以这个案例来说明马谡可以靠城池轻松守住街亭——而认为三国时期街亭这个城还存在的依据是，《三国志》里提到了一句话，说马谡"不下据城"。然而，这个评语并不是诸葛亮或者张郃的评价，而是写《三国志》的陈寿的评价。如果说马谡是纸上谈兵的话，那陈寿纸上谈兵的问题更严重。

首先，东汉开国到三国已经相差两百年，这个城池是否还能使用都是个问题；其次，除非这个城池正好是建在河上的，否则马谡两万多人依然面临断水的问题，两万人的部队对水的需求大了十倍。

如果这个城池还能用，那第一个去守城的不会是马谡，而是郭淮。郭淮只需要派两千人去守街亭，诸葛亮的所有谋划就会全部破产。

第一，郭淮作为地头蛇，在比诸葛亮提前到达天水，且离街亭只有几十千米的情况下，并没有派兵去守街亭；第二，诸葛亮在筹划这次北伐时，根本就没担心过郭淮会不会派人去守街亭——这两点就足以说明，在三国时期，根本不可能在街亭复制来歙的战例，否则郭淮和诸葛亮都是傻子了。

临时在河边修个防御工事？

马谡要想取水，必须让这个营寨扎在河上，哪怕仅仅是临近河边都不行。然而这就意味着在山脚下地势最低的地方安营扎寨，张郃只需要让弓兵登上旁边的坡地作战，马谡就只有被动挨打的份儿。而马谡要是让营寨延伸到旁边坡地上，那张郃只需要让弓兵往后退，一样居高临下。

即使马谡能在附近找到个靠河又远离山坡的位置，也顶多就是变成一场消耗战。而且如果离街亭太远，张郃进退自如，那就没有防御的意义了。

况且，如果有足够的时间建一个能够让马谡在防守中占据较大优势的防御工事，那马谡在山上储水也不是问题了——从后方补给一堆整根的竹子就能解决问题。另外，如果诸葛亮迟迟不来支援，那马谡要面临的可就不只是张郃那几万人了，即使在河上扎营也没用。

实际上马谡可选的方案只有两个，而且都谈不上很好：

第一，在河上扎营，带领两万多人死战到底，其间可能还要顶着附近山坡上的箭雨。

第二，躲到山上，断水后再坚持几天；如果诸葛亮还不到，就翻山逃跑。而这几天内，就算张郃来的人再多一倍，马谡也无须担心，反正只要打起来，谁都爬不上山。

王平比较不怕死，想选一；马谡比较胆小，选了二。马谡选二的原因也很简单，以马谡的资历和长期的参谋身份，不足以驱使士兵死战。至于说以弱势兵力逆袭张郃，估计无论是王平还是马谡，都没敢指望过。而"当道下寨"之类的，小说家之言而已。

综上所述，实际上马谡上山这个决策并不是什么居高临下、背水一战，恰恰相反，这个决策非常保守，甚至已经在做战败的考虑了。

因为魏国的实力远远强于蜀国，马谡担心的是如果魏国一次来了十万大军，自己怎么办？相应地，军队规模越大，行军速度越慢。马谡设想的情况是，魏国可能在十几天后派出了远多于自己的军队来支援，而自己可以想办法在山上储存几天的水；没水后再扛几天；如果诸葛亮还没来支援，那就翻山逃跑。

这个山势，军队没法列阵交战；但如果四散而逃，翻山越岭，张郃也不敢追。这种地形，张郃五万人是围不住两万五千人的。马谡下山如果不讲究列阵，是可以直线下山的，甚至可以直接从这个山头翻到另一个山头上——而张郃要堵马谡，得绕山走。所以蜀军只是被打散，而不是被歼灭，也因此王平才能重新又收拢一部分败兵。为什么张郃不敢追败兵？其实是因为：张郃要追败兵，就得把军队散开，翻山去追——万一这个时候诸葛亮或者马谡的其他增援部队到了，就变成张郃军被围在山上了，还是被切割的状态，而且连个营寨都没有。

《三国志·王平传》："建兴六年，属参军马谡先锋。谡舍水上山，举措烦扰，平连规谏谡，谡不能用，大败于街亭。众尽星散，惟平所领千人，鸣鼓自持，魏将张合疑其伏兵，不往逼也。于是平徐徐收合诸营遗迸，率将士而还。"

这个记载就说得很明显了，马谡被打散伙了，张郃没追杀。原文说的是张郃疑其有伏兵，这个只能说是后人的猜测，而且我认为猜得不准。在张郃看来，如果有伏兵的话，干吗不早救马谡？而且张郃带了五万人，接近诸葛亮一半的兵力了。诸葛亮最多只能带出十万人北伐，分兵给赵云一万，分给马谡两万五千，自己就剩六万五千人了——这还不考虑长途跋涉、敌境作战所需的后勤人员，以及接收三郡所需的人员。哪怕诸葛亮完全放弃郭淮不管，或者已经歼灭了郭淮，平地作战硬碰硬，张郃也不怕。要是怀疑哪儿有伏兵，张郃直接冲上去就行了。所以真实情况是，张郃追杀马谡败兵的时候不敢上山——要是绕山走的话，就只能走山道，往天水方向去截马谡的败军了，那就跑远了。也就是说，马谡其实有很大机会重新收拢败兵的。结果是王平把败兵收拢回去的，而马谡弃军而逃了。

所以，其实街亭之战的决定性因素，不在于马谡上不上山，而在于张郃什么时候到街亭。如果张郃晚到几天，弄不好马谡就从后方搬储水工具了。要知道实际上马谡离天水只有几十千米，而此时整个陇右三郡都是蜀军的补给基地。

马谡为什么会被诸葛亮斩

小说里写的是马谡立军令状，结果打败了逃回去，诸葛亮挥泪斩马谡。但其实这些不是真的。

即使马谡战败了，诸葛亮也大概率不会斩他。马谡的问题在于弃军而逃，而且是孤身逃回汉中，根本没去给诸葛亮报告。甚至诸葛亮在接到战败消息时，大概率都以为马谡已经战死了。

《三国志·向朗传》："朗素与马谡善，谡逃亡，朗知情不举，亮恨之，免官还成都。"向朗是向宠的叔父，向宠是很受诸葛亮器重的。马谡孤身逃了不说，关键是还没逃回诸葛亮那里，而是逃到向朗那儿去了。诸葛亮第一次北伐时，向朗随诸葛亮到汉中。诸葛亮出兵的时候有没有带向朗不确定，但笔者倾向于诸葛亮是没带向朗的——因为如果向朗也在军队里，那不太可能做到知情不举。换句话说，此时向朗可能是在汉中，而马谡败了之后一口气逃回汉中了。为啥是王平收拢的败军也就很明显了，因为其他人看不到马谡，都以为马谡已经战死了。《三国演义》里马谡刚打败仗回去，就被诸葛亮砍了——是不可能的，这时候诸葛亮都不知道马谡还活着。

《三国志·马谡传》："谡下狱物故，亮为之流涕。良死时年三十六，谡年三十九。"《襄阳记》:"谡临终与亮书曰:'明公视谡犹子,谡视明公犹父,原深惟殛鲧兴禹之义,使平生之交不亏于此,谡虽死无恨于黄壤也。'于时十万之众为之垂涕。亮自临祭,待其遗孤若平生。"也就是说,马谡是死在监狱里的,而且死后的待遇还是比较好的。这里的"物故",只能说明马谡死了,病死、赐死、自杀都是"物故"。但如果马谡是被斩,那肯定记载是斩了;如果是病死的,那没必要说"物故"这么委婉。所以马谡大概率是被赐死或者自杀的。从马谡能够留遗书,而诸葛亮后来临祭来看,自杀的概率更大些。

这反过来也证明了,街亭战败,其实马谡犯的错并不严重。如果马谡真是如此不堪,诸葛亮后来待他绝对没这么好。所以守街亭的难度应该是非常大的,而当时所有人都明白这一点,知道这个任务需要死战。而在严重缺人的情况下,诸葛亮只能派马谡执行这个任务。马谡主要的错误在于弃军而逃,所以诸葛亮后来对待马谡的表现就能理解了。诸葛亮视马谡如自己的子女——子女被吓破胆跑了,虽然法理不容,但真恨不起来。另外,守街亭这个任务确实换任何人来都很勉强。

综上所述,马谡的问题不是没才能,而是太胆小;而且马谡的身份和任职经历导致他根本不可能承担死战的任务。马谡担当文官时,诸葛亮把马谡当子女看,马谡胆小的缺点是表现不出来的。甚至如果马谡一直不当主帅,这个缺点都不是什么大问题。

补充说明:马谡190年出生,死的时候三十九岁,马良187年出生,诸葛亮181年出生。诸葛亮和马良关系很好,而且只比马谡大几岁,实际类似马谡长兄。马谡视诸葛亮如父,其实就是"长兄为父"的意思;而且马谡大概率是一直由诸葛亮教导的。诸葛亮原本过继了养子诸葛乔;诸葛亮北伐的时候,诸葛乔在管后勤,就在这次北伐中病死了,年仅二十五岁。

诸葛亮的亲生儿子诸葛瞻,227年才出生。诸葛亮后来给诸葛瑾写信,提到"瞻今已八岁,聪慧可爱;嫌其早成,恐不为重器耳"。大概就是马谡给诸葛亮留下的阴影:孩子太聪明,一般的考验根本看不出问题来。以诸葛亮的身份,他儿子平时也很难遇到大挫折,一旦遇到,后果也无法预料。

晋武帝司马炎：搅动时局之人

张 岩

八王之乱的种子，在西晋咸宁二年（276年）就埋下了。

咸宁元年（275年）冬季发生了一场瘟疫，晋武帝司马炎病重期间，齐王司马攸暴露了争夺帝位的野心。为扳倒齐王，司马炎病愈后一改之前清静无为的虚君姿态，强硬地站到了齐王集团的对立面，与几乎整个官僚集团展开了旷日持久的皇位保卫战。

几年后，司马炎病重去世。病入膏肓之际，他任命杨骏、司马亮为辅政大臣，想让这两个老糊涂和几年稀泥，让智商堪忧的嫡长子司马衷做几年虚君，然后将皇位传给聪明伶俐的皇孙司马遹。

但他的如意算盘落空了。就在他驾崩当夜，杨骏就篡改了遗诏，直接引发了八王之乱，并酝酿了一场中华大地上持续两百多年的大动乱，将无数人推向尸山血海的深渊。

一场瘟疫

咸宁元年年末，京城忽然闹起了瘟疫。

刚开始，人们都没有把它当一回事。可只过了几天，城里就有许多人死去——大片大片地死去，好像有一支看不见的阴兵破城而入，见人就杀，不分男女老幼，不分贵贱贤愚。这时，人们才惊慌失措地意识到这一次的瘟疫来势凶猛。

离新年还有十几天的时候，司马炎病倒了，短短几天就卧榻不起，连坐起来的力气也没有。御医惊恐地告诉他，他得的是可怕的瘟疫，但吉人自有天相，他必然能康泰如初。

从御医的眼睛里，司马炎清楚地看到了言不由衷的意味——御医看他的那种眼神，分明是在看将死之人。

取消元旦大朝会——咸宁二年到来之前，这是司马炎下的最后一道诏令。

一年一度的元旦大朝会，是国家最盛大的典礼。届时，食禄六百石以上的京官都将齐聚太极殿；各个州郡、各个藩国、匈奴人、鲜卑人、氐人、羌人，都会派遣使者携带贡品来京朝贺。

为避免人心震怖，司马炎没有在诏书中透露取消元旦大朝会的原因，并严密封锁消息，只把贾充、夏侯和、齐王司马攸留在自己养病的寝宫里，为自己端汤送药。

感染瘟疫，基本必死无疑。司马炎知道自己康复的可能性很小，这时候应该安排身后事，为太子继位做准备，以防突然发生不测。但出于某种忌讳心理，他不愿意想这件事，觉得自己或许还有痊愈的希望。

大多数时候，他的意识是模糊的，只能时不时地隐隐约约感觉到卧榻边有人走动，有人扶自己起来吃药。偶尔头脑清醒的时候，他能强打精神说说话，问问外面局势如何；但精力有限，往往说两三句话就全身虚乏。

贾充他们说，宫墙外的世界一切安好，波澜不惊——对于这种说辞，司马炎当然是不相信的。且不说愈演愈烈的瘟疫，突然取消元旦大朝会本身就是个重大消息。可以预料得到，当各州郡、藩国和胡人部族派来的朝贺使者踏上归程时，这个消息肯定会传得沸沸扬扬，人们对大朝会被取消的原因也定会做出种种耸人听闻的推测。然而，贾充他们的话也是可信的，因为它至少透露了一个事实——即使外面发生了什么事，也还不足以大到惊动圣驾的地步。许多大臣的做派向来是报喜不报忧，除非到纸包不住火的时候，他们才会据实上报。对于这种习气，司马炎早就习惯了。

说来也怪，入夏之后，原本眼看着就要咽气的司马炎，竟然一天天恢复了精神。他敏锐地察觉到，不知道为什么，贾充、夏侯和、齐王恭贺他康复的时候，看起来却不是很高兴。

殿外蝉鸣的时候，司马炎康复了。虽然还不能上朝理政，但可以偶尔起来走动一会儿，不必像以往那样终日卧榻不起。除了贾充、夏侯和、齐王，他也开始召见另外一些朝廷重臣。

与此同时，洛阳城的瘟疫也渐渐平息了，代价是人口损失大半。听到这个消息，司马炎的心情是悲哀的。但与悲哀相比，在病愈的那个夏天，盘桓在他心里的另外一种感情无疑更为强烈、更为持久。

它的名字叫愤怒。

某次召见大臣时，有人悄悄告诉司马炎，他染病不起的那段时间里，贾充、夏侯和、齐王策划过一个阴谋，打算等他一咽气，就废黜太子，改由齐王登基称帝。

得知阴谋的那一刻，司马炎怒不可遏，一度想马上传召他们，狠狠惩罚一番！但理智告诉他：不能这样做。因为贾充、夏侯和、齐王，只是策划阴谋的元凶，背后还有许多大大小小的支持者。如果当面斥责他们，就等于把他们的阴谋公之于众了。到时候，帝国的臣民必然会众口相传，人情震骇；为了避免遭到朝廷的惩罚，他们的支持者也说不定会铤而走险，闹出更大的事端。

问题是显而易见的——司马炎必须装作对阴谋一无所知，尽量以最低调的方式化解最大的危险。

太子司马衷

阴谋的根源在于太子。

司马炎有寡人之疾（好色），后宫的嫔妃多得自己也数不清楚。他的身体也没什么问题，自然不缺儿子。

他的长子叫司马轨，但这个可怜的孩子短命，小小年纪就过世了。于是他只好将次子司马衷作为继承人加以培养。

司马衷的头脑有点问题。在宫墙内，这几乎是一个尽人皆知，但谁也不敢说出口的秘密。

一开始，司马炎把他当作继承人加以培养时，并没有察觉到他的头脑有什么异常。当时他还太小，能说，能走，能玩耍；和别的孩子相比，只是反应稍微迟缓一些。这很容易让人以为他只是发育比较晚，长大一些就好了。

泰始三年（267年），司马衷九岁，被正式册封为太子，移居东宫。

做儿子是一回事，做太子是另外一回事。因为太子既是皇帝的继承人，也是皇帝的竞争者。有的大臣为皇帝效力的同时，也会暗中出入东宫，讨太子欢心，以便换取将来的荣华富贵。这也是没有办法根除的问题。父亲和儿子本可以毫无芥蒂地和睦相处，但在至高无上的权力面前，皇帝与太子之间的亲情必然会被稀释。

太子移居东宫之后，司马炎给他配备了自己的文武班底。从此，父子接触的次数少了。一般情况下，只有在固定的时间里，他们才会举办一次正式的见面仪式。这种仪式的场面比较隆重，朝廷重臣和东宫重臣都会参与。众目睽睽之下，司马炎与司马衷往往只是谈谈对治国理政或者学业的见解，很少像寻常父子那样在轻松闲适的气氛中共叙亲情。

此时，司马炎依然没有察觉到太子的头脑有什么异常。或许他曾经注意到司马衷谈话时眼神有些呆滞、言辞结结巴巴、前言不搭后语——但他想必以为那是司马衷平时贪玩，没有好好学习功课所致。这也难怪，天底下的孩子，有几个喜欢读书？谁从小没有偷懒贪玩过呢？对于这样的问题，斥责太子几句，责令东宫太傅、少傅加紧督训他的课业就是。

时间一晃，两三年过去了。太子十二三岁的时候，宫里出现了一些令人不安的谣言，有些人在背地里窃窃私语，说太子是个傻子。

随着谣言的日渐流传，司马炎有些坐不住了。为此，他悄悄派人到东宫，把太子传唤到自己的居处，仔仔细细地盘查了一番。

发现真相的那一刻，他只觉得全身冰凉，像一盆冰水从头顶浇到了脚底。自己面前的这个孩子，头脑真的有毛病。尽管他知道饥饱、冷热，有七情六欲，有喜怒哀乐，并非像谣言中所说的那样是彻头彻尾的傻子，但他只能理解一些非常粗浅的问题。如果被问到比较复杂的问题，他就会面目呆滞、两眼无神；或者，他只能对问题中涉及的人或事，做出非常简单的"好"或者"坏"

的评价。就像小孩子评价某人某事时，只会说某人是"好人"或者"坏蛋"、某事是"好事"或者"坏事"，而不会用大人的复杂眼光去看待问题。

"我的老天爷啊！我犯了多么愚蠢的错误！我怎么能把先人栉风沐雨打下来的江山交给这样一个孩子掌管呢？为什么我就没能早些发现太子的脑袋有问题呢？"即便司马炎现在懊恼不已，也于事无补。

世上没有不透风的墙，"太子是个傻子"的消息，肯定早就传到了宫墙外的世界里。不过司马炎对此并不担心，因为让傻子当太子这样的事情太违背常理，老百姓十有八九不会相信皇帝会把国家的未来托付给一个痴傻之人。只要不让太子在他们面前出现，不与他们有近距离接触，他们就会在想象中把太子美化成天资不凡之人。

司马炎真正担心的，是朝堂上的文武百官。因为迟早有一天，太子会统治他们，成为他们的主人。他实在无法想象，满朝文武面对一个痴傻之主时，将会是怎样的心情。

随着太子一天天长大，他的言谈举止与年龄之间的不协调越来越明显，宫里知道他是傻子的人也越来越多。有一年夏天，他带着侍从到一个湖泊边乘凉，听见湖里有蛤蟆叫，便傻乎乎地问侍从："你们说这蛤蟆是官家的，还是私家的？"侍从们强憋着笑意说："蛤蟆在宫中的湖里，自然是官家的；若是在外面的湖里，那就是私家的。"

很快，这件事就在宫里成了一个人人都知道的笑料。听说这件事以后，司马炎既恼怒又尴尬。恼怒，是因为太子的愚钝太让他丢脸；尴尬，是因为他不能去惩罚那些嘲笑太子的人，那样做等于公开承认太子痴傻。

他曾想过废黜太子，从太子的十几个弟弟当中挑选一个聪明伶俐的孩子做继承人。但几经思量，他还是打消了这个念头，因为他的弟弟——齐王司马攸。

司马炎的父亲司马昭当年选择王位继承人的时候，许多大臣为司马攸摇旗呐喊；但司马昭最终否决了，所持的理由是"立长不立幼"。如果司马炎废黜太子，从太子的弟弟当中挑选继承人，那就相当于否定了当年司马昭立他为继承人的理由。而且，这么多年来，齐王一直对皇位有觊觎之心。一旦太子之位有变，齐王党徒定然会借机滋事，再为齐王鼓呼。

所以，既然错了，那就错到底吧。即使太子痴傻，司马炎也要把皇位传给他。问题是，以太子的资质，将来难免在皇位上坐不稳，必须帮他做点什么。

曾经，司马炎以为自己正当春秋鼎盛之年，此事可以缓缓图之，从长计议。然而这次瘟疫告诉他：生死在天，命途无常，有些事晚做不如早做。

咸宁二年夏天，司马炎决定不等了。

苍蝇夏侯和

第一个被解决的是夏侯和。

夏侯和是前朝名将夏侯渊的儿子。但与夏侯渊不同的是，他并非曹家死党，青年时代就为司马家效力，被司马昭视为心腹。为了回报他的忠诚，司马炎称帝之后，让他做了河南尹，也一直对他信任有加。染病不起的那几个月里，司马炎把他留在宫中随侍汤药，一个重要的目的就是让他监视贾充和齐王。然而司马炎万万没想到，他居然会参与废立阴谋！而且，在那三条令人作呕的虫子中，最早提议废立之事的就是他！

"父亲在世之日待夏侯和不薄，我也不曾亏待过他，他与贾充、齐王也谈不上有什么私交，可他为什么在我病危的时候背叛我呢？"

这个问题困扰过司马炎好几天。后来，他想通了。因为夏侯和自认为是忠臣，自认为把江山交给齐王要比交给太子好，自认为所做的一切都是为了国家好。

司马炎并不是很喜欢这种"自认为是忠臣"的人，因为在"为国家好"的名义下，他们总是做出一些令人不愉快的事，有时候会冒犯君主的尊严。司马炎需要忠臣，但更需要的是先忠于他，再忠于国家的忠臣。

病愈后不久，为了"奖励"夏侯和在自己病重期间的随侍之功，司马炎解除了他的河南尹之职，让他做了光禄勋。光禄勋的品级比河南尹高，但是个虚职，几乎毫无实权。

司马炎并不小气，一般情况下，甚至可以说他很大度。

有一次，他大宴百官，一个大臣借着醉意，拍着御座，口齿不清地说："可惜了这个好座位啊！"意思是，应该立齐王为继承人，不能把皇位交给痴傻的太子。大庭广众之下说这样的话，使司马炎感到难堪，也气恼，但他没有大发雷霆。对方借醉酒做文章，他就顺水推舟，毫不在意地笑了笑说："你喝醉了。"

然而，再大度也有个底线，如果一味容忍，大度就变成了懦弱。尽管与贾充、齐王相比，夏侯和只是个没有太大影响力的小人物，只因为曾经得到了司马炎的信任，才能在朝堂上占据一方立足之地。在反击齐王党徒的整个计划中，处不处罚他其实是无所谓的事，但他触碰到了司马炎的痛处。

即使他只是一只小小的苍蝇，司马炎也要拍死他。

狐狸贾充

因为这次瘟疫，贾充的狐狸尾巴又露出来了。

河内司马氏是一个源远流长的大家族，早在汉代就名闻海内。曹魏末年，在司马炎的祖父宣皇帝（司马懿）的苦心经营下，司马家的势力更是如日中天，一跃成为海内第一大族。然而，在甘露五年（260年）夏天，因为一起突发事件，司马氏先祖几十代人苦心创立的基业，差点毁于一旦。

那一年司马炎二十四岁，身份是大将军之子。

那是一个闷热的午后，曹魏第四任皇帝、高贵乡公曹髦，忽然率领一支由宫廷武卫和杂役拼凑而成的散兵，鼓噪而行，进攻大将军府，企图杀死司马昭，夺回大权。

事情发生得太突然。大权虽然在司马昭手里，但他名义上还是曹髦的臣子。接到消息后，他一时间手足无措，没有直接下令对曹髦动手。从皇宫到大将军府，虽然守备森严，但谁也不敢对皇帝兵刃相向，只能眼睁睁看着高贵乡公率领散兵，一路向大将军府挺进。

很快，高贵乡公的人马到了离大将军府不远的地方——不动用武力拦阻的话，他们就会杀进大将军府；可如果动用武力，司马家就会背上"乱臣贼子"

的骂名，家族积累的名望就会化为泡影。

形势万分危急之际，贾充忽然率领一队人马及时出现，并指使一个头脑简单的莽夫一枪刺死了高贵乡公。

贾充是擅自行动，还是得到了司马昭的授意呢？司马炎自己也没答案，但不管怎么说，高贵乡公遇刺对司马氏而言是好事。

事后，朝中舆论汹汹，许多人要求处死贾充以谢天下人。但司马昭顶住了压力。改朝换代势在必行，做这种事必须有一些可靠的人手，朝堂上却还有许多人摇摆不定。贾充替司马家做了最脏的活儿，如果处死他，那些摇摆不定的人难免会因此以为司马家过河拆桥。所以，袒护贾充，事实上对司马家延揽人手相当有利。

然而，因为高贵乡公之死，贾充的名声也彻底臭了，除了死死依靠司马家，他无路可走。

用这样的人，司马家当然也是放心的。在司马家的鼎力扶持下，贾充的身价水涨船高，很快就成了朝堂上举足轻重的大人物。当年司马昭确立王位继承人时想选择司马炎，却不便明说。贾充敏锐地察觉到了司马昭的心思，集结党徒为司马炎呐喊造势，最终把司马炎送到了王位上。

如果没有贾充，司马炎不知道家族会怎么样，也不知道自己会怎么样。司马昭临终时也叮嘱他，以后要重用贾充。

贾充为司马家出过大力，司马炎对贾充也怀有一种超出君臣关系的谢意。但打心眼儿里说，在司马炎眼里，贾充只是一条看家护院的狗；只是与别的狗相比，他更善于察言观色、更讨主人欢心。

不过，父亲去世之后，司马炎渐渐发现，贾充变成了狐狸，一只披着狗皮的狐狸。

贾充的前妻李婉，是前朝中书令李丰的女儿。魏、晋易代之际，李丰因对抗司马氏而被处死，满门抄斩。李婉当时已嫁给贾充，算是贾家人，因此躲过血光之灾，但还是被流放到了遥远的辽东。之后，贾充另娶了一个叫郭槐的女人为妻。

晋朝开国后，李婉遇赦，回归洛阳。司马炎知道她是贾充深爱之人，特许贾充接她回家，可以同时有两个正室。但贾充拒绝了，所持的理由是家有悍妇，郭槐嫉妒成性，不让别的女人进门。

郭槐的确是个悍妇，但她真的有拒绝皇命的胆量吗？对于贾充的说辞，司马炎是不信的，觉得贾充不是不想接李婉回家，而是不愿与乱贼的后人扯上关系，怕影响自己的仕途。

到此时，贾充还是一条乖巧的忠犬，一条小心翼翼地嗅探着主人心思的忠犬，不敢有丝毫闪失。他不愿接李婉回家，司马炎当然也犯不上去勉强他。

没过多久，意外发生了——李婉回到洛阳不久，她与贾充所生的女儿嫁给司马攸，成了齐王妃。

当时，朝中有许多大臣或明或暗地劝司马炎废黜太子，改立齐王为继承人。从前，贾充一直站在司马炎这一边；但女儿嫁给齐王之后，他的态度渐渐发生了变化，虽然没有明确表态支持齐王，但也不再像以往那样卖力地为太子助威。

这种行为很容易理解——齐王是他的女婿、自家人，而太子对他而言终究是外人。他犯不上因为一个外人，把事情做得太绝，开罪于自己的女婿。

贾充的骑墙姿态让司马炎明白一个道理：想让看家狗服服帖帖，就得让它怕你，知道你能决定它的生死；还得让它离不开你，知道你是最舍得给它吃肉的人。

泰始七年（271年），关中发生了一次动乱。司马炎不失时机地唆使几个心腹在朝堂上弹劾贾充德行不佳、不堪大用，应该率军前往关中平乱，以功抵过。

贾充是个人才，精通刑名律法，晋朝通行天下的《泰始律》就是他的杰作。但他对行军打仗没什么造诣，让他去率军平乱，等于让他去送死。

贾充慌了，这下终于知道，司马炎可以让他青云直上，也可以让他跌落深渊。在他惊慌失措的时候，司马炎一声不吭，默默地看着他丑态百出；等到火候差不多了，才派遣内侍拜访贾家，言明来意：希望贾家与皇室联姻，把女儿嫁给太子。

贾充的政治嗅觉灵敏得很，揣测风向是他的长项。司马炎给他一个金光闪闪的台阶下，他当然要千恩万谢，忙不迭地抓住这个与皇室攀亲的机会。

泰始七年冬天，贾家与皇室联姻的事定下来了。作为贾家的大家长，因为需要筹备婚事，贾充无法离京，平定关中动乱的主帅只好另派他人。这个理由十分正当，极其自然，无懈可击。

贾充与郭槐有两个女儿，大女儿贾南风，小女儿贾午。贾南风相貌平平，不丑但也不好看，贾午却是个小美人坯子。司马炎原想聘贾午为太子妃，可惜她年纪太小，只有十三岁。司马炎只好改聘贾南风。但贾南风有一样好处是贾午比不了的，那就是，她的性格像郭槐，有决断，比较强势。

普通人家若是有一个像司马衷这般鲁钝的儿子，为儿子择妇时，往往要挑选一个厉害的儿媳支撑门户。太子的头脑有问题，给他娶一个厉害的太子妃，不正好可以在背后帮衬他吗？司马炎选择贾南风当儿媳，大概也有这方面的考虑。

贾南风的确是个有决断的人。

有一次，为了堵住大臣们对太子的非议，证明太子绝非彻头彻尾的痴傻之人，司马炎出了几道考题，派小黄门送到东宫，让太子作答。

小黄门走后，司马炎忽然察觉到了一个漏洞：东宫的文臣肯定会代替太子作答，但那些文臣若是把考题做得太好，反而会让人怀疑。

很快，答卷送来了。每道考题都回答得相当有条理，而且文辞质朴，一看就知道是头脑稍微差一点但还算正常的人做的。

东宫哪个文臣如此聪明，能做出这么一份令人惊喜的答卷呢？事后，司马炎得知，答卷刚做好时，文辞十分优美，是贾南风看了答卷后意识到问题所在，把它改成了和太子的头脑相匹配的水平。

当然，贾南风的强势有时候也有副作用。比如，有一次，她处死了一个怀有司马衷骨肉的宫女。但大体上来说，司马炎对这个儿媳还是比较满意的。

作为太子的岳父，贾充得到了丰厚的奖励，先后升任司空、侍中、尚书令，并且手握兵权，统领数千营兵。

齐王只是觊觎皇位的人，很难有得到皇位的机会；而太子是现成的皇位继承人，将来十有八九能君临天下。鞭子挨了，肉也吃了，贾充不是傻子，知道在两个女婿之间应该选择哪一个。于是，与皇室联姻之后，他又从狡猾的狐狸变回了忠实的看家犬。

司马炎本以为事情到此就结束了，岂料人算不如天算，因为这次瘟疫，贾充的狐狸尾巴又露出来了。

告密者说，夏侯和策划废立阴谋时，贾充的态度十分暧昧，既不支持，也不反对。

病愈后不久，司马炎便狠狠地抽打了贾充一鞭——下诏褫夺了他的兵权，不许他再统领营兵。司马炎没有说这样做的原因，但以贾充的精明，一定能想到。大家都是聪明人，不用什么事都撕破脸皮，拿到明面上说。

咸宁二年的夏天特别热，贾充每次见到司马炎，都显得躁动不安，像泥坑里的鱼，活不了，死不了。

与上次收拾贾充的手法如出一辙，估计火候差不多的时候，司马炎扔出了一块肥肉——任命贾充为太尉，位列三公。因为贾充还有利用价值：被司马炎重用的这么多年里，他身边集结了一大帮趋炎附势之徒。在彻底打垮齐王之前，司马炎还需要他带领那些大大小小的恶犬去撕咬敌人，把敌人咬死、撕碎。

贾充是一只狐狸，一只老奸巨猾、贪婪无度的狐狸，只要齐王还在，他贪婪的胃口就永远不会被填饱。上一次司马炎让太子娶了他的女儿，这一次让他做了太尉，如果还有下一次，该拿什么喂他呢？

扬汤止沸不如釜底抽薪。必须解决齐王，这是司马炎唯一的选择。

从泰始元年（265年）登基称帝到咸宁二年，司马炎做了十年皇帝。但让他极其难堪的一点是，作为晋朝的开国之君，他却对晋朝的创立无尺寸之功。他能改朝换代，完全是秉承先辈余威。当他坐在朝堂上的时候，面对的差不多都是当年追随他的父辈打过江山的老臣。作为一个仅在出身方面高人一头的后辈，司马炎对这些老臣从来都是客客气气的。

大臣们常常夸他是一代仁君，宽容、大度，但这些话其实可以换一个方式理解——他掣肘太多，无所作为。他其实并不是有进取心的人，过去也不觉得无所作为有什么不对，一辈子做一个闲闲散散的皇帝未必不好。但知道废立阴谋后，他告诉自己：皇位是我的，也是我的子孙的，绝不能让它落入外人手中。

尽管朝堂上有很多老臣是齐王的支持者，但司马炎决心已下：为了皇位，自己必须做一个真正的皇帝，强硬、冷酷，摧毁一切对手，彻底、永远地打垮齐王，让他永世不得翻身。

恶狼司马攸

齐王司马攸是司马炎的梦魇。许多次，司马攸出现在他的梦里，悄然无声，默默地盯着他，眼神森然，如同一头恶狼。

他们同父同母，司马炎比司马攸大十岁。司马攸出生前，司马炎从来不知道忧愁为何物；司马攸出生后，他就再也没有快乐过。

司马攸从小聪明、可爱，祖父（司马懿）喜欢他，伯父（司马师）喜欢他，父亲（司马昭）喜欢他，母亲（王元姬）也喜欢他。每当家里有客人来访，所有的赞美也都属于他。司马炎是长子，但几乎所有人都当他不存在。司马炎痛恨、厌恶司马攸，但并不嫉妒，因为他明白一个道理：我是长子，这份家业以后是属于我的。

然而，在司马炎十三四岁的时候，事情忽然发生了令人恐惧的变化：司马攸被过继给了膝下无子的司马师。

司马炎当时只是个少年，但他能看出来，曹家的天下就要完了，司马师将取而代之，成为江山社稷的新主人。他的弟弟，那个让他无比讨厌的弟弟，将会成为太子、天子；而他，在未来的某天，将会成为对弟弟三跪九叩的臣子。

就在司马攸被过继给伯父的那一天，司马炎学会了嫉妒。

可是命运无常，人世间的事，谁能说得准呢？正元二年（255年）正月，司马师在外征战时，忽然死在了许昌。消息传到洛阳，全城震惊。经过一番仓促的准备，在令人瑟瑟发抖的春寒中，司马昭接替兄长的位子，做了司马家的主心骨。

在司马师的葬礼上，司马攸哭得上气不接下气，几乎晕死过去。所有人都夸赞他是至孝之人，司马炎则再一次被大家无视了。不过好在司马炎对此已经习惯了，只要他们兄弟二人同时出现在一个地方，他从来都是被无视的那一个。

一个十岁的孩子，真的能懂得生离死别的意义吗？在人群中，司马炎冷冷地打量着司马攸那张被泪水刮花的脸，对他那令人厌恶的表演感到反胃。司马攸从小就是一个喜欢表现的孩子，从来不肯放过任何一个出风头的机会，一直都知道怎样做能得到大人的欢心。

"这么小就如此有心机,长大后会成为一个多么可怕的人呢?随他去吧,他愿意怎么表现就怎么表现。他的养父死了,现在是我的父亲说了算,将来君临天下的人是我。不管他多么有心机,以后他都注定会匍匐在我的脚下。"葬礼上的司马炎或许会这样想。

然而,出乎司马炎意料的是,登临权力顶峰的司马昭没有对他做过任何承诺,从来没有说过让他做王位继承人。相反,许多次,当着所有大臣的面,司马昭摩挲着王位,感慨地说:"这个位子是兄长的,以后是桃符(司马攸的小名)的,我只是代管而已。"

司马师是个杀伐果断的人,沉默、内敛,喜怒不彰,让人敬畏;至于司马昭……有时候司马炎真不敢相信自己的父亲是伯父的胞弟,他做什么都慢条斯理,一辈子似乎从来没有发过脾气,随和、斯文,有亲和力,但缺乏王者气质。

司马昭不如司马师,其实这也是人所共知的事实。从前,这并不影响司马炎对父亲的尊敬。然而,当父亲一而再,再而三地说将来要把位子传给司马攸的时候,他对父亲就有一点别的想法了。

光阴如水,司马攸一天天长大了。只要他到了二十岁,行了加冠礼,司马昭就要信守承诺,把原本属于他的东西归还给他了。

司马炎嫉妒,但无可奈何;怨恨,但丝毫不敢发作。毕竟自己以后是司马攸的臣子,今日自己对他的任何不敬,日后都可能成为祸根。

当司马攸嘴唇上的绒毛渐渐变黑、喉结渐渐凸起的时候,外面出现了许多与他有关的传闻,说他慷慨、仁慈、英明、果断,颇有司马师当年的风范。紧接着,外面也出现了一些关于司马炎的传闻,说他宽仁、大度、和善。

为司马攸造势的人,大多是当年追随司马师打江山的老臣;与他们相比,为司马炎造势的人要少很多,贾充便是其中之一。

咸熙二年(265年),司马攸十九岁,离举行加冠礼的日子越来越近;而司马炎也走到了悬崖边上,近得能听见深渊的呼吸。

这一年盛夏,司马昭病了,卧榻不起。司马攸举行加冠礼之前,他勉强坐起来,最后一次在晋王府传召百官,就继承人一事咨询大家的意见。就是在这次会议上,事情发生了惊人的逆转——主张让司马攸继承晋王爵位的人依然占大多数，但说话最有分量的那些老臣却主张让司马炎继位。最终，司马昭无奈，不得不怀着对司马师的愧疚，把王位传给司马炎。

夏天快结束的时候，司马昭去世了。

司马炎痛恨自己的弟弟，但那是曾经，因为现在的他是胜利者，犯不上为可怜的失败者曾经的过错而耿耿于怀。然而，为司马昭操办丧事时，司马攸再一次挑衅了他的尊严：他悲哀，司马攸比他更悲哀；他流泪，司马攸比他流更多的泪；他一天粒米未进，司马攸就三天不饮不食；他说要守孝三年，司马攸就说要守孝到死……

西汉以来，历朝都倡导以孝治天下，不孝在律令上是大罪，在道义上也会备受谴责。司马炎已尽最大的努力去表现对亡父的哀思，可无论如何，他都没有司马攸做得好。所有人都在夸司马攸，却没有一个人赞扬他。

对于人们盛赞司马攸至纯至孝的传闻，司马炎做不到无动于衷。司马攸从小就被过继给了司马师，司马炎不相信他对司马昭有那么深的感情。他的悲哀表现得那么夸张，无非是对皇位还有觊觎之意。或者说，他是为了恶心司马炎，让人们知道是司马昭看走了眼，自己才是最好的继承人；而司马炎只是一个贼、一个小偷，窃取了本该属于他的东西。

咸熙二年冬天，秉承先辈余威，司马炎迫使曹魏末代皇帝禅位，完成改朝换代的大业，改元泰始。

尽管在夺嫡之战中失败了，但司马攸的党羽还不死心，希望拥立他为皇位继承人。为了掐灭他们对皇位的念想，称帝第三年（267年）的正月，司马炎册封司马衷为太子；同时还册封司马攸为齐王，授予他位极人臣的权力——统领军事，总揽朝纲。

这是赏赐，也是警告。司马炎是要告诉司马攸：这是我能给予你的最大赏赐，你适可而止吧，皇储的位置你就不要再有非分之想了。

之后数年，司马炎与齐王的关系十分融洽——至少外人会这样认为。作为皇帝和兄长，司马炎对齐王信任有加；作为臣下和弟弟，齐王对司马炎尽职尽责。但事实上，他们的暗中较量一直没有停止过。

齐王的优点是聪明；缺点是聪明过头，容易沦为愚蠢。比如当初为司马昭守孝时，他懂得用孝敬为自己博取美名；但表达孝敬的方式用力过度，反而让人觉得他是在做戏。受封齐王之后，他对军政大事尽心尽力，完全是治国能臣的模样；但他太沉迷于为自己造势，使很多人对他交口称赞，似乎国泰民安都是他的功劳，司马炎只是坐享其成。

随着齐王的声望越来越高，司马炎决定敲打他一下。

当时，齐王兼领骠骑将军的职务，手下有数千营兵。那也是司马炎最担心的地方，唯恐他利用这些兵力突然在京城作乱。为此，司马炎下诏，决定解除他的军权。可那数千营兵吵吵闹闹，说齐王恩深义重，他们无论如何都不会离弃主人；司马攸则置身事外，不置一词。他自以为这样做很聪明，但这反而暴露了他那躁动的野心。

强行解除司马攸的军权未尝不可——但如此一来，刻意打压他的意图就过于明显了。深思熟虑后，司马炎撤回诏令，以大度的姿态成全了齐王与营兵之间的"恩义"；齐王则"勉为其难"地决定继续统领营兵。兄弟之间又恢复了往昔的"和睦"。

最早点破他们兄弟不和的人，是母亲王元姬。

泰始四年（268年），王元姬病重，临终前拉着司马炎的手，流着泪说："桃符性情急躁，做什么都容易被看穿，你这做兄长的也不仁爱。我过世后，只怕你们两人会水火不容啊！"

司马炎没有说话，不承认，也不否认。

在他看来，会不会水火不容，并不取决于自己，而是取决于齐王。齐王要是肯夹着尾巴做人，他并不介意将以往的恩怨一笔勾销；可齐王要是再继续在暗中做鬼祟之事，他就不能再纵容了。

经过夺营兵事件的"敲打"，齐王稍微收敛了一些。母亲王元姬过世后，他与司马炎又"和睦"相处了三四年。但凡有军国大事，他都会当着大臣的面，"毕恭毕敬"地请示司马炎的意见，表示不敢擅作主张。作为回应，司马炎也会摆出"虚怀若谷"的姿态，倾听他的看法，表示对他的信任。

然而，狼终究是狼，永远喂不熟，永远不会像狗那样甘心摇尾乞怜。

当太子渐渐长大，他头脑痴傻的丑闻慢慢传开，恶狼再一次亮出了獠牙。很多人在朝堂上呼吁废黜太子——尽管他们的主人躲在幕后，故作云淡风轻，但每次见面，从司马攸的每根头发上，司马炎都能看见野心的影子。

他不是没想过把司马攸逐出权力中心,让他的爪牙群龙无首。但司马攸的势力盘根错节,朝堂上和军队里都有他的爪牙;贸然对他动手的话,必然会在整个官场上掀起一股风暴。

在谋划怎么反击齐王的过程中,司马炎竟然一点点地理解了父亲司马昭。曾经他以为司马昭对司马师的崇拜和缅怀是情真意切的,而今想来,他觉得父亲对伯父最真实的感情应该是嫉妒和厌恶。因为祖父司马懿在世时最中意的儿子是伯父,父亲一直都是不起眼的陪衬。如果不是因为伯父突然死在许昌,父亲就不会有触碰大权的机会……父亲活在伯父的影子里,司马炎也活在弟弟的影子里——因为很多人说这对父子得到了不属于自己的东西。

司马昭爱过司马攸,司马炎对此毫不怀疑。但从司马攸被过继给司马师的那一刻开始,他就成了别人家的孩子。从继承司马师权位的那一刻开始,该立谁为继承人,司马昭心中已有定论。他曾经口口声声说将来要把权位传给司马攸,不过是为了稳住司马师带出来的那些老臣。自然,在夺嫡之战愈演愈烈那几年里,贾充为司马炎造势也是司马昭的意思;最后一次商议嗣子人选时,那些老臣忽然改变口风,主张立司马炎为嗣,也是司马昭暗中活动的结果。

司马炎曾经埋怨过司马昭,如今才理解了父亲当年的苦心。虽有些晚了,但只要能护住太子,就还不算太晚,这也是对父亲最好的纪念。

无论齐王和他的党羽怎么叫嚣,司马炎维护太子的决心都不会动摇。但他们吵吵闹闹,对司马炎也是一种巨大的折磨:就像一群恶狼闯不进屋里,却整晚在窗外嚎叫,让人夜不能寐。

恶狼折磨他,他也要想办法折磨恶狼。在狼嚎最恼人的时候,司马炎赐给了头狼一个新职务:让他到东宫做太子少傅,负责督导太子的课业。

一个是全天下自认为最聪明的人,一个是被这个聪明人当成傻子的人。光是想想聪明人整天面对傻子时,那种哭笑不得的无奈,司马炎就有一种报复的快感。

自此,朝堂上的战争陷入僵局。司马攸的每一次进攻,司马炎都视而不见。司马攸让他心理上受折磨,他就用痴傻的太子折磨司马攸,谁也别想好过。

几年下来,司马炎厌倦了,觉得事情该做个了断了。于是,在咸宁元年,举办阅兵大典之前，他下诏将十二个有大功于晋室的重臣配享太庙，其中就包括齐王。

配享太庙，意思就是永世以重臣的身份享受宗庙香火，随侍晋室诸帝于地下。齐王对本朝的创建无尺寸之功，其实并没有配享太庙的资格；司马炎如此安排是为了告诉他：你活着是我的臣，死了还是我的臣，永世不得翻身。

尽管反对声此起彼伏，但司马炎心意已决，拒绝做任何让步。处置完一切，他怀着极为愉快的心情举办了阅兵大典，准备迎接即将到来的咸宁二年。岂料，新年到来之前，发生了可怕的瘟疫。重病不起的那段时日里，他把齐王留在身边侍奉汤药，就是担心这头恶狼因配享太庙而心怀不满，暗中搞小动作。

可他万万没想到，这根本无济于事！就在他的眼皮底下，恶狼竟敢策划那么大的阴谋！他还活着，而恶狼却当他死了。

战争还在继续，远远不到结束的时候，而且，它只有一个结束方式——你死，我活。然而，在这场战争中，司马炎和齐王不能直接撕破脸皮，彼此必须假装和睦，嗾使各自的鹰犬在看不见的地方互相撕咬。

齐王背后有鹰犬无数，而司马炎呢？老狐狸贾充已经不值得信任了，必须培养一条新的忠犬。

忠犬杨骏

咸宁二年秋季，皇宫里凉意渐浓的时候，司马炎册封弘农杨氏女杨芷做了皇后。

杨芷是司马炎的第二个皇后。元后叫杨艳，是杨芷的堂姐，去世于两年前。

司马炎与杨艳成婚时十九岁。弘农杨氏当时并非首选，司马昭想与陈留阮氏联姻，让司马炎迎娶阮籍的女儿；但出于对曹氏的忠诚，阮籍拒绝了这门亲事。于是司马昭改变主意，转而向关中的弘农杨氏下聘。

说起来，司马炎得感谢阮籍，因为阮籍的拒绝，他才娶到了一个好妻子。

杨艳比司马炎小两岁，貌美如月，温婉如水。发生夺嫡之争那几年里，司马炎被司马攸折磨得最为痛苦的时候，是她一直默默地陪着他、安慰他。改朝换代后，她也得到了巨大的奖励，成了全天下最尊贵的女人。

司马炎爱她，感激她。但登基称帝后，后宫的妃嫔多了，对她难免就冷落了。当司马炎再一次意识到自己依然像年轻时那么爱她的时候，是在泰始十年（274年）的夏天。那时候，她得了重病。

"我就快死了。"她枕在司马炎膝盖上，流着泪说，"我有一个堂妹，叫杨芷，希望陛下把她召入后宫为后。"

就这样，杨艳死后，杨芷从遥远的关中来到了宫里。与元后一样，她也是那种十分动人的女人，令人一见倾心。随同她一起入宫的，还有她的父亲杨骏。

弘农杨氏以儒学传家，在汉代也曾是海内名门，有四世三公的美名，誉满天下的君子杨震就是弘农杨氏的俊杰。杨骏是杨震的五世孙，但毫无读书人的气质，看起来倒像是个粗鄙的乡下富家翁。

出于对杨骏的不屑，司马炎赐予了他几个吃白食的闲职，让他在京城做了个富贵闲人。有时候，司马炎甚至会忘记自己还有这么一个岳父。直到咸宁二年，因为那场瘟疫中的阴谋，他才开始认真考虑杨骏的存在。

杨骏只是一只癞蛤蟆，无才亦无德，但他有两个能干的弟弟——杨珧、杨济。弘农杨氏之所以如今还能享有盛名，主要就是有他们支撑门面。只是，他们以正人君子自居，在士人当中声誉颇为不错，刻意与杨骏保持着距离。

如果能把杨珧、杨济拉拢过来，那对稳固太子地位的好处是不言而喻的。但可以预料到的是，直接拉拢肯定会被拒绝。狡猾的齐王苦心经营多年，早已在朝野间为自己树立起了贤王的美名。杨珧、杨济爱惜羽毛，绝不会为了一点诱惑就冒天下之大不韪，与齐王党羽为敌。

不过，世上有许多事情，正面进攻的效果，远不如迂回进攻。

咸宁二年秋季，册封杨芷为后不久，司马炎册封杨骏为临晋侯。这是对杨珧、杨济发动迂回进攻的开始。

杨震的孙子杨赐，曾经在汉末被封为临晋侯。"临"有光大之意，"临晋"即光大晋国。明面上看，司马炎册封杨骏为临晋侯，既有崇重弘农杨氏的意味，又有对晋朝的美好祝愿。但问题是，杨骏对晋朝没有什么功勋，在士人当中也没有什么名望，根本没有被封侯的资格。更为严重的问题在于，他是外戚，身份过于特殊。

汉朝因外戚当政而亡国。有鉴于此，曹魏代汉之后，不遗余力地打压外戚，甚至规定只能从寒族中挑选皇后。从那以后，外戚专权绝迹，至司马炎时已有将近百年。

无德无功的杨骏凭什么被封侯？难道仅仅因为他是皇后的父亲吗？大臣们背地里窃窃私语，不安地咀嚼着杨骏封侯这一事件当中所隐含的令人战栗的意义。很快，对杨骏的指责和弹劾便纷至沓来。

大臣们的担心并非杞人忧天。司马炎册封杨骏为侯，的确是为了让沉睡将近百年的外戚势力死灰复燃。他知道把杨骏捧到台面上会招来非议；但因为齐王与太子之争，大臣和皇室宗亲几乎都站到了他的对立面，他必须培养一条忠犬。

面对满朝议论，杨骏依然死性不改，整天前呼后拥，像一条仗着人势招摇过市的狗——但他越招摇，司马炎就越满意。因为这样一来，弘农杨氏便会成为众矢之的；而一旦弘农杨氏的门楣摇摇晃晃，杨骏的兄弟们也就无法坐视不理了。

爱惜羽毛是一回事，维护家门是另外一回事。在家族利益面前，个人声誉往往是不值一提的。

正如司马炎所期盼的那样，当弘农杨氏渐渐被杨骏拖入泥坑时，杨珧、杨济坐不住了。为了维护家族利益，他们只能硬着头皮挺身而出，与齐王的党羽抗衡。趁此良机，司马炎迅速出手，赐予他们更大的权力，让他们与齐王党羽互相争斗。

杨珧、杨济兄弟与司马炎并不是一条心。司马炎维护的是太子的宝座，他们维护的是弘农杨氏，并不情愿被司马炎当枪使。可现实中的压力是巨大的，如果没有司马炎在幕后给予的支持，他们很难承受齐王党羽对弘农杨氏的围攻。所以，他们只能闭上嘴巴，默默地与司马炎合作。

没过多久，在杨珧、杨济兄弟的打击下，齐王的鹰犬们节节败退。但他们没有正面指责司马炎的勇气，只好把怒火发泄到杨家三兄弟头上，说他们祸国乱政。对于这些批评，司马炎一概置之不理，继续赐予杨家兄弟更大的权力、更高的地位、更多的财富。

杨珧、杨济接受赏赐时，心情无疑是苦涩而忐忑的；只有杨骏的喜悦是发自内心的。尽管他那一脸谄媚的样子让人反胃，但司马炎能感觉到，他对自己的感激是极为真诚的。

作为当朝高官，杨骏的德行和才干都与其地位不匹配，说他完全是个吃白食的也不过分。但相比于那些有能力却对自己有二心的人来说，司马炎无疑还是喜欢杨骏多一些——因为他觉得杨骏对他足够忠诚，是一条罕见的忠犬。

在尔虞我诈的朝堂上，"忠诚"是一种最为稀缺的品质。

英雄羊祜

如果司马懿的长子是司马昭，司马炎做皇帝就名正言顺。齐王之所以觊觎大位，他的党羽之所以聒噪不休，是因为在他们眼里，司马炎是"偷"了皇位的贼。

司马炎病愈之后，尽管齐王一次次嗾使鹰犬发动进攻，又一次次被打退，但司马炎明白，这种拉锯式的胜利只是暂时的，只要齐王不死，他就会纠缠不休。

想让齐王死，司马炎有一千个办法；但他必须让齐王好好活着。因为齐王是司马师的继承人，是许多人眼中的未来之星，党羽众多，如果他突然有什么不测，即便他的死与司马炎毫无关系，人们也会怀疑到司马炎头上。所以，在接下来的战争中，为了压倒齐王，司马炎必须用另外一种方式，取得一次决定性的胜利。

取得胜利的方式，是大张武威，消灭盘踞在江东的孙家，一统天下。

历朝历代的开国皇帝，都是亲冒矢石，以武立国，唯独司马炎是秉承先人余威，稳稳当当地开创了晋朝。这也正是齐王及其党羽藐视司马炎的权威的根源。然而，只要消灭孙家、统一天下，创建超过司马昭、司马师乃至司马懿的功业，司马炎就能证明自己坐上皇帝之位是理所应当的；他想让谁做太子就让谁做太子，用不着别人指手画脚。

为了打垮恶狼及其鹰犬，司马炎拍苍蝇、斗狐狸、养忠犬，心思用尽，被朝堂里的乌烟瘴气折磨得焦头烂额。然而，当他想结束这场战争时，所有的鸡鸣狗盗之辈就全都派不上用场了。他可以利用这些人做一些见不得光的事，但统一天下这样的宏图伟业，他只能依靠英雄。

咸宁二年深秋，司马炎派使者奔赴荆州，册封平南将军羊祜为征南大将军。

约十年前，刚刚登上帝位的司马炎就有伐吴的想法。然而当时文武百官几乎无人同意此事，因为他们当中的绝大多数人出身于钟鸣鼎食之家，过惯了优游林下的安逸生活，宁可容忍敌国的存在，也不愿冒险发动国战。再者，司马炎当时的伐吴之念，只是一时兴起；眼看着朝堂上反对声一片，他很快就将此事略过不提了。

一代人有一代人的任务，司马炎当时觉得自己的任务只是改朝换代，完成先人遗愿；至于灭吴，就交给后人去办吧。然而，因为那场瘟疫和齐王的阴谋，他忽然意识到，不但要灭吴国，而且要快速地灭，越快越好。

羊祜出身于泰山羊家，祖父在汉末任南阳太守，父亲在曹魏时期任上党太守，母亲蔡氏是蔡文姬的胞妹，姐姐羊氏是司马炎的伯母（司马师的妻子）。就家世而言，羊祜的出身相当不错。朝堂上与他出身相似的人尽管为数不少，但大多数是骄横平庸的纨绔子弟；有的倒是有些本事，可惜都用来经营门户，不堪大用。

羊祜则不然，他相貌儒雅，仪态潇洒，谦和斯文，在那些面目污浊的俗人当中如同鹤立鸡群。任何时候见到他，司马炎都有一种如沐春风的感觉。羊祜还有才干，将略娴熟，文采出众。更让司马炎惊讶的是，羊祜是个极为罕见的有进取心的人，一直把国家大事放在首位，从来没有为门户私计做过蝇营狗苟之事。

司马炎最崇拜的人，是蜀汉丞相诸葛武侯。有时候他想，如果世上有第二个诸葛武侯的话，应该就是羊祜。

许多年前，萌生伐吴之意时，司马炎任命羊祜为荆州诸军都督，把他派遣到最前方。但因为文武百官的反对和自己意志不坚，司马炎很快就把伐吴大计抛到了脑后；羊祜一直英雄无用武之地。

从平南将军晋升为征南大将军，似乎只是一次常规升迁，是对羊祜镇守荆州多年的嘉奖。但从"平"到"征"，实际上是司马炎对羊祜发出的一个信号，暗示伐吴大业将再次启动。

以羊祜的聪明才智，司马炎相信他一定能领会自己的意思。但人是会变的，时隔多年，他不知道远在荆州的羊祜有没有浸染暮气，还有没有建功立业的雄心。

事实告诉他，他多虑了。

英雄就是英雄，和朝堂上的鸡鸣狗盗相比，有天壤之别。英雄眼中永远有苍山、长河、大海，而鸡鸣狗盗之辈眼里永远只能看到荣华富贵。英雄的鬓发会染霜，但志向永远不会染尘；而鸡鸣狗盗之辈呢，他们没有志向，美女、财富、爵位就是他们活在世上最大的追求。

咸宁二年深冬，羊祜从荆州发来奏文，请求征伐吴国、一统河山，结束汉末以来南北分崩的局面。

征伐吴国之议之所以绕这么大弯子，由羊祜来提，是因为夺嫡之争已经进行到了关键时刻。由司马炎提议的话，齐王党羽肯定不难猜测到其中意味，而会激烈反对；而由羊祜来提，司马炎至少可以让自己显得"无辜"一些，承受的舆论压力也可以小一些。

毫不意外，羊祜的奏疏公布之后，朝堂上立刻反对声一片。齐王的党羽像发狂一般，对羊祜口诛笔伐，极力阻止伐吴。但对他们的疯狂叫嚣，司马炎充耳不闻，铁了心要将伐吴之战进行到底。也正是从这时候起，随着与羊祜书信往来的增多，司马炎才渐渐知道，在过去镇守荆州的许多年里，羊祜无时无刻不在为统一天下做准备，早就把残破的荆州治理成了兵精粮足的战时桥头堡。

之后两年多，在羊祜的运筹下，伐吴之战迅速开局。从长江上游的益州到长江下游的荆州，一艘艘载满水师的巨舰，源源不断地开往前线。遗憾的是，就在伐吴之战的准备工作即将全部安排妥当之时，操劳过度的羊祜去世了！临终前，他推荐杜预为伐吴主帅。

羊祜下葬那天，司马炎穿着丧服，亲自参加了他的葬礼。当时是深冬，在葬礼上，司马炎痛哭失声，泪水顺着脸颊流下，冻结在了胡须上。这一捧眼泪为感谢羊祜而流。他知道，像羊祜这样的英雄，恐怕以后他再也不会遇到了。

咸宁五年（279年）秋，伐吴之战正式启动。经过几个月的激战，第二年春季，孙吴灭亡，南北归一。

在庆祝天下一统的大宴上，司马炎高高举起一杯酒，看着殿下那一个个令人厌憎却又不得不共处一堂的污浊俗人，扬声说："天下一统，都是羊祜的功劳！"

天下一统后，齐王和他的党羽依然不甘心，又挣扎了几年。但在一个武威赫赫的帝王面前，他们的挣扎已经没有太大的意义了。

太康四年（283年），恼羞成怒的齐王吐血身亡。他的党羽也随之偃旗息鼓，风流云散。

无奈地离去

司马炎胜利了，但胜利的果实有点苦涩，并不是那么甜美。当他环顾朝堂时，忽然失落地发现，朝堂上几乎所有人都与他貌合神离。真正对他不离不弃的，只有忠犬杨骏。

齐王死后，自知触犯众怒的杨珧、杨济悄然退出政坛，很少在公开场合露面；只有自以为劳苦功高的杨骏还跟在司马炎身边。司马炎厌恶他，但又不得不重用他——因为除了他，司马炎无人可用。

唯一让司马炎欣慰的，是痴痴傻傻的太子竟然生了个聪明儿子——司马遹。

小皇孙从小头脑机敏，很多人说他眉目间颇有几分司马懿的影子。司马炎对他非常宠爱，总是把他带在身边。

再过几年，等我老了，我就退位做太上皇，在幕后处理朝政；让太子做几年虚君，然后再让他退位，把皇位传给我钟爱的小皇孙，到时候一切就都圆满了——司马炎常常这样想。

但他怎么能料到，在五十五岁这一年，自己竟然又一次被病魔击倒了呢？

太子痴傻，没有处理政务的能力；皇孙还小，得再等十几年才能到亲政的年纪；太子妃贾南风虽然精明，颇有头脑，但她酷虐残忍，很难说她不会成为下一个吕雉，绝不能让她插手朝政。

在病中经过许多次思索，司马炎无奈地发现：一旦自己有什么不测，除了把朝政委托给杨骏打理，已经没有太多选择了。但让杨骏单独处理朝政，显然也并非明智之举：其一，他无才无德，没有处理朝政的能力；其二，自己活着的时候，他确实很忠诚，可他终究是外人，待自己百年之后，谁知道他会做出什么事呢？

思来想去，司马炎决定把汝南王司马亮引入中枢，与杨骏共同辅政。

与杨骏一样，汝南王也是一个无才无德的废物，但他的身份极为有用——司马懿的儿子、司马炎的亲叔叔、皇室的元老和牌面。把他留在中枢辅政的话，杨骏即便有什么歪心思，肯定也不敢轻举妄动。毕竟司马亮背后那些手握重兵的藩王，个个都不好惹，敢招惹司马亮，就等于打他们的脸。

只要司马亮和杨骏互相牵制，在中枢和几年稀泥，将来等小皇孙长大成人，就让他接手朝政，一切不就万事大吉了吗？

但司马炎的如意算盘落空了，他驾崩后，不知死活的杨骏篡改了遗诏，随后便迎来了"八王之乱"。

"八王之乱"是一出两幕剧。第一幕的持续时间只有短短两三个月，只发生在宫墙内部，对墙外的芸芸众生几乎没什么影响。中场休息九年多以后，第二幕上演，残酷的杀戮很快便漫出宫墙、洛阳，波及中原、关中、辽东、巴蜀、江南……变成了席卷全国的大动乱。

五年多以后，"八王之乱"结束，东海王司马越杀败所有对手，成为风头最强劲的黑马。看起来，战争就要画上句号了，司马越将统一河山，再造乾坤。

然而，令所有人想不到的是，"八王之乱"虽然因为司马越的胜出而结束，但一场更大的动乱——一场将持续两百多年的大动乱——正在酝酿之中。在这场即将到来的大动乱面前，"八王之乱"充其量只是死神的开胃小菜而已。

任谁也想不到，"八王之乱"竟然会成为大混乱时代的开端，将一切都推向尸山血海的深渊。而"八王之乱"的祸根，早在咸宁二年就埋下了。司马炎不仅搅动了西晋的时局，也拉开了中华大地二百年动荡的序幕。

王猛：环环相扣的金刀计

张 岩

金刀计，刻薄地说，就是赤裸裸的栽赃陷害，毒辣而直接。

历史上也有那种复杂得让人死都不知道是怎么死的权谋；但这一类东西不多，大多数权谋的设置都与金刀计类似，快、准、狠，没有那么多曲曲折折；因为过程越是复杂曲折，出问题的地方就会越多。不过，简单并不代表粗劣。相反，越是简单的权谋往往越是有效；因为它们最大限度地削减了枝枝蔓蔓，简洁，直奔目的，不拖泥带水。

369年隆冬，在积雪皑皑的关中平原上，一支穿着青色军服的队伍，正护送着几辆马车迅速西行。其中一辆车上，坐着一个四十多岁的中年人。就五官、身材和气质而言，他很符合大众所推崇的"器宇轩昂"的审美标准；只是他的肤色较白，发色偏黄，外貌与汉人有比较明显的差别。事实上，他的确不是汉人，而是鲜卑人——鲜卑是一个来自辽东的民族。他的名字叫慕容垂，曾经是前燕王朝的一个宗王。

当长安城的轮廓在辽远的地平线上出现的一刹，慕容垂心里涌出了一股既酸楚又心安的复杂情感。酸楚，是因为长安是异族王朝前秦的国都；心安，是因为燕国人正在追捕他，而长安将会为他提供庇护。

两个月前，威震南国的桓温发动了一次声势惊人的北伐，差点赶走雄踞中原的鲜卑人，完成光复旧都的大业。但就在他离成功仅有一步之遥的时候，慕容垂以救世主的姿态挺身而出，以一次精彩的突袭行动摧毁了他的万丈雄心。然而，亡国危机解除之后，慕容垂被卷进了一次可怕的政治内斗之中。为了活命，他不得不放弃刚刚被自己拯救的国家，投奔由氐人创建的前秦王朝。

前秦天王苻坚早就有吞并燕国的打算，只是惮于慕容垂的威名而迟迟不敢动手。因此，对慕容垂的庇护请求，他表现得分外欢喜。

当慕容垂一行抵达长安城郊的时候，苻坚已经率领豪华的仪仗队在此等候多时了。以一国之君的身份，亲自出城前来迎接一个来自敌国的政治流亡者，这个举动本身就足以说明他高兴到了什么地步。

然而，王猛作为苻坚最信任的大臣，对于不期而至的慕容垂，可是一点也不高兴。

王猛对慕容垂怀有敌意，不是因为他与慕容垂有私人恩怨，而是因为他根本就不相信慕容垂会死心塌地地为前秦效力。

在王猛眼中，慕容垂虽然抛弃了燕国，但也没有人比这个叛国者更爱燕国。当年遭到政治迫害的时候，他一退再退，一忍再忍，表现出来的耐心和抗打击能力简直令人难以置信；最终是在的确退无可退的情况下，他才被迫离开自己的国家。

指望这样的人为前秦出死力是不可能的。但这并不是最坏的结果。最坏的结果是，万一前秦的局势将来发生动荡，谁也说不好慕容垂到时候会做出什么事。更何况，像他这种武略盖世的人物，无论是在燕国还是在长安，都不缺乏拥趸；而在形势发生剧变的时候，他的拥趸很容易转化为实质性的军事力量。

尽管这种种情况只是假设，但王猛必须把它们当成现实性的问题来对待。因为他比苻坚大十三岁，按照生老病死的一般规律，他离开这个世界的时间会早一些；他不知道自己百年之后，苻坚那过分的宽容会让慕容垂拥有多大的可乘之机。

总体来说，王猛留下的历史形象是深沉而霸道的，给人一种强烈的压迫感。他只要认准目标就会全力以赴，挡住他去路的人基本上都会被他干脆利落地击倒。与推崇儒家学说的苻坚相反，王猛是一个忠实的法家门徒，任何时候都听从理性的指引，世俗意义上的人情观和道德观对他根本没有什么约束力。

如果说他有什么信仰，那么他的信仰就是铲除一切阻力，建立一个和平有序、各安其职、各安其事的新世界。只要有利于达到目的，他并不介意使用一些在常人看来不那么磊落的非常手段。

因此，慕容垂抵达长安不久，王猛就直截了当地对苻坚说：杀了慕容垂吧，留下他迟早是个隐患。

苻坚与王猛的君臣关系之好，在历史上是极为罕见的。以往只要是王猛的提议，苻坚向来言听计从。不过这一次，苻坚没有听从老朋友的劝告，而是颇为不满地说："我正要招揽四方英豪、成就大业，慕容垂千里迢迢来投靠我，我应当开诚布公以待。杀了他的话，天下人怎么看我？"

苻坚的意思很明显——我要以诚待人，绝不会杀死慕容垂。

而王猛从另一个角度理解了苻坚的话：你不是顾忌天下人对你有看法吗？那我就想个办法既除了慕容垂，还不让天下人对你有看法。

一个多月后，王猛的机会来了。

慕容垂奔秦的第二年正月，认为前燕王朝已无柱石可依的苻坚，向前燕发动了大规模的灭国之战，并任命王猛为秦军总指挥。

王猛早就看慕容垂不顺眼了，他决定好好利用这次机会，一举把慕容垂赶回燕国。

大军开拔之前，王猛请慕容垂最器重的儿子慕容令随军出征，为秦军充当向导。

那个时代，地图是稀罕物，制作水平也比较低。军队在外征战，特别是在深入敌国作战的情况下，往往需要熟悉当地情况的"带路党"。

王猛所持的理由很正当：你慕容令熟悉燕国的山川地理，让你做"带路党"理所应当。所以，苻坚批准了王猛的请求；慕容垂也无话可说。对于即将覆灭的祖国，慕容垂的心情颇为矛盾：既不愿看到祖国被征服，又想看到当日欺压过他的人受到惩罚。但不管怎么说，让慕容令随军出征是苻坚的命令，而君主的命令是不能抗拒的。或许慕容父子并不是十分乐意，但也不会十分排斥。

接下来，王猛走了第二步棋。

出征前夕，他到慕容垂府上拜访了一次，与慕容垂把酒言欢。酒酣耳热之际，他对慕容垂说："我马上就要出征了，你能不能送我一个礼物，让我在想念你的时候可以睹物思人。"慕容垂闻言，当即解下随身佩带的金刀，郑重地送给了王猛。

这里有三个细节需要注意。

第一，描述王猛求赠礼这一幕的时候，史官用了一个词——"从容"。我们可以将它理解为"自然"，意思就是说，王猛的表演很真实，好像真的是跟慕容垂的关系好得不得了，一天不见面就难受。

第二，慕容垂送给王猛的礼物，是随身佩带的金刀。其实，是不是金刀无所谓，可以是一个酒杯、一块砚台、一条腰带、一把佩剑……总之，只要是原本属于慕容垂的东西就可以。即使慕容垂拒绝了自己的赠礼请求，为了保证计划的实施，王猛趁慕容垂不备在宴席上拿走一件慕容垂的贴身之物，也并非难事——这是此行最重要的目的，也是整个金刀计中尤为关键的一步。但慕容垂爽快地将近身之物送给了王猛。

关于赠送金刀这个细节，很多人觉得不可思议：慕容垂不是一代枭雄吗，怎么这么容易就中了圈套？的确，慕容垂是个货真价实的枭雄，但他的"枭"主要体现在武略方面，玩心眼儿不是他的强项——并不是说他打仗厉害就什么都厉害。至少，跟王猛相比，我们可以说，他的心思还是比较简单的——他是真的被王猛的"真情流露"感动了。

第三，慕容令当时不在场，应该是以向导官的身份跟着先头部队出征了——后来他也不知道老爹把金刀送给了王猛。这也从侧面说明，慕容垂没有意识到赠刀给王猛有什么不对，觉得没有必要告诉儿子。

简单说，就是慕容垂的城府没有王猛深，事先没有察觉到王猛别有用心。王猛也相信自己的表演很到位。不过，站在当局者的立场上看，王猛得面对一点不确定性，那就是，他无法确定慕容垂会不会写信，把赠刀一事告诉慕容令。毕竟，手长在慕容垂身上，他会不会写信，以及想在信里写什么，那是他自己的事。如果有一天，他很想念儿子，写了一封家书，在其中絮叨几句，说"儿子啊，前几天你王叔来找我喝酒，我送给了他一把金刀"，那么王猛的局就做不成了。

怎么解决这一点不确定性呢？答案很明显——快！迅速出手！在意外有可能发生之前，除掉慕容令！

二十多天之后的一个夜里，一个叫金熙的人拿着金刀悄悄来到慕容令的军营，转达了"慕容垂"的口信：我们父子投奔秦国只是为了求生，奈何王猛心胸狭隘，不能容人；苻坚外宽内忌，心思难测，恐怕我们迟早会死在他们手里。听说燕国国君已有悔意，盼望我们回归故国；我已先行一步，你也赶快回来吧。

在如今的我们看来，二十多天很长——但以当时的通信条件，这差不多已经是王猛所能做到的极限。

消息来得太突然了！接到口信之初，慕容令震惊不已。但金刀货真价实，金熙也是追随他多年的心腹，由不得他多做怀疑——所以，他迅速选择了离营出逃，回归故国。但他不知道的是，金熙其实早就被王猛收买了。

紧随其后，王猛派人星夜兼程奔赴长安，向朝廷通报了慕容令叛逃燕国的消息。注意，王猛不是秘密地向苻坚报告，而是故意向整个朝廷"通报"——这也是王猛的歹毒之处，其目的在于把事态闹大，让满朝文武对慕容垂口诛笔伐，从而让苻坚没有宽赦慕容垂的退路。

尽管被王猛弹劾的只是慕容令一人，但作为叛逃者的父亲，慕容垂闻讯大惊。此时，他面临着两个选择：其一，负荆请罪，表明自己对儿子叛国的心思并不知情，为自己辩解，请苻坚宽大处理；其二，跑路开溜。

苻坚的度量很大，慕容垂对此心知肚明，低声下气求求情的话，活下来的概率还是比较大的。问题是，王猛把动静搞得太大了，慕容垂不知道苻坚能不能扛住满朝文武大臣的舆论压力——所以，思来想去，他决定跑路开溜。但是，跑路的话，往哪里跑呢？

从逃亡路线来看，慕容垂大概率是想逃到东晋。虽说燕、晋两国现在交恶，但慕容鲜卑与晋人在历史上也曾有过友好往来的"蜜月期"——或许就是抱着这一线希望，慕容垂才把东晋作为逃亡归宿。

但慕容垂逃到蓝田关的时候，被追兵擒获了。

在王猛看来，随着慕容垂出逃，事情就基本上大功告成了。他设计这个计策的目的，不是除掉慕容垂，而是迫使慕容垂离开秦国。如果他运气够好，能活着逃走，那就由他去，眼不见心不烦；如果他被追兵擒获，那就以叛国的罪名、名正言顺地杀了他，省得苻坚有什么心理负担和道德方面的顾虑。

可王猛万万没想到，苻坚那几乎没有底线的宽容，让他所有的算计都落空了。

慕容垂被押回长安之后，苻坚在正殿东边的一个偏殿里接见了他，言辞恳切地说："你在燕国蒙受冤屈，走投无路才来投奔我；我理解你对燕国的赤子之心，我也不怪你叛离秦国——但燕国终究是保不住了，慕容令回去又能如何呢？他只是自投罗网而已。父子兄弟，罪不相及；慕容令的错是他自己的，与你无关，你不用担心。"

从这番话可以看出来，苻坚并不知道慕容令叛逃是因为王猛动了手脚。慕容垂后来肯定明白其中的蹊跷了，但可以肯定，当苻坚在偏殿里安慰他的时候，他也是一头雾水，不明白儿子怎么突然之间就对燕国"爱"得那么深沉。

同时，我们还可以肯定，接到慕容垂被宽赦的消息时，王猛心里一定是百味杂陈，哭笑不得——唉，苻坚的宽容真是让人无奈至极！

另一边，面对突然回国的慕容令，燕国君臣一头雾水；但他们没有处死慕容令，而是把他流放到了辽东边境的一座小城，并且还给了他一定程度的礼遇。由于担心燕国秋后算账，慕容令纠集小城守军，企图发动一次兵变，结果兵败被斩。

同年，前燕灭亡。

总体而言，金刀计所起到的历史作用，就是没有起到任何作用，机关算尽的王猛完全是竹篮打水一场空。但就计策的过程而言，金刀计的各个步骤环环相扣；对王猛的用心一无所知的慕容垂，几乎没有破局的可能，只能不知不觉地被一步步地推向绝路。若换了个皇帝，慕容垂早就不明不白地死了。

375年，王猛去世。他尸骨未寒，前燕遗老遗少就劝说慕容垂脱离苻坚，光复前燕。但慕容垂拒绝了。在他看来，摆脱苻坚是迟早的事，但现在为时过早。

七年后，苻坚决定倾尽全国之力大举南下，一举消灭东晋。此议几乎遭到了王公大臣的一致反对。慕容垂却坚定地与苻坚站在同一战线，全力支持南征。第二年冬季，在淝水流域，苻坚迈出了踏向万丈深渊的那一脚。一夕之间，投鞭断流的雄心变成了风声鹤唳、草木皆兵的狼狈。

在苻坚大帝走向失败的过程中，推波助澜的慕容垂是作过恶的。从这个角度来说，王猛的预料是正确的。但王猛只猜对了一半，因为慕容垂并不像他设想的那么歹毒。

大战期间，慕容垂率领一支三万人的军队驻扎在主战场附近的一个小城。所以，参与淝水之战的前秦各路军队都溃不成军，唯有他麾下的三万人完整无损。

逃离战场之后，身边只有一千多个残兵败将的苻坚投奔慕容垂。有人劝慕容垂趁此良机除掉苻坚；但慕容垂把麾下的三万人全都交还苻坚，还亲自把苻坚护送到了安全地带。做完这一切，他才以回邺城祭拜祖先为由，与苻坚分道扬镳。

385年秋季，苻坚大帝被凶狠的羌人叛将绞杀。次年正月，慕容垂登基称帝，建立后燕王朝。后燕建国初期，北方边境盘踞着由拓跋鲜卑建立的北魏政权。因为势力弱小，国内叛乱不断，北魏国主拓跋珪屡次向慕容垂求援。然而，就像慕容垂当年背弃苻坚一样，拓跋珪的地位稳固之后，公然向宗主国亮出了獠牙。

395年，慕容垂以太子慕容宝为统帅，率军十万进攻北魏。但慕容宝昏庸无能，致使燕军在参合陂遭到重创。第二年，慕容垂抱病亲自出征，率军突袭北魏；拓跋珪战败，仓皇遁走。燕军班师回国途中，经过参合陂时，看到去年死在这里的将士们的森森白骨，大军当中失去父子兄弟的士兵纷纷恸哭。慕容垂悔恨交加，终于一病不起，在撤退途中突然去世。

几个月后，拓跋珪率军反扑，大举南下。一年后，后燕国都沦陷，慕容垂苦心经营的后燕王朝自此一蹶不振。407年，后燕为北燕所灭。

很多人认为王猛的金刀计是成功的，并且将后燕王朝的灭亡视为金刀计的休止符。按照他们的说法，王猛用金刀计除掉了慕容垂最器重的儿子，葬送了后燕王朝的国运，这才使得昏庸无能的慕容宝有机会接触皇位。如果慕容令还活着，就不会有参合陂的惨败；如果没有参合陂的惨败，慕容垂就不会忧愤而死；如果慕容垂还能再活几年，龟缩在塞外的北魏就不会有崛起的机会；如果慕容令顺利继承皇位，后燕王朝就会……

这种假设很浪漫，也能满足我们对历史的想象，但假设终究只是假设。

慕容令的确比慕容宝优秀；但要说他是那种盖世奇才的话，恐怕也谈不上。至少在关于他的有限记载中，我们看不出他有什么惊才绝艳的地方。相反，他那近似于鲁莽的勇武倒是给人留下了比较深刻的印象。而且，慕容垂创建的后燕，本质上是一个开历史倒车的王朝，诸多制度方面的建设远远不如前秦。如果历史可以假设的话，那么基于这两点，我们也可以得出一个相反的结论——即使慕容令继承大位，也改变不了历史进程，充其量只能让后燕王朝多存在几年。

该崛起的还是要崛起，该灭亡的终究要灭亡。

宋武帝刘裕：生于微末，起于乱世

神策中尉鸭

关于南朝宋武帝刘裕，要从头开始说起。

刘裕小名叫寄奴。因为家里太穷，他出生时差点被扔掉；幸亏有邻居（也是姨妈）的养活才勉强长大。他三十六岁前的人生是几乎不见于史书的。以零星的记载来看，他是个靠砍柴、种地、卖草鞋（卖草鞋这一点倒是很像另一个姓刁的）为生的贫困户。有的资料上说他"为补济家用而去赌博"，那真是鬼才信了。刘寄奴喜欢赌博，但肯定不是为了补贴家用——据我推测，应该纯粹是游手好闲，想一夜暴富。

不过跟绝大部分赌徒一样，刘裕也欠债了，而且欠的还是一个高官的钱。刁逵，时任骠骑咨议。刁逵找人把刘裕打了一顿。幸亏刁逵的同事、王导的孙子、骠骑长史王谧看不下去，帮忙还了钱，才让刘裕捡回一条命。不仅如此，老好人王谧还鼓励寄奴说："卿当为一代英雄！"——也不知道他是不是开了上帝视角。

如果没有什么大的意外，刘裕这辈子应该都只能叫"寄奴"了，过着贫困的生活，勉强养活自己叫"兴弟"的闺女（从名字来看，寄奴夫妻二人虽然贫穷，但还是想生个男孩）。

东晋隆安三年（399年），东晋爆发了孙恩起义，让本就摇摇欲坠的东晋朝廷胆战心惊。这时候要先介绍一下当时的形势了，因为实在是有点乱。

> 自帝即位以来，内外乖异，石头以南皆为荆、江所据，以西皆豫州所专，京口及江北皆刘牢之及广陵相同雅之所制；朝廷所行，惟三吴而已。及孙恩作乱，八郡皆为恩有；畿内诸县，盗贼处处蜂起。恩党亦有潜伏在建康者，人情危惧。常虑窃发，于是内外戒严。加道子黄钺，元显为领中军将军，命徐州刺史谢琰兼督吴兴、义兴军事以讨恩；刘牢之亦发兵讨恩，拜表辄行。（《资治通鉴·晋纪》）

大概意思就是，晋安帝即位以来，长江中游由殷仲堪（后来被桓玄所杀，桓玄一统荆州）控制，只是名义上听建康（今江苏南京）朝廷的；豫州（时治今安徽和县）由谯王司马尚之控制，号称"西府"（在首都建康之西）；京口（今江苏镇江）以及长江以北部分地区由刘牢之及高雅之控制，号称"北府"。朝廷内又有权臣司马道子、司马元显父子二人，而且这父子还跟荆州的桓玄有矛盾。总之一句话，东晋如此之乱，要亡！

就是在这种乱世之中，贫困中年人刘寄奴参加了家乡军队，成了"北府兵"的一员。

> 初，彭城刘裕，生而母死，父翘侨居京口，家贫，将弃之。同郡刘怀敬之母，裕之从母也，生怀敬未期，走往救之，断怀敬乳而乳之。及长，勇健有大志。仅识文字，以卖履为业；好樗蒲，为乡间所贱。刘牢之击孙恩，引裕参军事，使将数十人觇贼。遇贼数千人，即迎击之；从者皆死，裕坠岸下。贼临岸欲下，裕奋长刀仰斫杀数人，乃得登岸，仍大呼逐之。贼皆走，裕所杀伤甚众。刘敬宣怪裕久不返，引兵寻之；见裕独驱数千人，咸共叹息。因进击贼，大破之，斩获千余人。（《资治通鉴·晋纪》）

第一次上战场的他，靠着不要命以及蠢对手（无组织的流民军队），取得了惊人的胜利：一个人赶着几千人跑。靠着这次的战功，刘裕升了官，得以独自统领百人的部队。

孙恩起义军被赶回海里后不久，于隆安五年（401年）卷土重来，声势更为浩大。北府兵再次东征，刘裕负责守卫句章城（今浙江宁波鄞州区）。句章城池矮小，士兵又不到数百名，刘裕常常披坚执锐，身先士卒，每战都冲锋在前。孙恩觉得啃不下这块硬骨头，于是放弃句章城，转而北上攻打海盐（今浙江海盐）。刘裕跟踪追击，在海盐县城旧址筑起城池。起义军白天来攻城，城内兵力空虚，刘裕就挑选百人组成敢死队，都脱掉盔甲，手持短兵器，击鼓呐喊冲出城。起义军遭到震慑，士气大丧，丢盔卸甲逃散，大帅姚盛被斩。刘裕虽然连战连胜，但考虑到敌众我寡，兵力悬殊，于是假装弃城而逃，诱使起义军蜂拥进城。他乘其懈怠，设下埋伏，再次大败起义军。

孙恩知道海盐有刘裕，自己无法攻占，于是乃进向沪渎垒（今上海市青浦区东北）。刘裕领兵尾随，由于队友太蠢，收获了一次大败。不过刘裕靠着自己的机智与威猛的名声，吓退了敌军。

> 海盐令鲍陋遣子嗣之以吴兵一千，请为前驱。高祖曰："贼兵甚精，吴人不习战。若前驱失利，必败我军，可在后为声援。"不从。是夜，高祖多设伏兵，兼置旗鼓，然一处不过数人。明日，贼率众万余迎战。前驱既交，诸伏皆出，举旗鸣鼓。贼谓四面有军，乃退。嗣之追奔，为贼所没。高祖且战且退，贼盛，所领死伤且尽。高祖虑不免，至向伏兵处，乃止，令左右脱取死人衣。贼谓当走反停，疑犹有伏。高祖因呼更战，气色甚猛；贼众以为然，乃引军去。高祖徐归，然后散兵稍集。（《宋书·武帝本纪》）

孙恩赢了一场后，摆脱了如附骨之疽的刘裕部队，轻松地攻破了沪渎垒；然后直接挥师从海上西进，直达建康北边的丹徒（京口辖区），准备进攻东晋的首都。

东晋朝廷危如累卵，举国一片惊惶，调集了所有的力量保卫京师。一向与执政的司马道子父子不和的桓玄，也上疏准备领兵来"保卫京师"，吓得朝廷连忙以诏书阻止了他。

北府主力本想在山阴（今浙江绍兴）阻击起义军；结果等大部队开到，孙恩已经领兵到了丹徒。刘牢之下令刘裕领兵自海盐火速支援京师。刘裕后发先至，竟然与孙恩的军队同时到达。

随后，刘裕以疲劳而人数处于劣势的军队，直击孙恩队本部，竟然"大破之"。而刘牢之领北府主力到来，掌西府军队的司马尚之也领精锐入援建康，孙恩不得不退走。

刘裕靠着如此耀眼的军功，被加封为建武将军、下邳太守，领军继续追击起义军。最终孙恩一败再败，跳入海中自杀。

至此，本来寒微落魄的刘寄奴，终于可以不那么憋屈了，最起码在老丈人面前可以挺起腰杆了（刘裕的妻子臧爱亲之父臧俊是郡功曹）。随后，摇摇欲坠的东晋政权发生了翻天覆地的变化，给了刘裕又一个机会。

402年，朝廷执政司马道子父子与荆州刺史桓玄彻底撕破脸皮，东晋持续了百年的"荆扬之争"再起。然而主动挑起争斗的执政方失败了。桓玄击败西府兵，又派说客何穆（刘牢之族舅）前往北府，劝说刘牢之。

汉初，说客蒯通劝韩信背叛刘邦，可以三足鼎立。韩信觉得刘邦对自己有知遇之恩，所以没有听从建议。最终"狡兔死，走狗烹"。数百年后，相似的说辞摆在了刘牢之的眼前。

> 自古戴震主之威、挟不赏之功而能自全者，谁邪？越之文种，秦之白起，汉之韩信，皆事明主，为之尽力；功成之日，犹不免诛夷，况为凶愚者之用乎！君如今日战胜则倾宗，战败则覆族，欲以此安归乎！不若翻然改图，则可以长保富贵矣。古人射钩、斩祛犹不害为辅佐，况玄与君无宿昔之怨乎！（《资治通鉴·晋纪》）

自古以来功高盖世的将军，有谁能够善终吗？文种、白起、韩信为明主效力；功成之日，都不免被诛杀，何况将军效力于昏庸的朝廷呢？今天您战胜荆州军，功高盖主，免不了韩信等人的结局：战胜了等待您的是宗族覆灭，战败则会被荆州势力夷灭三族。您想选择哪条路呢？不如投效荆州军，则可以成为开国功臣。春秋时的齐桓公与管仲有射钩之仇，晋文公和寺人披（勃鞮）有斩祛之怨，最后都能不计前嫌，何况荆州的桓玄与您没有宿怨呢？

刘牢之思虑再三，决定投靠桓玄。命运如此奇妙，桓玄、刘牢之乃至所有人都没有想到，因为这一决定，整个东晋将发生翻天覆地的变化，并爆发出震撼北方诸国的能量，最终影响了历史的走向。

号角横吹，穿云裂石，草木南州。

东晋安帝元兴元年（402年），刘裕三十九岁。

刘牢之倒向荆州军，使得双方力量瞬间改变。朝廷赖以为藩蔽的北府脱离掌控，投向荆州军。桓玄下令军队直扑建康，朝廷军队未战即溃，司马道子、司马元显父子二人被生擒；桓玄进入建康，拥立晋安帝。在这些风起云涌的事件中，作为皇帝的晋安帝，却没有丝毫动作，这是为什么呢？原因很简单，晋安帝司马德宗同他的前辈、广为人知的晋惠帝一样愚笨。不过惠帝尚能有"何不食肉糜""此嵇侍中血"这类言行，而安帝傻得更厉害，从小到大不会说话，甚至无法辨别寒暑。所以无论是之前的司马道子父子，还是现在的桓玄，都放心地以晋安帝为傀儡。大权在握的桓玄随即以朝廷的名义封自己为"都督中外诸军事，丞相，录尚书事，扬州牧，领徐、荆、江三州刺史"。而北府所在地京口，即为徐州治所。桓玄刚刚掌握大权，就准备亲自掌控北府，将刘牢之调任为会稽内史。

刘牢之得知自己的任命后一下就慌了神，他知道自己赖以维生的只有北府兵权。于是他与刘裕商量，准备不受会稽内史的任命，领兵回江北的广陵（今江苏扬州），投奔自己的女婿高雅之，然后举兵反抗桓玄。刘裕却明白地看出了事情的关键所在，他对刘牢之说：

> 将军以劲卒数万，望风降服；彼新得志，威震天下，朝野人情皆已去矣，广陵岂可得至邪！裕当反服还京口耳。（《资治通鉴·晋纪》）

"当初你拥兵数万的时候，望风而降；现在桓玄名正言顺地以朝廷名号发布命令，北府众人怎么会再听你的呢？广陵是到不了的！我不跟你去广陵，而是回京口。"

刘牢之却不听刘裕的意见，反而召集军中将佐，询问众人是否愿意跟随自己去广陵。然而他刚刚说完，参军刘袭反驳道："事不可者莫大于造反。将军反过王恭，反过司马道子父子，如今又要反桓玄。一人三反，还有什么资格领导我们呢？"说完直接反身出帐。其他将佐也纷纷自行离去。

愤怒、悔恨、绝望环绕着刘牢之，而长子刘敬宣返回京口接家人也到期未还，刘牢之误以为他们均已遭遇不幸。多重打击之下，身经百战的刘牢之崩溃了。他曾经率领刘袭等人在淝水之战中为北府先锋，破前秦军队于洛涧；也曾经领兵北伐，收复诸州；甚至在邺城一度击败过当世战神慕容垂。可惜后来的他众叛亲离，并误以为儿子已死，在率亲信往广陵的路上自缢身亡。

晋室南渡以来，都督以"北"为号者，多次有不祥之事发生。故此，之前历任被授予镇北、平北将军的人，如桓冲、王坦之、刁彝、王恭等，都表让军号，来避开以"北"为号。而刘牢之在背叛王恭、投向当时的执政司马道子父子后，所得军号正是"镇北将军"——不知这一巧合是不是司马道子父子有意为之。

而返回京口的刘敬宣其实并没有遭遇不幸。回到军中的他见到的只有父亲的尸体。匆忙中，他只好按照父亲生前的计划，投奔广陵的高雅之；最后与高雅之一同先奔后秦，不久又投奔了南燕。

桓玄在逼死刘牢之，流放司马道子（后来暗示手下人将之毒杀），处死司马元显、司马尚之，又安抚住了起义军的余部卢循后，改年号为"隆安"，屯驻在姑孰（今安徽当涂），遥控朝政。

如果桓玄英明神武，那大局其实就此抵定，桓玄做出了父亲桓温都没达到的成就。然而他自执政以来，豪奢骄逸，朝令夕改，原荆州方面的官员经常侮辱朝廷大臣，甚至晋安帝的日常用品也被克扣。皇帝都不免挨饿受冻，诸臣所受的屈辱就可想而知了。

由于常年动荡，三吴地区爆发了饥荒。起义军卢循虽然接受了桓玄的官职，但依然经常劫掠州郡。各地的富户经常是穿华服、抱金玉，闭门相守而饿死；贫民则加入起义军劫掠他县，或被劫掠，然后饿死。

在这种情况下，刘裕再次得到了起用。此时距离刘牢之自杀仅过了三个月。而刘裕的作战能力是毋庸置疑的，五月领军出征，到次年五月就将起义军卢循打成了"海盗"卢循，收复了失地。

在刘裕出征三吴的这一年，北府诸多旧将被桓玄铲除。如参军刘袭，吴兴太守高素，刘裕的老上级、冠军将军孙无终，皆被杀害。桓玄也晋爵成了楚王，并且接受了九锡之礼，不臣之心已经昭然若揭。

刘牢之的外甥何无忌从京口偷偷来找刘裕，劝刘裕于山阴起兵讨伐桓玄。但是刘裕与山阴地方大族的孔靖商量后认为，山阴离建康太远，起兵难以成功；并且桓玄毕竟还没篡位，若起兵更是名不正言不顺，不如回京口徐徐图之。

商议已定后，刘裕率军归朝述职；桓玄心腹桓谦私下问刘裕说："楚王功高盖世，德望勋隆，大家都说皇上该让位给楚王，你觉得怎么样？"

欲使其灭亡，必先使其疯狂。刘裕谦卑地回答道："楚王乃是桓宣武（桓温）的儿子，父子二人皆有大功；晋室微弱，人们早就希望有人取而代之了。楚王承运禅代，有何不可？！"刘裕此时相当于北府军方的代表，桓谦听后大喜过望，开心地说："你说行，就是真的行啦！"

元兴二年（403年）年底，桓玄搞了一套禅让，登基为帝，改国号为楚；大封诸桓，令桓修镇京口，桓弘镇广陵；迁晋安帝于寻阳（今江西九江）。

值得一提的是，桓玄进入建康宫、登皇帝御座后，座位突然塌了——这一不祥兆头，令群臣大惊失色。这时殷仲文（桓玄姐夫）拍了一个厚颜无耻的马屁："陛下圣德深厚，所以晋室御座根本不能承受啊！"桓玄听了之后哈哈大笑。

而禅让大典，作为北府军中实力派代表的刘裕却没有参加。他到建康后，以战场上的旧伤复发为由，返回京口。而北府的统帅桓修则留在建康等待参加典礼。趁着这个机会，刘裕秘密召集心腹，与妹夫臧熹、老部下檀道济兄弟、刘牢之外甥何无忌、何无忌的好友刘毅等人，又联络了在广陵任参军的弟弟刘道规、桓弘主簿孟昶、在历阳（今安徽和县）任参军的诸葛长民，约定等典礼结束，各地长官返回驻地后共同举事。

元兴三年（404年）二月，刘裕以打猎为由，出城后召集百人，反身杀回京口，斩杀桓修。桓修的心腹、时任司马的刁弘率军包围刘裕；刘裕却宣称寻阳的郭昶之已经起兵奉晋安帝返回建康，自己受密诏诛杀桓修。刁弘听后，信以为真，解散了部队。待刘毅等人带来了广陵也已经诛杀桓弘的消息后，刘裕立刻令人杀了刁弘，彻底掌握了京口军队。不过也有不顺利的地方：历阳的诸葛长民被刁逵发觉，抓起来准备送往建康；而都城建康方面的内应、刘毅的从兄刘迈，供出了刘裕等人的密谋。

刘迈此人，本来是上任荆州刺史殷仲堪的幕僚，当时还曾出言嘲讽过桓玄，但是在桓玄上任后，刘迈居然又投靠了过去，并且说："射钩斩袪，加上我投靠您，这是三件化敌为友的美谈啊！"桓玄听了也很是开心。刘裕等人起事时，曾约刘迈一起，但是刘迈并不坚定。这一天正赶上桓玄问北府情况，刘迈心中有鬼，以为事情暴露，于是将刘裕等人在建康的部署全盘托出。桓玄因此除掉了刘裕的内应；又嫌弃刘迈没有更早告知自己，而将刘迈也杀了。

事情至此，刘裕已不能回头。他召集京口、广陵二地愿意跟随自己的共一千七百多人，誓师渡江，声言益州刺史毛璩已经从成都顺流而下击破了桓玄的大本营江陵（今湖北荆州）；此时江州，郭昶之已经重新拥立晋安帝；诸葛长民已据历阳，各路军队即将会集于建康，围剿桓玄。

然而事实上，刘裕只有这一千七百余人。

刘裕天锡神勇，雄略命世，不待借思汉之讴，未暇假从周之会。同盟二十七，愿从一百人。雷动朱方，风发竹里。龙骧虎步，独决神襟。长剑一呼，义声四合。荡亡楚已成之业，复遗晋久绝之基。（朱敬则《宋武帝论》）

前进，目标建康！

按理来说，刘裕这点人马，在桓玄面前应该是不值一提的；但桓玄却非常害怕刘裕。手下人安慰桓玄说，刘裕等人兵微将寡，大兵一出，定然土崩瓦解，不必担心。桓玄却说："刘裕这个人似一世之雄；刘毅胆大包天，明明家无余财，赌博的时候却敢一掷百万；何无忌又酷似他的舅舅刘牢之。这些人一起造反，怎么能没有威胁！"

事实证明，桓玄这次看人还是很准的。

刘裕渡江后第一战，亲自冲锋，手执长刀，阵斩桓玄军队里的著名勇将，即吴丘太守吴甫之；第二战，深入敌军包围，倚树而战，再次阵斩左卫将军皇甫敷。

桓玄的担忧成真了。他再次集结军队，令心腹桓谦、卞范之率领，屯扎在覆舟山西。刘裕下令羸弱的士卒多带旗帜，先行登山，自己与刘毅率主力尾随前进。桓谦手下士卒多为北府旧卒，一向佩服刘裕，又被刘裕所部署的疑兵迷惑；故两军刚一交战，刘裕领头发起冲锋后，桓谦军队瞬间溃散。

不过刘裕注定无法在建康抓到桓玄了，因为在令桓谦领军出击后，桓玄便携带亲信数千人，以及大量金银财宝，从建康南门溜之大吉。参军胡藩拉着桓玄的马绳劝谏他说：荆州士卒都受桓家厚恩，尚可一战。桓玄理都不理，反而加速赶往码头，逃往寻阳，挟持晋安帝去了。

江州刺史郭昶之没有像刘裕起兵时所宣称的那样拥立晋安帝、反抗桓玄，反而在桓玄到来后，将晋安帝交给了桓玄，自己与前将军何澹之领兵抵御紧随其后而来的追兵。

在一路西行、返回大本营江陵的路途中，桓玄既没有召集众人商议对策，也没有整顿军队，而是干了一件让人大跌眼镜的事——推卸责任。

他用出色的文采，给自己写了一本《起居注》，书里详细记述了他如何算无遗策、如何神机妙算；但是诸将违反他的旨意，不听令行事，所以导致大败。此书不出一月即撰写完成，桓玄令人将此书大力宣传，以体现自己的英明神武。

刘裕这边却没时间来搞宣传工作。重入建康后，百废待兴，而刘裕本人政治威望太低，即便立如此大功，仍然不能独掌朝政。刘裕自领徐州刺史、都督八州军事，刘毅为青州刺史。而核心官职扬州刺史，由刘裕的恩人王谧担任。从南燕归来的司马休之任荆州刺史，共同推晋安帝之父晋孝武帝的从兄、武陵王司马遵暂行皇帝事。

在军事的战场上，刘裕所向无前，在建康朝廷这政治的战场上，他却小心翼翼，尊宠诸士族高官。同为功臣的刘毅很看不起司徒王谧，经常以王谧曾担任桓玄的三公来嘲讽他，吓得王谧不敢在建康继续做官，跑到了曲阿（今江苏丹阳）。还是刘裕上表武陵王司马遵，将王谧请回了建康，又安抚了刘毅，才平息了新兴功臣与世家大族的这次纷争。

不过刘裕也不是对任何事都采取怀柔手段。太原王氏王坦之的儿子、尚书左仆射王愉密谋刺杀刘裕；事情败露后，刘裕没有将罪过仅归在王愉一个人身上，而是诛杀了王愉一族。

在恩威并施、整合了建康的力量后，刘裕令刘毅、刘道规、何无忌等人西上追击桓玄。经历一年的苦战，虽然曾一度失败，但是最终攻破了江陵，迎回了晋安帝，彻底解决了桓氏的势力。美中不足的是，在攻打荆州期间，益州刺史毛璩被部下谯纵所杀，益州成了独立的割据势力。

迎晋安帝回京后，朝廷改年号为"义熙"。刘裕以车骑将军，徐、青、兖三州刺史的身份出镇北府，返回了京口。

自此三年，刘裕都没有大动作。直到义熙三年（407年）十二月底，司徒、扬州刺史王谧去世。三年的权力侵蚀，使得当年共举义旗的兄弟们之间开始产生裂痕。豫州刺史刘毅等人不希望权力已经极大的刘裕再入朝领扬州刺史，坐镇朝廷，于是上表以名相谢安之孙、中领军谢混为扬州刺史。还有人上表说可以让刘裕领扬州刺史，但是不用入朝，在丹徒办公，建康的政务交给孟昶即可。

义熙四年（408年）正月，朝廷的使者、尚书右丞皮沈来到京口，询问刘裕对这两份奏章的意见。

皮沈来到京口后，先见了刘裕的幕府参军刘穆之，陈述了两份奏章的内容。刘穆之听完后，假装内急，出厅后令人速报刘裕："无论皮沈说什么，都不要答复。"刘裕虽然不明所以，但是出于对刘穆之的信任，在见完皮沈后，果真没有回答。

但是他立即召见了刘穆之，询问缘由。刘穆之说出了改变局势的一番谏言："晋朝失政已久，肯定不能复兴了。您曾经光复皇室，功高震主；就算想永久当一个镇守在外的藩将，也是不可能的。刘毅、孟昶、诸葛长民等人当年虽然与您共举义旗，但是现在同为晋室大臣，他们与您势均力敌，早晚会互起摩擦，终至刀兵相见。扬州是朝廷所在，不能操控于别人手中。之前授予王谧，已经是从权；现在若是再让给别人，那这中枢的权柄就永远地失去了——所以这扬州刺史我们势在必得。但是现在朝廷方面根本没有这个意思，所以我们很难直接将扬州刺史要到手。您这么对皮沈说：'扬州刺史的位置很关键，需要与朝廷诸位共同商议，所以我去建康与大家讨论吧。'等您到了京城，那其他人就谁也不敢当这扬州刺史了。"

刘穆之这说话的艺术，分析利弊，剖析形势，说中了刘裕的担忧，并且提供了解决方案，简直完美！

刘裕即日启程入京，到了建康，果然如愿兼领了扬州刺史。

再次入京的刘裕，第一件事便是令自己的弟弟刘道规以及从南燕归来的刘敬宣领兵溯江而上，讨伐益州的谯纵。但是由于缺乏粮草，外加军中暴发瘟疫，刘敬宣等人所率的军队死者大半，只好退兵。刘毅借机上表，请求从重处罚刘敬宣；这事被刘裕扛下，他主动揽下失利的责任，上表将自己的车骑将军降为中军将军。同时刘毅被升为卫将军。

屋漏偏逢连夜雨，西线失利之后，南燕皇帝慕容超也来趁火打劫，义熙五年（409年）二月，南燕军队两次入侵东晋，俘虏数千民众。东晋众朝臣本来想忍气吞声，但刘裕在三月抗表北伐，自淮水入泗水，五月即至下邳（今江苏睢宁附近）；然后转水军为步兵，步行前进至琅邪（今山东临沂）。这一路上都未曾遇见南燕军队，手下就有人向刘裕建议：为防止南燕方面坚壁清野，应该停止进军，等待粮草。刘裕却说："南燕军队自恃强大，定然不会烧毁田地、坚壁清野；他们肯定想引我全军进入大岘山，使我军没有退路，然后再出击。我们只管进军即可。"回到了战场上的刘裕，依然是那个果敢、勇锐的统帅——这次他猜对了。

远在都城中的南燕皇帝慕容超，如果知道刘裕已经做好了直面南燕骑兵的准备，那他的自信可能会大打折扣。群臣有的建议焚烧粮食、坚壁清野，慕容超以有损国力为由拒绝了；有的建议以骑兵在大岘山外阻击——但是这样做不到全歼晋军，所以也被慕容超否决了。最终的战场被定在了临朐。

通过了大岘山的刘裕并没有见到燕军，喜形于色。他知道，燕军的覆灭只是时间的问题了。

两军在临朐南相遇，慕容超想象中的骑兵对步兵的屠杀并没有出现。刘裕以木车四千乘为左右翼，使得骑兵根本不能冲阵；又以檀韶、胡藩（没错，就是当初劝桓玄的那位）为别军，偷袭临朐城，抄了燕军的后路。前后夹击之下，燕军大败，主力尽灭。慕容超逃往广固（今山东青州西北）。晋军全军追击，在广固城外筑起长围；又因地取粮，令后方不必再通过漕运向前线输送粮草。

慕容超困守广固城中，令尚书郎张纲向后秦求救。但是在归来的途中，张纲与秦军使者皆被晋军擒获。

秦军使者对刘裕说："秦、燕是友邦，现在秦军已派遣铁骑十万，屯驻在洛阳，如果晋军不退，那么秦军将长驱而入。"刘裕豪气干云地说："告诉你们的皇帝姚兴，我灭燕之后，休息三年，便会取回长安、洛阳。如果你们现在就想死，那就快来！"

> 裕呼秦使者谓曰："语汝姚兴：我克燕之后，息兵三年，当取关、洛。今能自送，便可速来！"（《资治通鉴·晋纪》）

刘穆之听闻秦军使者到来后，立刻来见刘裕——但还是晚了一步，使者已经走了。在听完刘裕的回答之后，刘穆之更是忍不住急了："平常不论事情大小，您都会跟我商量，这次怎么就答复得这么快？！您口出大言，不仅不会吓唬住姚兴，反而会激怒他。要是广固还没攻下来，秦军又来了，岂不是功亏一篑？"刘裕哈哈大笑，对刘穆之解释道："这是行伍之事，你不懂。兵贵神速，要是姚兴真能派兵，哪里还会先派人威吓？他们是在吹牛啊！"

这次刘裕又料对了，直到广固城破，也未见一兵一卒前来支援。

义熙六年（410年）二月，广固城破，刘裕斩南燕王公三千人，并下令毁掉广固城，然后送慕容超于建康处斩。

灭燕的兴奋还未过去，刚刚返回下邳的刘裕就接到了一则消息，他立即抛下军队，只带数十人，昼夜兼行，马不停蹄地直奔建康。

刘裕收到的消息很短，却触目惊心：卢循再反，何无忌战死。

建康朝廷已经乱成一团，京城戒严，甚至商议迁都，往下邳去依靠刘裕。后来听说卢循的军队在休整，才没有带晋安帝渡江。

刘裕抛下军队后，单船渡江，到京口后也并未休息停留，直奔建康。四月，刘裕入京——朝廷众人这才有了主心骨，宣布京城解严。由此可见，在面对征伐之事时，刘裕已经成了当仁不让的领袖。

刘毅很不服，他一直觉得刘裕只是运气好。之前卢循击败何无忌后，他由于生病，没有出征；但是朝廷众人似乎并不因为他还在豫州，就不害怕卢循。

这让刘毅更想证明自己。

刘裕知道刘毅想要独自出战，赶快派随自己征南燕的刘毅之弟刘藩去姑孰劝说，并且带去了自己的一封信："我从前多次与卢循的军队交手，不能轻视他；等北伐的军队归来，我们合兵出征。"

然而刘毅却对这封信有了不同的解读。"多次与卢循交手"，谁不知道你刘裕正是因为多次击败孙恩、卢循才崭露头角？"不能轻视"的意思就是，我刘毅如果单独出征就打不过卢循——听听这说的是人话吗？所以刘毅对弟弟刘藩说："之前我让着刘裕，所以你就真以为我不如他吗？"这句话不仅是对刘藩所说，也是对朝廷众臣所说。

于是，刘毅也学刘裕征南燕的行为，抗表出征。他率领两万军队，从姑孰迎击卢循。

卢循刚刚击败了荆州刺史刘道规的军队，便迎来了豫州刺史刘毅的两万精兵。义熙六年五月，两军于桑落洲（今江西九江东北、安徽宿松县西南长江中）爆发战斗。结果证明了卢循之前屡次失败，不是因为卢循太弱，而是因为刘裕太强。

刘毅军队全军覆没，舟船全毁，辎重尽丧。刘毅在亲兵的掩护下步行逃离战场，奔回建康。

这一战后，建康群臣彻底慌了神，因为赖以支撑的江州何无忌、荆州刘道规、豫州刘毅分别败于卢循；而北府的军队刚刚征讨完南燕，返回建康的士兵伤兵满营，京城几乎无兵驻守。更有败兵为了掩饰失败，向建康城中人描述卢循军队有战士十余万，运粮草的车百里不绝。绝望情绪笼罩了建康的每一个人。

东晋朝廷为何如此惧怕卢循的军队？因为，这是一群狂热的"宗教分子"。

事情要从孙泰说起。孙家世奉五斗米教，孙泰以道术聚集了一大批次等士族出身的官员，他们皆以孙泰马首是瞻，甚至执政司马道子的儿子司马元显也很信奉他。孙泰的活动本质上是集结了东晋的一些次等士族，妄图夺取权力。这使得一些高门如琅邪王氏、太原王氏、陈郡谢氏感到了威胁。不久，会稽内史谢輶举报孙泰图谋不轨，司马道子将孙泰诛杀。但是孙泰的侄子孙恩却逃往海上，没有被抓捕归案。

后来司马元显执政，为了对抗桓玄，增加军事力量，发客为兵（即征发士族门阀名下的农民为士兵，受朝廷管辖），引起了三吴士族豪强的不满。孙恩趁机登陆会稽，以五斗米教的名义起义。无论是被司马元显侵犯了利益的地方士族，还是底层信奉五斗米教的教众都会集到了孙恩的旗下，一时之间有数十万人。义军们攻城略地，凡是不信奉五斗米教的，皆遭到诛杀，婴儿也不曾放过。甚至随军的家属，如果携带婴儿，不利于行军的，就将婴儿投入水中，宣称是"贺汝先登仙堂，我寻后就汝"。后来孙恩被刘裕连续击败，走投无路之下跳海自杀。义军余众推孙恩的妹夫卢循为领导，继续在三吴地区攻略郡县。当时赶上桓玄正与朝廷开战，双方便都对卢循采取怀柔政策，以广州刺史的名义安抚他。

双方心知肚明，一旦朝廷缓过来，肯定会再次爆发战争。所以趁刘裕远征，卢循从广州进军，一路先后击败何无忌、刘道规，现在又大破刘毅军，距离攻破建康只有一线之隔了。

如果卢循攻进了建康，那这些高门大族肯定会死无葬身之地，双方不存在和平的可能。这也是朝廷众臣如此恐慌的原因所在。

兵临城下，朝廷出现了分歧。孟昶、诸葛长民等人认为，应该奉皇帝渡江，往广陵暂避锋芒。刘裕认为，一旦出京，军队一定崩溃，就算到了广陵，那也是苟延残喘；只有在建康坚守，才有一线生机。孟昶屡次建议赶紧逃走，刘裕终于生气了，两人大吵起来。刘裕说："如果城破，我自当横尸庙门，绝对不会苟且偷生！"孟昶也极为恼火，认为必败，不如现在就杀了自己，省得到时候被卢循羞辱。刘裕愤怒地质问说："你既然不怕死，为何不先打一仗？到时候失败了再死也不迟！"然而孟昶回府之后，觉得走到这步田地，是因为自己曾大力支持刘裕征讨南燕，所以导致京城空虚，卢循再反。他羞愧难当，上遗表将罪过揽到了自己身上，然后仰药自杀。

刘裕北讨，众并不同，唯臣赞裕行计，致使强贼乘间，社稷危逼，臣之罪也。谨引咎以谢天下！（《资治通鉴·晋纪》）

孟昶的死，并没有动摇刘裕的决心。他下令募民为兵，赏赐等同于随自己从京口起兵讨伐桓玄的士卒，并且亲自引军驻扎在石头城（建康之西的要塞，紧邻长江）。许多市民来看热闹，刘裕好奇地问参军张邵，张邵回答说："如果您没有回归建康，那这些人四散奔逃都来不及，怎么还有心情看热闹呢？"接着他又说道："贼军到达后如果直接登陆，凭着锐气一鼓而下，我们就危险了；但是如果他们到达后在对岸集结，那就必定失败。"刘裕很赞同他的看法，于是登城遥望卢循军动向。

纵观刘裕一生，此战最为凶险。因为这一战的主动权不在他，而是在敌人手里。所以当他看见卢循军直奔新亭而来的时候，大惊失色——但是不知为何，后来卢循军逐渐奔向了对岸。刘裕放下心来，知道自己即将渡过难关。

卢循是随先头部队一起抵达建康的，他的姐夫徐道覆建议直接登陆新亭。但是卢循害怕刘裕，认为等大军集结后进攻，方才万无一失，于是回转西岸，等待大军的到来。徐道覆叹息说："我早晚被卢循害死啊！如果我得以在英雄手下效力，平定天下易如反掌。"徐道覆的叹息不是没有理由的，此次卢循从广州出兵，乃至击败刘毅，徐道覆都有出谋划策的功劳。

所谓机不可失，时不再来。等卢循集结完军队，刘裕这边也已经布置完善。两军数次交锋，卢循军都不曾突破晋军防线；虽然一度登陆丹阳郡，但始终不能击破晋军，逼近建康。随着时间的推移，晋军越来越强，而卢循军锐气尽失，最终于七月返回江州的寻阳。

建康解严，刘裕立即下令让孙处、沈田子率军出海，直扑广州；并且下令说："大军十二月之交必破卢循。你们先到广州，抄他们的后路，使他们退无可退。"

建康的危机解除了，但是卢循军返回寻阳后，很快溯江而上，攻打江陵，希望占据中游，以保持对建康的压力。与此同时，益州的谯纵派出桓氏余党桓谦，领兵从上游顺流而下、进攻江陵。

刘道规令从襄阳来支援的鲁宗之部队守城，自己领兵出战。时任天门太守的檀道济先登陷阵，一举冲破桓谦阵势，导致桓谦军队大败，桓谦本人也被杀死。随即他乘胜追击，击破卢循的部将苟林，江陵之围遂解。等徐道覆率三万后援赶到江陵时，已经只有自己一支孤军。所谓兵败如山倒，士气全无的军队再次被刘道规击破，徐道覆本人也逃回了卢循的本部。

十月，刘裕率领刘藩、刘敬宣、檀韶自建康出发，征讨卢循。正如刘裕对孙处等人所下的命令，甚至时间都惊人地一致：十二月，刘裕击破卢循全军。卢循、徐道覆分别逃跑——然而等待他们的，是已经被孙处、沈田子攻占的大本营，最终二人皆被诛杀。至此，持续了十二年的孙恩、卢循之乱被彻底平定。

义熙七年（411年）三月，刘裕登台辅，成为三公之一——太尉。

即使军功已经如此耀眼，并且已经成为太尉，刘裕却并未得以在一人之下，万人之上。因为不服他的人太多了。在那些士族高门看来，刘裕不过是另一个版本的孙恩罢了。甚至在刘裕拜太尉的典礼上，名相谢安的孙子谢混不仅迟到，而且衣冠不整，神色傲慢。

由于东晋特殊的门阀士族政治背景，许多人可能不明白刘裕与高门大族之间巨大的鸿沟。举一个可能不太恰当的例子，如果将东晋王朝比作一个由几大家族共同掌管的企业，那现在这个企业已经日薄西山；靠着业务能力过人但仅有初中学历的刘裕多次力挽狂澜，方才屹立不倒。刘裕虽然因此晋升总经理，但其余高管多数是各大股东的亲属，又有海归名校的学历背景，无论是处事思维、言谈举止，还是兴趣爱好，同为管理层的刘裕与其他高管都是格格不入的。

而本就独木难支的刘裕又迎来了一个噩耗：能力出众又值得信任的弟弟、荆州刺史刘道规病故。朝廷众人推任豫州刺史又同时领江州军队的刘毅出任荆州刺史。刘裕无理由拒绝，只能表示赞同。

刘毅赴任之时，带走了豫州、江州的部分军队，又请求故太尉郗鉴的曾孙郗僧施入治下，为南蛮校尉。而刘裕表示，郗僧施为丹阳尹，希望他可以留在扬州，不入刘毅幕府。

即使面对相当于首都市长的三品要职丹阳尹，郗僧施也决然地宁愿出任四品的南蛮校尉，往荆州任职——这些高门大族更喜欢虽然出身不佳，但是颇涉文雅的刘毅。

不知是否有意示威，刘毅在到任前，请求回京口祭祖。大家心知肚明，此时刘毅与刘裕的关系已经接近破裂。胡藩就对刘裕说："您觉得刘毅能一直甘心在您之下吗？"史载，刘裕"默然"，过了很久才回答说："你觉得呢？"胡藩就直言，与其与刘毅早晚兵戎相见，不如直接在接风宴上诛杀他，以绝后患。刘裕说："当初我们共举义旗，现在他也没有任何过失，怎么能无故杀了他呢？"虽然接风宴差点变成鸿门宴，但是最终双方把酒言欢，尽兴而别。

刘裕、刘毅可能都有预感，这一面，似乎就是最后一面了；再次见面，便不是你死，就是我亡。曾经共同出生入死的袍泽，终于要拔刀相对。

是敌与是友，各自都没有了自由；位置已变，各有队友。

义熙八年（412年）五月，卫将军刘毅赴任江陵。到任后，他将重要职位全部换为自己的心腹；并且上书朝廷，请求让自己的弟弟，即兖州刺史刘藩为副职，辅佐自己。

首先拔刀的是刘裕。他答应了刘毅的请求，召兖州刺史刘藩入朝述职，然后宣布他与谢混、刘毅共同图谋不轨，当即收捕并处死谢混、刘藩；随后以宗室司马休之为荆州刺史；召豫州刺史诸葛长民入建康，名义上将建康托付给他，实际政务却都由刘穆之处理；同时以王镇恶为前锋，自己亲率四万军队为后援，出征江陵。

王镇恶一路上打着刘藩赴任的旗号进军，直抵江陵城。刘毅一直视军队为依靠，却在听说刘裕亲自前来后，瞬间崩溃。刘毅明白大势已去，自缢身亡。

义熙八年十一月，刘裕抵达江陵，亲自下令杀郗僧施，随即部署伐蜀事宜。由于担忧建康政局，刘裕需要返回都城。他提拔年轻有为的朱龄石为益州刺史，令其率两万军队溯江而上，征讨谯纵；并且留下一封书信，令其至白帝城再拆开阅读。

当年京口共举义旗的诸人，刘毅、孟昶、何无忌均已死亡，只剩诸葛长民尚在。想到自己平日里纵容家人、贪污腐败，于是诸葛长民私下询问刘穆之说："众人皆云太尉要处置我，是怎么回事？"刘穆之安抚道："太尉远征荆州，却将京城委托给您，若是要处置您，怎么会把这么重要的位置留给您呢？"诸葛长民这才稍稍放下心来。

但是他的弟弟诸葛黎民却不放心，劝说道："刘毅的结局，也是我们的下场。不如趁刘裕未返，占据建康。"诸葛长民没有正面回答他，说道："贫贱之时常常想要富贵，等到富贵了却经常危机重重。现在我想回老家当一个平民百姓，这个愿望恐怕不能实现了！"

这样的话语，似曾相识。当年秦朝丞相李斯失势下狱，也曾对儿子说："吾欲与汝复牵黄犬，俱出上蔡东门逐狡兔，岂可得乎？"随后被夷三族。西晋时陆机临刑前也曾哀叹："欲闻华亭鹤唳，可复得乎！"历史总是上演这种剧情，扑向权力之火的飞蛾，只有在火烧到身体的那一刻，才会觉得后悔，正如李白在《行路难·其三》中所写的：

> 吾观自古贤达人，功成不退皆殒身。
> 子胥既弃吴江上，屈原终投湘水滨。
> 陆机雄才岂自保？李斯税驾苦不早。
> 华亭鹤唳讵可闻？上蔡苍鹰何足道？

义熙九年（413年）二月，刘裕约定中的抵达日期已至，诸葛长民率百官准备迎接，却不见刘裕身影——后来得报才知道，刘裕轻舟回京，已入建康。诸葛长民慌忙返城拜会刘裕，心中忐忑的他却在东府见到了和颜悦色的刘裕。

刘裕屏退不相干人等，单独招待诸葛长民，从小时候说起，一直说到反桓玄后，自己军旅征伐中的各种秘密——诸葛长民这才放下心来，然后突然两眼一黑。

> 裕伏壮士丁旿于幕中，引长民进语，素所未尽皆说焉。长民悦，旿自后拉而杀之，舆尸付廷尉。（《晋书·诸葛长民列传》）

随后诸葛长民的弟弟黎民、幼民也全部被处死。建康士庶听闻诸葛氏覆灭，皆拍手称快。

进军益州的朱龄石也拍手称快。他遵照嘱托，到白帝城后打开刘裕所留书信，信中已将进军路线以及敌方应对一一道来。朱龄石遵令进军，果然绕开重兵，突袭成都得手，一举覆灭谯纵政权，夺回益州。

刘毅、诸葛长民伏诛，谯纵授首。刘裕对东晋的实际掌控进一步加强，然后他放了一个大招：下令进行"土断"。

何为"土断"？自西晋大乱以来，北方流民不断渡江往南方而来；东晋建立后，在沿江地区设置侨州、侨郡、侨县来进行户口登记。这些侨立的行政单位都是没有实际土地的，只是一个统计机构。流民们虽然在这些地方进行登记，但是实际居住于江南各地。发展好的，通过开荒等手段，成为自耕农，但不用交税，因为其户口属于"侨民"。这对需要正常服役、交税的江南本地人很不公平，所以经常有"侨民"与"旧民"的矛盾，毕竟民不患寡而患不均。而发展不好的"侨民"，往往沦为各士族的佃客、奴婢等，更是不用交税了，这对朝廷的统治极为不利。

义熙九年三月，刘裕上表朝廷实施"土断"，将流民、侨民全部变为政府的编户齐民，统一管理，史称"义熙土断"。这同司马元显的"发客为兵"有异曲同工之妙；不过不同的是，刘裕手里有强大的北府兵，抵抗激烈的豪强大户被尽数诛杀。

值得玩味的是，此次"土断"范围不包括侨置的徐、兖、青三州，而此三州正是北府兵的主要兵源地。

放眼望去，东晋境内各州长官，只有江陵司马休之、襄阳鲁宗之非刘裕心腹。这种情况没有持续太久。"土断"完成后，义熙十一年（415年）正月，太尉刘裕以司马休之、鲁宗之二人图谋不轨为由，再次亲征江陵。结果显而易见，司马休之、鲁宗之二人无力抵抗，纷纷逃往后秦。

刘裕终于到达了一个权臣的顶峰——"剑履上殿，入朝不趋，赞拜不名"。可是想要名正言顺地取代晋室，还需要一个巨大的功勋，这份功勋同时也是永嘉南渡以来几乎所有晋朝民众的梦想——光复中原。祖逖为这个梦想，曾经击楫中流而怒吼："不能清中原而复济者，有如大江！"桓温为了这个梦想，曾经感叹过："树犹如此，人何以堪！"

现在轮到刘裕了。

回首百年之前，永嘉五年（311年）四月，前赵石勒的军队击溃了晋朝中央军主力，"将士十余万人相践如山，无一人得免"，石勒随即向晋朝都城洛阳进军。

晋怀帝司马炽想要迁都以避锋芒。然而作为帝国首都，洛阳居然凑不齐逃跑的车马。司马炽叹息说："如何曾无车舆？"

车辆呢？马匹呢？没有了，连续十年的战乱使得一切物资都极为稀缺。司马炽如果出皇宫看看，就不会发出叹息了，因为此时洛阳的民众已经到了"人相食"的地步。

然而更可怕的事情还没来。五月，匈奴人的军队在城外集结完毕。四处来救援的晋军连战十二场，全败，死伤三万余人。饥荒之后，战火也进入了洛阳，帝国的首都陷落。前赵的士兵幽禁了皇帝，然后洗劫了曾经的天下中心，劫掠官府，焚烧宫殿，发掘陵墓。上至王公贵族，下至平民百姓，死伤无数，"三川北虏乱如麻，四海南奔是永嘉"。

部分大臣逃了出来，用牛车载着怀帝十一岁的侄子司马邺逃往长安；后来听闻怀帝遇害，便拥立司马邺即位为帝，是为晋愍帝。

五年零十一个月，司马邺在担惊受怕中度过了两千多个日夜后，因为一碗粥，终于崩溃。

建兴四年（316年）十一月，前赵军队围困长安已经三个多月了，城中一斗米已经卖到了千金，再次出现了人相食的惨剧。司马邺喝了许久带有饼渣的粥来充饥，在见到这天呈上来的粥变为真正的清汤寡水后，终于绝望了。他哭着对一直坚持作战的领军将军麹允说：

> 今窘厄如此，外无救援，死于社稷，是朕事也。然念将士暴离斯酷，今欲因城未陷为羞死之事，庶令黎元免屠烂之苦。行矣遣书，朕意决矣。（《晋书·孝愍帝纪》）

何为羞死之事？投降。

同年十一月十一日，西晋的最后一位皇帝，十七岁的司马邺脱去上衣，口衔玉璧，投降于前赵将军刘曜，长安陷落。六天后，司马邺与群臣被送往前赵首都平阳（今山西临汾）。次日，前赵皇帝刘聪升殿，司马邺跪拜行礼，麹允伏地恸哭，自杀身亡。

建康，琅邪王司马睿，也就是后来的晋元帝，每天都会接见许多从北方逃难而来的公卿大臣。这一日，他如往常般接见南渡大臣，其中恰巧有一位是从长安来的，他便询问起近来北方的消息。对方越说越动情，渐渐地，回答的和问话的，都开始哭泣。年仅数岁的孩童司马绍看父亲哭得伤心，十分好奇原因，司马睿便将故都风华和永嘉之乱一五一十地细细讲来，然后抬起头问儿子说："你说长安和太阳，哪个离我们更远啊？"司马绍回答道："自然是太阳更远，我从来没听说过从太阳来的人，自然太阳更远啊！"司马睿觉得这个回答很有意思，连忧愁也消散了不少。

次日，司马睿会集群臣，也许是席间无聊，也许是想让自己的儿子出出风头，他当着众臣的面，再次问儿子司马绍说："你说长安和太阳，哪个离我们更远啊？"司马绍这次回答说："长安更远。"司马睿很是震惊，询问为何与昨天回答不一样。司马绍答："我举目望去，可以看见太阳，可是却看不见长安啊！"[1]

"总为浮云能蔽日，长安不见使人愁。"

长安陷落整整一百年之后，义熙十二年（416年）四月，东晋举国戒严，进行军事动员。太尉刘裕下书以告民众：

> 吾倡大义，首自本州，克复皇祚，遂建勋烈。外夷勍敌，内清奸宄，皆邦人州党竭诚尽力之效也。情若风霜，义贯金石。今当奉辞西旆[2]，有事关、河。（《宋书·武帝本纪》）

"我自京口举义旗以来，外讨谯纵、慕容超，内灭桓玄、卢循等人，都是靠着诸位袍泽竭诚尽力方才成功。情若风霜，义贯金石。现在我准备向关中、河洛发兵，请诸位再次助我！"

八月，晋军前锋分四路，自建康出征；刘裕亲统大军为后继。

---

[1] 此故事出自《世说新语·夙惠》。原文：晋明帝数岁，坐元帝膝上。有人从长安来，元帝问洛下消息，潸然流涕。明帝问何以致泣，具以东渡意告之。因问明帝："汝意谓长安何如日远？"答曰："日远。不闻人从日边来，居然可知。"元帝异之。明日，集群臣宴会，告以此意，便重问之。乃答曰："日近。"元帝失色，曰："尔何故异昨日之言邪？"答曰："举目见日，不见长安。"原文说的是有人自长安来，晋元帝询问"洛下消息"，可见这件事应发生于洛阳陷落后，而非长安陷落后。为行文方便，本文稍加改动。
[2] "旆"音"pèi"，泛指军旗。《诗经》说："织文鸟章，白旆央央。"军队的旗帜飘扬，鲜艳又明亮。

宋武帝刘裕：生于微末，起于乱世

"想当年，金戈铁马，气吞万里如虎。"

与以往历次北伐于三四月出征不同的是，此次出军选在八月。从时间上来看，刘裕已经做好了长期作战的准备，希望军队可以在北方度过冬天，熟悉气候。后秦占据关中与河南大部，刘裕准备于冬季拿下河南地区，为次年进入关中做准备。

他更是吸取了桓温北伐失败的教训，鉴于陆路进军粮草运转困难，故只以偏师沿桓温当年北伐的路线进军；令沈田子、傅弘之军从襄阳出发，翻越豫西山脉、北上武关。主力分作四路：西路军由檀道济、王镇恶率领，从陆路行军，北上攻打许昌、洛阳；中路军由沈林子、刘遵考从彭城出征，以水军入汴水（这一路极为重要，若攻占汴水航道，疏通石门水口，则刘裕亲领的大军便可避免沿黄河进军，与北魏隔河相望）；东路军由冀州刺史王仲德总督，从南燕故地（今山东北部）向西进军，目的是拔除魏军设置在黄河南岸的据点，以及开通桓公故渎，沟通泗水入黄河的航道；刘裕亲率大军，从建康往彭城，为诸军后继。约定前锋诸军于洛阳会合，集结刘裕主力后，合兵西进关中。（遗憾的是由于史料未记载兵力，所以北伐军各路人数不明。）

而后秦方面呢？义熙十二年年初，后秦皇帝姚兴病故，未满三十岁的太子姚泓即位，随即爆发了一场政变，后秦大将军尹元等人被诛杀。姚泓将军队委托给叔父（东平公姚绍），平定了数次叛乱。但是兴起于陕北高原的匈奴铁弗部赫连勃勃，屡次南下攻击后秦，使得后秦军队疲于应对。正是在这种情况下，晋军前锋势如破竹，逐渐会集于洛阳。

驻守洛阳的后秦守将姚洸向长安求救。姚泓令越骑校尉阎生率骑兵三千、武卫将军姚益男率步兵一万支援洛阳，以并州牧姚懿为两军后援，同时派人向姻亲之国——北魏求救。

在晋军王仲德率领的部队向西行进的过程中，魏军位于黄河南岸的滑台守将尉建害怕晋军的强势，弃城逃往黄河北岸。王仲德听闻消息后，急入滑台，并宣称"本来想用布帛七万匹向魏国从滑台借路的，没想到魏国守将直接放弃滑台了"。北魏皇帝拓跋嗣听闻后，令安平公叔孙建自河内引军渡河，于滑台城下将尉建诛杀，并询问晋军为何入侵魏国。王仲德部下回答说："太尉刘裕遣王将军入洛阳清扫晋朝祖宗陵寝，不是攻打魏国。魏国守将弃滑台而去，于是王将军领兵在此休息,马上就继续西进,不影响晋、魏两国的友好关系。"叔孙建又派使者前往彭城询问刘裕,刘裕写信说:"洛阳乃晋朝旧都,秦国已经占领很久了;晋朝的叛臣司马休之等人也逃入了秦国。所以现在我们借贵国的道路行军,不是想要与魏国为敌。"

二十四岁的北魏皇帝拓跋嗣很犹豫。一方面,他收到了舅子姚泓请求魏国发兵助秦的求救信;另一方面,晋军明确表示与魏国井水不犯河水。自己要不要掺和进去?他召集群臣,商议对策。

几乎所有大臣都说:"秦国有潼关天险,刘裕率领的多是水军,想要攻打潼关很困难。但他若是率水军渡过黄河,则无比容易。他声言伐秦,实际上肯定是要进攻我国。所以我们应该出兵,阻止晋军继续行进。"

年轻的博士祭酒崔浩却提出了不同的意见,他说:"晋朝想收复旧都已经很久了,现在姚兴已死,秦国经历了一系列内乱,刘裕趁机北伐,肯定是志在必得。若是我们出兵阻止晋军西进,那么刘裕愤怒之下,定然渡河进攻我国,这样一来我们就代替秦国承受了战争。现在柔然经常侵略我国北方边境,要是同时与刘裕开战,则国家将陷入南北同时作战的窘境。不如我们将西进的道路让给刘裕,如果刘裕北伐胜利,则必然感激我们;如果他北伐失利,我们则发兵断他归路,姚泓也会感激我们——此坐山观虎斗之计。况且刘裕就算得了关中,也必不能守。关中早晚都会为我国所有。放刘裕西进,不费一兵一卒,坐观成败,实乃上策。考虑国家大计,要从利益的角度考虑,怎么能顾及姻亲呢?"

崔浩,这位长相如"美妇人"的年轻博士祭酒,此时名声未显,所以建议并未得到采纳。虽然后世史家评价他说"夫崔浩之佐魏,料敌制胜,变化无穷,此其智之不可敌,虽子房无以远过也",但足以与汉初张良比肩的智囊,显然生不逢时,还没有等到属于他的时代。

拓跋嗣采用了多数人的意见,令司徒长孙嵩督诸军,领振威将军娥清、冀州刺史阿薄干,率步骑兵十万屯驻于黄河北岸,监视晋军。

在北魏调动兵力的时候,义熙十二年十月,王仲德、沈林子、王镇恶、檀道济率领的西路、东路晋军已经会合,并且攻破洛阳,集结完毕。此时秦军的援兵阎生、姚益男部队刚刚出潼关,得到洛阳失守的消息后便就地驻扎,阻止晋军继续西进。

在彭城得到收复旧都洛阳消息的刘裕，派长史王弘回京，暗示朝廷准备九锡之礼。

什么是九锡之礼？"锡"通"赐"，所以九锡之礼其实就是九种由皇帝赏赐的物品。本来没有什么不同，但是渐渐地，这成了一道手续——篡位必备的手续。在刘裕之前，得九锡的人有王莽、曹操、司马懿、桓玄等人。可以说如果九锡之礼出现，那么就离改朝换代不远了。

刘裕北伐，虽然顺应了永嘉之乱以来的民心所向，但如果取得成功，那么也是他本人巨大的政治资本。所以刚刚攻下旧都洛阳，刘裕便暗示朝廷备九锡之礼，意图已经很明显了。

留守建康的刘穆之很惭愧，又有些惶恐。这件事本来就不应该由北伐军中回来的人提议。自己镇守后方，主持大局，居然没有主动为刘裕请九锡之礼，这是多大的失误啊！在这种情绪的影响下，刘穆之的身体开始出现问题。

前锋诸军也出现了问题。攻下洛阳的各部队迟迟等不到刘裕的到来，而前方是屠弱的秦军与近在咫尺的潼关。若是先入关中，攻下长安，成不世之功，荣华富贵不必说，青史留名都是肯定的！在这种巨大的诱惑下，本就蠢蠢欲动的前锋诸军，得到了秦军内乱，姚懿部造反，与姚绍军激战并被消灭的消息。于是，义熙十三年（417年）正月，王镇恶率军扫清崤函道，直抵潼关。檀道济、沈林子见潼关有重兵，便渡河而北，试图从蒲坂进入关中。但是三路军队都遭到了秦军的顽强抵抗。檀道济、沈林子两军于黄河北岸战败；见无机可乘，便又渡河而南，与王镇恶会合。

由于脱离补给线过久，合军一处后，晋军粮草出现了问题。军心动摇，出现了弃辎重粮草、轻军回撤、会合大军的提议。沈林子坚决不退，说道：

> 相公志清六合，今许、洛已定，关右将平，事之济否，系于前锋。奈何沮乘胜之气，弃垂成之功乎！且大军尚远，贼众方盛，虽欲求还，岂可得乎！下官授命不顾，今日之事，当自为将军办之，未知二三君子将何面以见相公之旗鼓邪！（《资治通鉴·晋纪》）

"主公意欲扫清六合，如今河南已经平定，关中近在咫尺，事情成败，就在前锋诸军。为何说出如此丧气的话？！而且大军距离我们过远，秦军强大，是想撤军就能撤吗？我拼出性命，也要攻克潼关，不知道回去的人有何面目面见主公？！"

沈林子阻止退军后，众将一面写信给刘裕，希望大军速速前来支援；一面开始就地筹集粮草。靠着王镇恶以往流落在关中的经历，和其祖父前秦名相——王猛的名声，晋军征调到了部分粮草，得以继续与潼关的秦军对峙。

刘裕得知前锋诸军擅自行动的消息后，来不及等石门的汴水航道疏通，便急领大军，自淮、泗入黄河西进。

三月的河水冰凉，时不时有呼啸的风刮来，将行进中的船只吹往黄河北岸。等待他们的，是魏军的屠杀。刘裕顾不得与魏国的约定，令军队沿河用弓弩扫荡。但是晋军的箭雨一来，魏军便仗着骑兵的优势远离河岸，等晋军的箭雨停止，便又来岸边进行骚扰，严重阻碍了晋军的行进速度。王镇恶等人的告急使者到来，求速发粮草。刘裕呼使者上船，打开北面窗户，指着岸上的魏军说："我语令勿进，今轻佻深入，岸上如此，何由得遣军！"话虽如此，但若是任由北魏军队继续骚扰进军，则前锋诸部在潼关全军覆没是迟早的事情。

岸上耀武扬威的魏军，很快发现了些许异样：平坦的黄河北岸，立起了一根迎风飘荡的白旄。

义熙十三年四月，刘裕令侍卫队长丁旿率亲从卫队七百人、车百乘，先登上岸。魏军见晋军人少，不解其意，皆远远观望。

将车辆背水摆为半圆形后，丁旿立起白旄。刘裕于船上望见后，令朱超石率两千士兵携带大盾、强弩以及大量断槊登岸。魏军见晋军登陆后居然胆敢布阵，于是开始集结，准备冲锋。朱超石令士兵以软弓小箭射击，魏军见晋军人少兵弱，立刻发起了进攻。魏军主帅长孙嵩听闻消息后，立即率三万骑兵赶来，围攻晋军营阵。

这时，弓弩已经不能阻止魏军的冲锋，携带的大量断槊发挥了威力。朱超石令士兵将断槊挂于强弩之上，以大锤击之，一槊往往能洞穿三四名魏军骑兵。骤然发生如此变化，魏军大溃。朱超石趁机率胡藩等人全军出击，阵斩魏

宋武帝刘裕：生于微末，起于乱世　147

军冀州刺史阿薄干。长孙嵩退回畔城，还是没能收拢败兵；又被晋军击破城池，死伤千人。此战过后，晋军并未乘胜追击，刘裕反而令人送醽酒[1]及江南特产来释放善意。

江南特产与魏军战败的军情一同传回平城（今山西大同），拓跋嗣方才后悔没有听从崔浩的言论，于是他下诏令长孙嵩放晋军西进，并且回礼厚报刘裕。一战立威的刘裕没有了掣肘，下令急速西进，支援前锋诸部。到达洛阳后，刘裕将粮草运往前线，大军却驻扎了下来。为何？潼关天险，又有后秦重军驻守，刘裕即使率主力进攻，也会顿兵于坚城之下。他分出参军戴延之等数股军队，探寻道路，意图绕过潼关。

机会一度出现过。后秦的征北将军、齐公姚恢以清君侧的名义，领军从安定南下长安。姚泓十分恐惧，令姚绍领军自潼关回援。姚绍回军后，火速击败姚恢；又折返回潼关，继续与晋军相持。但晋军并没有抓住这个时机。返回的秦军士气大振，没有再苦守天险；姚绍下令长史姚洽等人率军渡过黄河，意图从黄河北岸绕到晋军前锋与刘裕主力的衔接处，断绝粮道。然而这一行动对晋军的百战之师没有起到作用。沈林子发觉秦军意图后，主动出击，全歼秦军，使得姚绍的计划落空；同时沈林子将俘虏的三千秦军放回潼关，以示羞辱。之后，沈林子写信给刘裕说："姚绍此人多次征战，从未失败，如今被我军击败，而国内又动荡异常，恐怕命不久矣。"沈林子言中了。接回败卒后，姚绍羞愤发病以致吐血而亡，临终前令姚赞统率潼关秦军。与此同时，刘裕也收到了开辟新路的戴延之等人的消息：并没有可以翻越潼关的办法。无奈之下，刘裕率主力自洛阳出发，前往潼关；同时令沈林子率军翻越秦岭东部，会合自襄阳陆路进军的西线沈田子部，合兵从武关入关中。潼关之下，晋军云集，却依然无计可施。刘裕再次试图从黄河北岸的蒲坂入关，令朱超石强攻蒲坂，结果却大败而归。局面陷入了僵持，无功而返仿佛是必然的结局。

潼关地势之险要、景色之苍茫，谭嗣同的《潼关》或能体现一二：

---

[1] "醽"音"líng"，颜色微绿，所谓"灯红酒绿"，便是形容此酒。

终古高云簇此城，秋风吹散马蹄声。

河流大野犹嫌束，山入潼关不解平。

更危险的消息传来：齐郡太守王懿降魏，献计请魏军出兵袭击彭城，绝晋军归路。

王懿的书信传来，拓跋嗣心动了，正赶上崔浩在讲《尚书》《左传》，于是拓跋嗣问道："刘裕西伐，军队已到潼关，你觉得战事将会如何发展？"崔浩回答说："以前姚兴好虚名而无实用；现在姚泓懦弱，内乱不已，众叛亲离。而刘裕乘机讨伐，兵精将勇，有什么拿不下来的呢？"拓跋嗣见崔浩如此推崇刘裕，便问道："你觉得刘裕比慕容垂如何？"崔浩毫不犹豫地回答道："刘裕远胜慕容垂。慕容垂本来就是燕国皇族，起兵之时，燕国旧人归附他就像飞蛾扑向暗夜中的烛火，只要稍有才能，便可立下功业。而刘裕出身寒微，无所借力，却灭桓玄、擒慕容超、破卢循，自然远胜慕容垂。不过等他灭秦之后，必然回国篡位。长安与江南风俗不同，刘裕短时间内必然不能消化，而他又肯定将南返。所以我们只要养精蓄锐，等他回师之后，长安必然为我国所有。"

拓跋嗣却对王懿的提案念念不忘，问："刘裕入关之后，必然是有进无退；此时我们出兵直捣彭城，刘裕岂不是陷入绝境？"崔浩冒着得罪众臣的风险，说："如今我国西有赫连勃勃，北有柔然，陛下您是不能亲征的；而众将又不是韩信、白起那样的战神，司徒长孙嵩只有治国之能，却无统兵之才，都不是刘裕的对手。我认为，等刘裕南返后再出兵也不晚。"

也许是因为上次崔浩的神奇预言，拓跋嗣哈哈大笑后，采纳了他的建议，按兵不动。

在北魏君臣议论大势之时，晋军却动了。义熙十三年七月底，王镇恶谏言自己领军，从渭水行船，冒秦军矢石入关中。刘裕同意了这个大胆的计划。于是王镇恶下令造吃水极浅的艨艟小舰，士兵皆在船内，强行以水军突进。而秦军士兵长期在北方，很少见船，更不要说这种特制船，见船上居然没有摇橹的人，都啧啧称奇，居然以为是神迹，使得王镇恶顺利渡过渭水进入关中。不过王镇恶实际上是蒙对了时机，因为此时潼关已经空虚，部分秦军已经返回长安——因为长安居然出现了晋军。原来，是自襄阳翻山越岭而来的沈田子所率的晋军偏师建立了奇功。姚泓准备亲征潼关、面对刘裕，但是又怕沈田子率领的小股晋军偷袭背后，于是决定先歼灭沈田子部，再前往潼关。可惜计划美好，现实却残忍。面对姚泓大军，傅弘之提议撤退，沈田子却说："兵贵用奇，不必在众，现在强弱悬殊，我们要是不趁他们立足未稳而主动出击，定然会全军覆没。"于是率领麾下直击秦军阵营。傅弘之无奈，只得跟上。秦军将他们重重包围，如此危难之际，沈田子奋臂大呼："诸君冒死远来，正求今日之战，死生一决，封侯之业正在于此！"晋军在死地之下爆发出强大的战斗力，抛弃弓弩、长枪，以短刀踊跃争先。秦兵大败，姚泓奔回长安。这时从潼关赶来的沈林子部恰好来到，于是与沈田子、傅弘之合军追击秦军。

得知消息的潼关秦军率先后撤，却正好赶上王镇恶从水路强突入关。随即，王镇恶于渭桥登陆，面对仍在长安的数万秦军，王镇恶激励士兵说：

> 吾属并家在江南，此为长安北门，去家万里，舟楫、衣粮皆已随流。今进战而胜，则功名俱显；不胜，则骸骨不返，无它歧矣。卿等勉之！（《资治通鉴·晋纪》）

随即他亲自率军冲锋。夫战，勇气也！穷途末路的秦军已经无力抵抗，不战而溃。姚泓见大势已去，决定投降，十一岁的儿子姚佛念说："即使投降也会被晋军杀死，不如自杀。"姚泓默然不应。见到如此反应，姚佛念登上城墙，一跃而下。最终，姚泓率妻子、群臣到王镇恶军营请降，后秦灭亡。

在刘曜破长安、掳愍帝的百年后，晋军收复长安。

义熙十三年九月，太尉刘裕入长安，下令将后秦诸公卿尽数处死，送姚泓到建康处斩。此外，刘裕还下令将长安的珍宝珠玉遍赐将士，率北伐众将士拜谒汉高祖刘邦的陵寝，大会文武于未央宫。

长安、洛阳皆已收复，刘裕准备迁都洛阳，来经略北方。王仲德劝谏道："这种大事必然导致朝廷震动。如今大军征战在外已经一年多，将士们都思念家乡，迁都之议恐怕不行。"刘裕又退一步，准备留在长安，整顿军队，为彻底稳定关中与讨伐北魏做准备。但是他接到了自京口举义旗以来最大的噩耗：

刘穆之病故。

刘裕极度震惊和悲哀。他知道，自己一生的功业到此为止了。

对刘裕来讲，刘穆之是一个特殊的存在。自京口举义旗之后，刘穆之便进入刘裕幕府。此后，讨桓玄、征南燕，以及历次征伐，只要刘裕出征，或者"事无大小，一决穆之"，或者由刘穆之"总摄内外"，为刘裕调度军需物资。他实在是刘裕最重要的下属、当仁不让的二把手。

前文讲过，刘裕虽然已经位极人臣，但是东晋朝廷的士族门阀们，内心里是看不起他的。刘裕一直有着深深的自卑，而刘穆之从一举一动开始教起，使得刘裕的所作所为尽量符合当时士族的礼仪。刘裕的字写得极为难看，刘穆之便告诉他："写字虽然是小事，但您身居高位，所写之字定然会流传甚广，需要稍加留意。"刘裕却依然写不好。但是由于害怕别人嘲笑，就更想改变字迹；刘穆之建议说："既然练不好，那写字的时候便写大一点。字大，可以隐藏一些缺点，而且显得有气势。"自此之后，刘裕批复公文的时候，一张纸通常就只写六七个字，嘲笑的声音也渐渐少了。后来刘裕回忆起来这些事情的时候说："穆之死，人轻易我。"

刘穆之的去世，不光从政治上给刘裕带来了巨大的打击，更大的影响可能来自心理。义熙十三年，刘裕已经五十四岁了，而刘穆之去世的时候是五十八岁。两人年纪相差不大，而刘裕此时最大的儿子——世子刘义符，年仅十一岁。自己的位置十分尴尬，退一步为守藩之将，不说朝廷答应与否，多年南征北战的将士也肯定不会答应的。只有进一步登基称帝，方才符合整个北府军团的利益。可是此时功绩已足，但若要称帝，还需一些部署。刘穆之突然病故，要是自己再不幸身亡，则根本无人可以继承事业，也无人可以托付。在多种因素的影响下，刘裕决定撤军。陆游有一首《读史》，就写到了这件事：

> 萧相守关成汉业，穆之一死宋班师。
> 赫连拓跋非难取，天意从来未易知。

刘裕留次子刘义真为都督雍、梁、秦州诸军事，安西将军，领雍、东秦二州刺史；以长史王修辅佐，王镇恶、沈田子、毛德祖、傅弘之领兵协助。

东秦州，这一行政区划的命令下来，陇右流亡到此的汉人们都明白了刘裕的意思，短时间内不会再西进了。但是紧接着，长安的民众听闻大军即将东还的消息，彻底慌了神。

> 三秦父老闻裕将还，诣门流涕诉曰："残民不沾王化，于今百年，始睹衣冠，人人相贺。长安十陵是公家坟墓，咸阳宫殿是公家室宅，舍此欲何之乎！"（《资治通鉴·晋纪》）

众多民众到军营哭诉："我们在胡人的统治下，百年未见汉人衣冠，所以朝廷军队到来之时，人人称贺。长安的陵寝是朝廷祖宗之坟墓，长安的宫殿是朝廷当年的宅邸，如今舍弃这些却要去哪里呢？"刘裕听闻后，甚是痛心。但局势如此，不得已而东还，于是下书告诉民众说：

> 受命朝廷，不得擅留。诚多诸君怀本之志，今以次息与文武贤才共镇此境，勉与之居。（《资治通鉴·晋纪》）

借口而已。谁人不知，此时刘裕要是往西，朝廷是决然不敢往东的。崔浩的话，一语成谶："刘裕之平祸乱，司马德宗之曹操也！"

义熙十三年十二月，在关中停留三个月后，太尉刘裕自长安出发，由洛水入黄河，从疏通开的汴渠东归。

祖宗遗愤，雪于一旦，最终，也毁于一旦。

《史记·刺客列传》中记载了一个故事：智伯的门客豫让屡次刺杀赵襄子，乃至"漆身为厉，吞炭为哑"，妻子都认不出来他，可是刺杀还是失败了。赵襄子问他说："你曾经在范氏、中行氏手下做事，后来他们都被灭掉，你不曾为他们报仇，反而投靠了智伯。如今我灭掉智伯，你为何却三番五次来刺杀我呢？"豫让回答说："我侍奉范氏、中行氏的时候，他们以普通人待我，我就以普通人的标准来报答他们；而智伯以国士的待遇来对待我，我便以国士的标准来报答他。"赵襄子喟然叹息说："你这么对待智伯，名声已成；我多次赦免你，也已经仁至义尽，今天不会再放过你了。"豫让死前，请求以剑击赵襄子的衣服；赵襄子很敬佩他，于是使人持自己的衣服，让豫让刺杀。

> 豫让拔剑三跃而击之，曰："吾可以下报智伯矣！"遂伏剑自杀。（《史记·刺客列传》）

国士遇我，国士报之。

而东晋朝廷，更准确地说应该是刘裕，对关中士民弃如敝屣的做法，所换来的只能是人心离散。

义熙十四年（418年）正月，刘裕离开关中一个月后，夏主赫连勃勃起兵南下长安，"关中民降之者属路"，镇守长安的晋军更是起了内讧。

沈田子与王镇恶领军出拒夏兵，但是宣称敌人众多，然后拥兵不前。还记得沈田子入关中时候的表现吗？率军先进，执短兵奋击；而短短数月后，如何又畏敌不前了呢？因为他愤愤不平。击破姚泓主力的是他，最终先入长安、功劳最高的却是王镇恶。而且王镇恶本来就是"北人"南渡而来，沈田子认为王镇恶"抢功"，心底一直不平。军中有谣言说："镇恶欲尽杀南人，以数十人送义真南还，因据关中反。"

沈田子于是请王镇恶至傅弘之营垒商量进军事宜，然后趁机于幕中直接将王镇恶诛杀，宣称是受太尉刘裕密令。随后，他率数十人返长安拜见刘义真，声言王镇恶造反已被诛杀。但长史王修却下令逮捕沈田子，数以专戮之罪而斩。刘裕东返的一个多月后，关中将军便只剩傅弘之一人。

但是内斗并未停止。无论如何早熟，刘义真毕竟只有十一岁，赐予左右随从的礼物经常没有节制。王修作为辅佐的文官之首，出于尽职的责任，经常阻止刘义真，因此得罪了刘义真周围的侍从。他们共同向刘义真进谗言说："王镇恶想要造反，沈田子杀了他，而王修又杀了沈田子——这说明王修也是要造反！"于是在王镇恶、沈田子相继死亡的九个月后，刘义真下令处死王修。

长安彻底大乱，人人自危。大夏国主赫连勃勃亲自领军至咸阳，逼近长安。刘裕听闻后，令朱龄石为都督、右将军、雍州刺史，督关中诸军事，代刘义真镇长安；同时令刘义真火速东归，出潼关后方可徐行。

与朱龄石办完交接的刘义真没有听从建议轻车出发，而是令左右大肆搜刮了长安的宝货和大量女子，缓缓从长安东归。傅弘之劝谏他说："今多将辎重，一日行不过十里；夏军近在咫尺，又多是骑兵，追上来根本无法抵御。应该抛弃辎重，轻车速返。"刘义真居然不明白局面有多危急，仍然拒绝了傅弘之的建议。

不久，夏军追兵果然到来。傅弘之主动断后，且战且退，至青泥（今陕西蓝田南），晋军终于全军崩溃，四散而逃。傅弘之被擒，刘义真孤身藏在草里，方才躲过一劫。中兵参军段宏单骑寻到刘义真。还是孩童的刘义真哭着说："烦请段中兵砍下我的头东归，使家父断了救我的念想吧！"段宏想到威震天下的百战之师，如今四散奔逃，也悲从中来，泪如雨下；但还是拉起刘义真，安慰他说："大丈夫不经历如此事，如何知道军国大事之艰难呢？"最终，留守的晋军只有二人逃出生天。

在刘义真哭泣的时候，傅弘之在叫骂。赫连勃勃试图劝降这位身经百战的将军。但是傅弘之丝毫不为所动，最终被裸身绑在十一月呼啸的北风里，叫骂的声音也由洪亮而至渐不可闻，最终归于寂静。傅弘之殒命，时年四十二岁。

朱超石也在哭泣。他受命来巡视关中，协助兄长朱龄石。但是刘义真走前的大肆搜刮，彻底激怒了长安民众，群起而逐之，二人只得逃出长安；又于路上被夏军追兵寻到，重重围了起来。朱龄石见已经走投无路，劝弟弟道："你我兄弟二人俱死于他乡，家中老母怎么办？你孤身一人方便逃跑，从小路归家；我死节于此，就没有什么可担心的了。"朱超石望着从参军起，二十多年来提携帮助自己的兄长，无论如何也不能抛下他独自逃走。他哭着对朱龄石说："人谁无死，我今天实在不忍弃兄长而去！"兄弟相拥哭泣，而夏军也终于攻破了军营。兄弟二人死时，朱龄石年四十岁，朱超石三十七岁。

留守关中的晋兵全军覆没，一大批身经百战的将帅身死。赫连勃勃于长安城外积晋军人头为"京观"，号曰"骷髅台"。此番景象，不由得令人想起张元幹《贺新郎·送胡邦衡待制赴新州》中所写的：

梦绕神州路。怅秋风、连营画角，故宫离黍。底事昆仑倾砥柱，九地黄流乱注。

刘裕在遥望。他已经知道了刘义真逃归的消息，也愤怒于赫连勃勃的残暴，但是他所能做的只有慨然流涕而已，因为，他有更重要的事要去了结。

是时候了，刘裕此时的功绩已然是晋代第一。上自西晋开国时灭吴的王浑，下至东晋权臣桓温，无论战绩还是声望，都难以望刘裕之项背。义熙十四年六月，刘裕在屡次"辞让"后，终于接受了宋公、九锡之命，以谶语"昌明之后尚有二帝"[1]，使中书侍郎王韶之鸩杀安帝司马德宗，立司马德文为帝，改年号为"元熙"。

彗星出天津，入太微，经北斗，络紫微。这异常的天象使得拓跋嗣惊惧，他召群儒、术士询问，可最终还是崔浩作出了预言：

> 夫灾异之兴，皆象人事，人苟无衅，又何畏焉？昔王莽将篡汉，彗星出入，正与今同。国家主尊臣卑，民无异望，晋室陵夷，危亡不远；彗之为异，其刘裕将篡之应乎！（《资治通鉴·晋纪》）

元熙元年（419年）七月，刘裕晋爵为宋王；八月，移镇寿阳（今安徽寿县）。只差最后一步了，但是如何走完最后一步，是个技术活儿。

元熙二年（420年）正月，刘裕于寿阳大会文武，会上他说道："自桓玄篡位后，我首倡大义，起兵京口，兴复帝室，南征北伐，平定四海，如今功成名就，已经受九锡，但是我已经老啦。人物忌盛，盛则不能久安。我现在想奉还爵位，归京师养老，诸位觉得如何？"群臣皆称宋王功德，希望宋王继续为朝廷效力。

酒宴之后，中书令傅亮出门归家，却又突然折回，求见刘裕。开门之后，傅亮试探地说："我准备先行回京。"刘裕却不遮掩，直问："需要几人？"傅亮请数十人随同返京。再次出门的傅亮仰望夜空，恰见长星竟天，拍着大腿感叹说："我常不信天文，今日天象却应验了啊！"

傅亮至建康数日之后，朝廷下诏令宋王刘裕入京。

---

[1] "昌明之后尚有二帝"为晋中后期谶语，类似的谶语还有"晋祚尽昌明"。晋孝武帝司马曜，字昌明，是司马德宗、司马德文的父亲。谶语的意思即孝武帝之后晋朝还会有两位皇帝——刘裕为了应谶，故意在废司马德宗后，立司马德文为帝。

六月，傅亮草拟了诏书，让晋恭帝司马德文签署，禅位给宋王刘裕。司马德文欣然签署，并说道："桓玄造反的时候，晋室本已无天下；靠着刘裕，方才又延续二十余年。今日之事，本所甘心。"

刘裕自石头城，以皇帝乘舆入建康，于南郊祭天，即帝位，改国号为宋，年号"永初"。

新的时代开始了。永初元年（420年），中国正式进入了南北朝时期。

晋朝已经成为过去时，名为"宋"的王朝诞生于长江南岸的建康城中。一夜之间，从洛阳到日南，都向这个新兴的政权表示效忠。后来的人们回顾这一年的时候，才发现这是南朝历史上最鼎盛的时代。

但是，祸乱之源从建立时就已经埋下。

司马德文变成了零陵王，他很害怕。他的宗族以兴复晋朝为旗号，在北魏的支持下，在河南对抗宋朝。自己只要还活着，就会被视为一面旗帜。所以他只敢吃妻子褚灵媛在床前做的食物，生怕食物离开视线之内就会被人下毒。这种日子并没有过多久，永初二年（421年）九月，有兵士逾墙而进——这不是第一次暗杀了，最后的晋臣在之前就已经死了。

刘裕的心腹张邵之兄张伟，受命领毒酒一瓮，鸩杀司马德文。路上，他叹息道："鸩君以求生，不如死。"于道上自己饮下了毒酒。

晋室厚待、依靠士族，士族的权力于东晋达到了历史的顶峰——门阀政治。但是当新朝冉冉升起的时候，高门如王、谢，也争先恐后地向刘裕表示效忠，朝廷众臣最多也就是在晋帝退位之时洒下几滴眼泪。司马德文如果知道有人愿意为自己去死，可能会有一丝安慰，毕竟就连褚妃所生的男丁，都被自己的大舅子杀死了，怎么还奢望有人忠于自己呢？

在褚妃去别室见兄长的时候，司马德文见到了不知道是第几波来暗杀自己的兵士。无所谓了，他已经知道自己的结局，在兵士端上毒酒后，一向信佛的他说："佛教，自杀者不复得人身。"于是兵士以被子捂死了这位最后的晋朝皇帝，司马德文时年三十五岁。褚妃于十五年后去世，二人最终合葬于冲平陵。

胡三省在注《资治通鉴》的时候评论此事说："自是之后，禅让之君，罕得全矣。"刘裕虽然有许多理由杀掉司马德文，但是毕竟还有一句话叫作：始作俑者，其无后乎！

登基才两年的刘裕没有机会想报应这种事情，他的心思都放在如何布局上面。自己已经五十八岁，最大的儿子、太子刘义符十五岁，而自刘穆之死后，自己并无可以绝对信任之人。

永初二年，在建康，司徒、庐陵王刘义真，司空、扬州刺史徐羡之，尚书仆射傅亮，领军将军谢晦组成了权力核心。

在地方，太尉、长沙王刘道怜镇京口；镇北将军、南兖州刺史檀道济镇广陵；荆州刺史、宜都王刘义隆镇江陵；南豫州刺史、彭城王刘义康镇历阳；卫将军、江州刺史王弘镇镇寻阳。

从这些布置中，能看出刘裕可以说是煞费苦心。徐羡之，东海徐氏，祖上无显官，从京口起兵就跟随刘裕，北伐时作为刘穆之的副手；傅亮，北地傅氏，从龙之臣，刘裕九锡诏书、晋恭帝禅让诏书皆由他起草；谢晦，江左一流高门的陈郡谢氏，刘裕的重要谋士，禁军的最高统帅。三位权力中枢的大臣出身不同，方便互相制约。镇京口的刘道怜，为刘裕的同父异母弟；虽然值得信任，但是为人贪鄙，才具不足。檀道济，靠军功上位，数次从征，又曾为太子刘义符的属官，所以用他镇广陵，方便控御江北。王弘，出自一流高门琅邪王氏：曾祖王导，晋丞相；祖王洽，晋中领军；父王珣，晋司徒；家世显赫无比，本人更是时望所系，所以不能让他留在朝中，而是任其为江州刺史。

至于三个稍微大点的儿子，十五岁的刘义真在朝为司徒；稍小一点的刘义隆镇地理位置十分重要的荆州，配以长史王昙首（王弘幼弟）、司马王华这二位俱出自琅邪王氏的属官；十三岁的刘义康镇历阳，军政皆决于长史刘湛。

朝堂上的钩心斗角、尔虞我诈其实并不适合刘裕，在做出以上这些自以为万无一失的安排后，刘裕决定亲征北魏。

> 以燕、代戎幌，岐、梁重梗，将誓六师，屠桑干而境北狄，三事大夫顾相谓曰："待夫振旅凯入，乘辕南返，请具银绳琼检，告报东岳。"（《宋略·总论》）

宋武帝刘裕：生于微末，起于乱世

然而他永远也不能完成这一目标了。永初三年（422年）三月，刘裕病重。

谢晦首先进言："皇太子才能不足，陛下应该三思。"刘裕令谢晦观刘义真如何，谢晦言道："德轻于才，非人主也。"很直白。尚未在朝中合作，司徒与中领军便有了矛盾。在这个时刻，刘裕病情居然好转，随即任命刘义真为南豫州刺史；而让原南豫州刺史刘义康代替病重的刘道怜，改镇京口。

事实证明，这只是刘裕的回光返照，一个多月后，永初三年五月：

> 帝疾甚，召太子诫之曰："檀道济虽有干略，而无远志，非如兄韶有难御之气也。徐羡之、傅亮，当无异图。谢晦数从征伐，颇识机变；若有同异，必此人也。"又为手诏曰："后世若有幼主，朝事一委宰相，母后不烦临朝。"司空徐羡之、中书令傅亮、领军将军谢晦、镇北将军檀道济同被顾命。癸亥，帝殂于西殿。（《资治通鉴·宋纪》）

十六岁的太子刘义符即位。而在遥远的北魏都城平城，魏国皇帝拓跋嗣立长子拓跋焘为太子。

> 风流总被，雨打风吹去。斜阳草树，寻常巷陌，人道寄奴曾住。想当年，金戈铁马，气吞万里如虎。（辛弃疾《永遇乐·京口北固亭怀古》）

属于刘裕一枝独秀的时代过去了。

> 元嘉草草，封狼居胥，赢得仓皇北顾。四十三年，望中犹记，烽火扬州路。可堪回首，佛狸祠下，一片神鸦社鼓。（辛弃疾《永遇乐·京口北固亭怀古》）

双雄对峙的时代即将来临。

最后选两个我觉得比较客观的对刘裕的评价吧。

  宋祖以匹夫挺剑，首创大业，旬月之间，重安晋鼎，居半州之地，驱一郡之卒，斩谯纵于庸蜀，擒姚泓于崤函，克慕容超于青州，枭卢循于岭外，戎旗所指，无往不捷。观其豁达宏远，则汉高之风；制胜胸襟，则光武之匹。惜其祚短，志未可量也。

——虞世南

  北府兵将领刘裕，以其赫赫功业代晋建宋，历史由此进入南朝。刘裕代晋的意义，不只是改朝换代而已，也标志着门阀与皇帝"共天下"的局面结束。

——阎步克

王玄策：从大唐到天竺

豆 子

王玄策，一个没什么存在感的文官，发起狠来，竟然灭掉了大半个印度。他的这次壮举，完美诠释了一句老话：知识就是力量！同时，也告诫了我们，千万别小看文化人的勇气和力量！

贞观二十一年（647年），唐太宗命王玄策为正使、蒋师仁为副使，领三十多人巡游天竺各国。

这是王玄策第二次出使天竺。

第一次出使天竺时，王玄策是副使，当时他只是广西黄水县的县令。这种岭南之地，在帝国精英们看来，纯属蛮僚聚居之地，民风未开。如果想要锻炼一位新官，就让他下这样的基层感受一下。

从这点上看，王玄策应该有着不同寻常士人的优点。极有可能的情况是，王玄策除了有一般读书人的知书达礼，还精通多门语言，极擅沟通，就如当年出使西域的张骞一样，"为人强力，宽大信人，蛮夷爱之"，否则朝廷也不可能选择他当使者。

他本来的行程应该是这样的：到一个地方，接受一下该地的欢迎礼，盖一下宝印，收一下礼物，夸耀一下国力，建立一下友谊，约定一下对方什么时候派使者去自己的国家。离开的时候再开个欢送会，彼此在依依不舍中分别，然后前往下一站。接着再接受下一个国家的欢迎、礼遇、欢送。兜兜转转，最终顺利回国。

然而这次来到中天竺（今印度地区），他却发现情况有些不太对，因为这个国家好像换主人了。

中天竺的老国王亡故了，大臣阿罗那顺叛乱，自封为王，已册封了王妃，颁布了法令，俨然一国之主。

而死去的国王，名叫尸罗逸多（Siladitya），也译作"诗罗逸多""尸罗迭多"，即著名的戒日王，乃是统一北印广大国土的戒日王朝的建立者；又是个剧作家、诗人，是印度古典文化的集大成者。

戒日王曾经在国家最强盛的时候接见过玄奘；经过玄奘的努力宣传，与唐朝建立了十分友好的关系。

戒日王曾问玄奘："听说你们中国有个秦王是圣人，英明神武。有关他的传说在我们这里流传许久了，这些都是真的吗？"

玄奘便为戒日王讲述了唐朝的国力及李世民的丰功伟绩。戒日王闻之大喜，立即写信给李世民，表示一定要同唐朝修好。李世民收到来信，也很高兴，派云骑尉梁怀璥带去回信。戒日王收到回信，便派使团随同梁怀璥抵达长安。为了互通有无，李世民又派出唐朝的使团去往天竺，戒日王亲自出迎——这正是王玄策初次出使的缘由。而唐朝第二次派使团出使天竺，依然是要同中天竺礼尚往来，互通有无。

然而，戒日王死了。因为没有儿子，他一死，国内就出现了内乱。原先是大臣，现在篡权为王的阿罗那顺，没有戒日王那样的才略，也不怎么善良，可能脑子也不大好使。听说唐朝的使团来了，还押着沿途各国送给唐朝的贡品，他非但没有出来相迎，还把使团给劫了。

抢劫进行得很顺利，贡品都被抢了个精光，就连私人物品也不能幸免。使团三十人拼死抵抗，但力战不敌，几乎全部战死；只剩下王玄策本人及副使蒋师仁，被阿罗那顺抓进了监狱。

战争是政治的一个缩影，抢劫是一国外交态度的体现。

阿罗那顺并不在乎唐朝的感受，似乎颇瞧不起唐朝。他并没有觉得唐朝像大家都吹嘘的那样国力强盛。况且，一个同旧王室关系极好的国家派出来的使团，只能是他清洗的对象。其中利弊，他必然是算计过的。不过，抢劫如何？杀人又如何？隔着世上最高的山脉，难道唐朝还能派兵打他不成？

阿罗那顺最终为自己的这次失策付出了惨痛的代价。

他目前当然掂量不出惨痛代价的分量，因为谁都不认为两个阶下囚能对北印度之王构成什么威胁。他只惊喜于抢掠到的贡品的分量，忽视看守，让王玄策和蒋师仁连夜跑了。

他们两人是如何从大牢里跑出来的，我们不得而知。只能猜测：要么是受到旧王室暗中的帮助，要么是他们神勇机智。总之他们连夜脱逃，一路势不可当，从中天竺狂奔到泥婆罗（今尼泊尔），又从泥婆罗进入吐蕃（今中国西藏）西鄙。至于为什么要逃到这两个地方，我们稍后再讲。

总之，通常人们会认为摆在王玄策面前的只有一条路：落魄而归，向朝廷汇报情况；接着李世民听后很生气，和大臣们商议如何复仇。但王玄策根本就没想过这条路，他有他的第二条路：不逃难，杀回去，灭了他们。

"怒来死不顾，决眦肝胆裂。"从使团被劫、被屠杀，到他们正、副二使被关进大牢，复仇的火焰就从未熄灭过。外交是说出来的，更是打出来的。不能示弱，也从没想过示弱。很多人都会觉得这是个多么可笑的想法：两个已经被抢掠得两手空空、身居异国的落魄文士，还谈什么复仇呢？

然而，我们不但要研究一般战争的规律，还要研究特殊战争的规律，研究更加特殊的、绝不可能胜利的战争的规律。

北奔泥婆罗，窜向吐蕃，不为逃命，是为借兵。泥婆罗紧挨着天竺，按理说都是借，单从泥婆罗借兵即可。可是，不能直接找泥婆罗借，得先找吐蕃借。找吐蕃借，也不能再沿江东进去逻些（今西藏拉萨）借，得直接在吐蕃西鄙借；借到吐蕃的兵，再借泥婆罗的兵。

为何要这样？

我们知道，王玄策出使时的吐蕃，松赞干布依然健在。那时的他早已迎娶文成公主，与唐朝往来不绝，感情相当真挚。王玄策作为一名杰出的唐朝使官、外交家，对吐蕃君臣以及沿路地方官十分熟悉。他不必回长安，直接从吐蕃西南借到了一千二百人的精锐之师，再动用吐蕃本身的国际关系，令泥婆罗出兵援助。泥婆罗得令，派出七千骑兵，可谓下了老本。

没有无缘无故的抗拒，也没有无缘无故的听从。王玄策之所以笃定能借到兵马，就是因为他对各国的形势烂熟于心。吐蕃自不必说，泥婆罗的国王又是谁呢？是那陵提婆。泥婆罗的对外关系如何？

那陵提婆的王位，曾被叔叔篡夺，他不得已逃亡在外，被吐蕃收容，后来吐蕃帮助他复位成功。从此，泥婆罗便成了吐蕃的附属国。王玄策以吐蕃为基，"以书征邻国（泥婆罗）之兵"，是最妥帖而绝对没有任何问题的。

所有出其不意的胜利都有着稳扎稳打的牢固根基，王玄策除了对国际关系很熟悉，还对当时这些国家的地理环境很了解。

你有没有想过，泥婆罗和吐蕃之间（即今尼泊尔和中国西藏之间），明明隔着世界上最高的喜马拉雅山脉，王玄策与蒋师仁是如何过去的呢？难道飞过去？

这就属于对外交流中连接各国的通道问题了。学者们确定：王玄策此次之后，第三次出使天竺，走的是"蕃尼道"，即吐蕃—泥婆罗通道。蕃尼道，其实是早就有的。据这次王玄策去借兵的路线来看，他早已熟悉了这条线。第二次出使，很有可能也是走的蕃尼道。

那么什么是蕃尼道呢？

从唐朝通往天竺，有很多条路。譬如西线的丝绸之路，绕过喜马拉雅山脉，再往南去印度；其中又可以细分为北、中、南三线。

玄奘法师去往天竺，就是走的北线。

另一条是从叶榆（今云南大理）到滇越（主要为当今的云南腾冲），过缅甸山口，穿越盆地的路。

还有一条是从缅甸出海，走海路抵达印度的海上航路。

此外，还有一条最不为人知晓的道路，那就是蕃尼道。很少有人知道，人可以直接穿越吐蕃，越过喜马拉雅山脉，从泥婆罗进入中天竺。

王玄策是个合格的外交家、旅行家。在历次出使中，上述所有出使路线，他都可能走过。譬如有确凿的证据证明他走过海路，《大唐西域求法高僧传》记载，有高僧曾在路上与王玄策相随，"泛舶海中"。而这次从泥婆罗穿插到吐蕃，必然是走的蕃尼道。这条道，从开辟出来以后，直至清代，依然有人在走。

知道每一条道通向哪里,是每个使者应有的素养。从吉隆往南,有一条名为吉隆藏布的河,顺着河谷,一路往南,经历"十三飞梯、十九栈道",就可以抵达尼泊尔境内——虽然显得长一些,但路好走。吐蕃松赞干布迎娶泥婆罗的尺尊公主,就从拉萨到吉隆接亲。吉隆县新近发现了《大唐天竺使出铭》,确凿无疑地证明王玄策本身就知道这条道路的存在——在借兵之前,他早就想好了要从这条路回到吐蕃西鄙。

喜马拉雅山脉,对普通人来说是天险,对王玄策来说是熟路。他从中天竺跑到泥婆罗,又从泥婆罗北上吐蕃西鄙,展开了他没有手书、没有兵符的借兵之旅。

还是那句话,谁都不知道他具体是怎么做、怎么说的,反正是在吐蕃西鄙就把兵借来了。据我猜测,无非是:中天竺有些人不太听话,想带些兵马教训教训他;吐蕃的地方官是认识王玄策的,知道中天竺居然把大唐的使团给劫杀了,因吐蕃与大唐"和同为一家",便很利索地就把兵借给他了。

在吐蕃借到了兵,王玄策又来到了泥婆罗,跟泥婆罗国王出示了吐蕃的借兵信;泥婆罗又跟吐蕃关系密切,为吐蕃的附属国,就这样又借到了兵。

王玄策领着八千二百名刚刚借来的士兵,一路又回到了中天竺。他和副使蒋师仁做了一个简单的安排——分兵。

王玄策率领部分兵马,围困住了中天竺的首都茶镈和罗城,对其展开了猛烈的攻击。这里的"茶镈和罗城"不是"茶镈"和"罗城"两座城,而是一座都城的名字。

大概是十分不习惯唐朝人指挥作战的方式,这座都城三天内被攻破,斩首三千级。各路合围进剿,没处可去的士兵,只好往北去。往北就是大河,其宽处可达八百米,最窄处也有两百米,水势浩大。时间紧急,暂时的喘息胜过一切。士兵慌乱之间涌进河里,"溺水死万人",就这样被淹死了一万人。

成功逃跑的士兵,有吊下城墙躲在民户家里藏起来的,有沿着大路疯狂逃奔的,也有直接引颈待毙的。

我曾经阅读过一些古代破城之后军士逃命的记载,军纪不好的部队,一旦出现了败相，再多的人也顶不住对方少数精锐的攻击。只要打破一个点，白刀乱下，这方的兵就会胆战心惊，像山崩一样倒塌。士兵拥堵在城墙上相互阻碍交通，想逃命的，只有从城墙上跳下去，一时，摔在地上露出脑浆的、骨折撅出腿骨的，比比皆是。

不过，坏消息是，阿罗那顺跑了。事后，他还没从两位"阶下囚"的猛攻中醒过神来，就紧急召开了一次会议，委国而走。

所谓"委国"，就是把国家交给别人治理。就好比某些国君眼见着国家要灭亡了，就赶紧宣布退位，好使自己不是亡国之君，以此来麻痹自己。实际上阿罗那顺并不认输，在城外把打散的军队整合起来复阵，心想着：刚才是没准备好，被不讲究的人打了个措手不及。这回只要干掉王玄策的兵，咱又是一条好汉！

谁知道他前脚刚把队伍整顿好，后脚就被副使蒋师仁给生擒了。蒋师仁带着还俘虏了他刚整顿好的兵马，统共抓住了一千来人。胜利来得太快，以至于没什么可写的。

阿罗那顺被抓了。那些追随阿罗那顺的国人，拥奉着他的妻子和王子，跑到乾陀卫江边安营扎寨，试图阻击王玄策。

乾陀卫江，是位于乾陀卫国（又译犍驮罗国）北面恒河的名称，这个地方距离茶镈和罗城有三千多里地。

由此可知，阿罗那顺的兵马，已经离开了中天竺，疯狂逃窜至遥远的西北方，想要靠天险组织反击。然而……

蒋师仁没有放过他们。

说实话，这事就有点欺负人了。蒋师仁率军逼上前来，搞了个"宜将剩勇追穷寇"，其结果是"击之，大溃"。中天竺军又是大败，王妃、王子均被活捉，被俘男女约一万两千人，各类牲畜两万余头。而其他城市闻之胆惊，"降城邑五百八十所"。

这不是王、蒋二人坐等来的投降，而是领军跋涉数千里，击溃寓居一角的穷寇，主动得来的胜利。

刚登基的、喧嚣不可一世的北印度之王被活捉了，整个北印度都陷入了极端的震恐之中，都知道俩外国文官带着两队异国联军，在北印度实施了复仇，并成功将北印度最大的国家灭了。他们背负着国家的荣誉,却遭受了莫名的耻辱。从形单影只、孤立无援的阶下囚徒,变为率众而来、以少胜多、短时间内倾覆整个北印度的神人。这样的人,是可以得罪的吗?这样的国家,是可以轻视的吗?

东天竺国王尸鸠摩听闻如此事件,震惊到不敢说话。他再三同人确认是否真的有这么一回事,结果自然是"真的"。于是,他送牛马三万头犒劳联军,又献上弓、刀、宝璎珞等,表示对唐朝的完全臣服。

迦摩缕波国(印度阿萨姆邦的西部,古代印度东部的一个强国)也献上异物,并奉献地图;还请了老子像,以表示对李氏祖宗的绝对尊重、对李唐王朝的彻底驯从。

至于中天竺本身,那就更不用说了……

战争取得完全的胜利,王玄策安排好了中天竺的国事,也妥善安置了中天竺的继任者,便押着阿罗那顺回国,到阙下给李世民看。

阿罗那顺表示后悔,后悔不该抢劫!

可后悔是没有用的,北印度之王欺凌弱小,周遭国家和本国人民对其意见很大,却畏惧他的淫威、不敢反抗。而其兵马虽多,却总是缺乏斗志。虽然他们的人数和武器数量具有压倒性的优势,但最终还是被曾是他阶下囚的王玄策与蒋师仁横扫。可怜做了一世霸王,至此身在他国为囚,妻妾、财宝、三千里江山尽归他人。曾经被他欺凌的人,食其黍粟,衣其缣帛,享其禄廪,役其人庶,拥有了他的一切。

属于他的,只有后悔:不该抢劫。

王玄策灭中天竺,在唐朝历史中,算是不大不小的一件事,即便是在当时,其功绩"也就一般"。

因为此次的出使,王玄策被拜为朝散大夫。"朝散大夫"是个荣誉称号,并没有实际职务。但既然是荣誉,待遇总会提高。唐初德高望重者被拜为朝散大夫的不少。譬如隋朝时担任过秘书学士的曹宪,在贞观年间被召为弘文馆学士。可他年纪太大了,就在家被拜为朝散大夫,可见此官之"散"。

确切来讲,王玄策并非真的"一人"灭掉了一国。同他一起逃出来的,还有副使蒋师仁。而这位副使，在作战上颇有章法，所向披靡，帮了王玄策不少忙。同时，王玄策还得到了吐蕃和泥婆罗八千余兵马的帮助，充分体现了外交上的成功可以带动作战上的成功。说到底，如果不是他拥有极强的外交素养和个人魅力，匹夫之怒而灭大国——这种事是无论如何都办不成的。

一人之后，是千万人，是整个大唐，无此，必不成功。然而外交史上，有多少时代、多少使者，会有如此遭遇？能像王玄策这样的，少之又少。正因此，其事迹也必同星月一样，永久地被人们赞叹，为人类所敬仰。

不过，凡人都有缺点。王玄策，他就是个比较迷信的人。正是因为他迷信，才有了后来献天竺方士为皇帝研发延年之药的事。

中国历史太久远了，叱咤一时之人灿若星河。很多放在现在应大书特书的神人，都无传、无名，不知其生，亦不知其死；不知何来，亦不知何去。除了事件本身，其余的多半都是个问号。

司马彪曰："神人无功，言修自然，不立功也；圣人无名，不立名也。"

李白诗云："十步杀一人，千里不留行。事了拂衣去，深藏身与名。"

王玄策之谓也！

西域千年往事

温伯陵

岑参到达西域的时候，恰逢飞雪漫天的八月。安西大将封常清改任北庭节度使，专门聘请岑参做节度判官，帮他写写材料，处理一些文案工作。

那是754年，前任武判官和岑参交接妥当之后，收拾包袱，准备离开西域返回长安。岑参帮忙拎着行李，一路送到轮台东门。

凛冽的寒风吹起雪花，砸在岑参的脸上。他顾不得搓手跺脚，按照惯例，岑参要给武判官写一首送别诗。抬头看看雪花，前方是没有尽头的路，而眼前的人即将踏上东归的旅途，岑参写了一首《白雪歌送武判官归京》：

> 北风卷地白草折，胡天八月即飞雪。
> 忽如一夜春风来，千树万树梨花开。
> 散入珠帘湿罗幕，狐裘不暖锦衾薄。
> 将军角弓不得控，都护铁衣冷难着。
> 瀚海阑干百丈冰，愁云惨淡万里凝。
> 中军置酒饮归客，胡琴琵琶与羌笛。
> 纷纷暮雪下辕门，风掣红旗冻不翻。
> 轮台东门送君去，去时雪满天山路。
> 山回路转不见君，雪上空留马行处。

此时是大唐在西域最辉煌的时期。安西四镇有驻军两万四千人，北庭都护府也有近两万人，数万大军共同守护着帝国的西陲边疆。高仙芝率万余人翻越葱岭，经过帝国坟场阿富汗，一举击败吐蕃"属国"小勃律。震惊的西北诸国纷纷归附，后来封常清又逼得大勃律投降。形势可谓一片大好。

"帝国双璧"在西域开疆拓土，东方是举世无双的大唐盛世。岑参和无数热血男儿一样，怀着"不破楼兰终不还"的信念来到大唐边陲，用微不足道的热血和忠诚，为盛世添砖加瓦。只是他们都不知道，以后将要面临什么。

仅仅一年后，安史之乱爆发。高仙芝和封常清双双被处死；安西和北庭的驻军大部分被调回中原，只留下不足万人留守孤城。

757年，岑参追随唐肃宗回到长安，却发现长安已不是曾经的长安，大唐也不是当年的大唐。

至于西域，它即将成为吐蕃的天下。那场几年前的白茫茫大雪，仿佛是上天为西域准备的葬礼。

长安城西北的开远门外，有一块石碑，石碑上写着"西去安西九千九百里"，昭示大唐疆域有万里之遥。

走出长安，便踏上丝绸之路。货物和铜钱在路上川流不息地运输，极大地繁荣了河西、陇右的经济。这是一块肥肉，被高原上的吐蕃垂涎已久。西北大军调往内地以后，留守的少量军队不足以守护丝绸之路，这里几乎成为真空地带。吐蕃军队迅速北上，全力攻打河西走廊，想把大唐的西北经济带据为己有。

但是问题也很明显。丝绸之路连接西域和大唐的贸易，吐蕃在旁边打打秋风也就算了，真让他趴在那里吸血，他还真的搞不定。因为贫瘠的吐蕃没有足够的货物能够流通。他占了贸易线想坐地收租，却发现好端端的河西走廊，慢慢变穷了。

这点吐蕃人抓破脑袋也想不明白，但大唐朝廷能明白。

765年，既为了收复失地，也为了恢复贸易线，更为与吐蕃进行博弈，郭子仪上书唐代宗："请遣使巡抚河西及置甘、凉等州长史。"唐代宗都同意了。

郭昕是郭子仪的侄子，也参加了这次出使。他接到任务后到达安西，和留守的安西将士并肩作战，逐渐成为安西四镇留后。

郭昕成功了，可大唐失败了。此时的大唐已经有藩镇割据的苗头；朝廷也没有足够的财源组建新军，自顾尚且不暇，哪有精力开拓西域呢？慢慢地，河西走廊全部落入吐蕃之手，安西和北庭成为大唐的飞地。朝廷以为军队都战死了，土地也被吐蕃占领。

朝廷不知道的是，唐军一直在坚守。安西留后郭昕和北庭节度使李元忠，联合回鹘和沙陀，艰难地守护着大唐的国土，吐蕃久攻不下。他们参军时都是青葱少年，如今纷纷步入中年……没有援军，没有退路，甚至没有多余的粮草，有的仅仅是一腔热血。

国家的强大除了是由于英雄奇谋善战，还是由于无数小人物的信念汇聚。小人物的信念不灭，国家不亡。

781年，郭昕和李元忠派遣使者绕道回鹘，回到长安向朝廷汇报工作。此时的大唐已经是唐德宗坐江山。皇帝已经换了四个，安西北庭旗帜依旧。朝廷大臣听说后无不黯然落泪，唐德宗也感动得痛哭流涕。朝廷封李元忠为北庭大都护、郭昕为安西大都护，所有将士全部升迁七级，勉励他们好好干。

但国运衰微，还能干成什么样呢？他们只能尽人事、听天命而已。

七年后，北庭和于阗陷落，安西大都护府麾下只剩三镇。国运如此，人力岂能扶将倾之大厦？

龟兹城破之日，满城尽是白发兵。

西域陷落的时间已经不可考，不过有学者认为是808年。长安的唐宪宗正在谋求元和中兴，长安以西却皆非唐土。守军一生都没有等到援兵，也没有受过朝廷恩典，依然不离不弃，把一生都奉献给心中的大唐。

这种小人物的信念和骄傲，是大唐的底气。

郭昕和白发老兵坚守孤城的时候，玉门关内的沙州诞生了一个婴儿，父亲给他取名为张议潮。

沙州就是敦煌，张氏是豪族。虽然我之前并不认可门阀士族，但是不得不承认，豪族往往是地方的核心力量。

在汉唐的年代，任何地方想做什么事情，都必须得到当地豪族的支持。如果地头蛇说不行，那就真的不行。而豪族的利益和本地深度绑定，是最彻底的本土地域主义者。所以我们会发现，汉唐时期开疆拓土的力度非常大，很大的原因是地方豪族具有十分强大的凝聚力。外敌入侵时，他们也是抵抗的中坚力量。再不济也能和南北朝一样，由豪族组建坞堡，庇护当地的百姓和流民。

宋朝以后没有豪族，一旦朝廷瘫痪，地方就没有凝聚力，往往被外敌一冲就垮。

张议潮在沙州就是这样的角色。他的家族势力庞大，家族成员的修养素质也高，很适合做官和干大事。本地的其他几家豪族也差不多。

但是吐蕃占据河西走廊后，根本不懂合作。他们发现丝绸之路的财富骤减，没有想办法疏通商路，也不拉拢当地豪族，只知道抢劫杀人，行事简单粗暴。吐蕃军队抓走青壮年当奴隶，砍掉老人的手脚抛在路边，杀戮婴儿用来取乐。不仅普通百姓没有生命保障，豪族也经常遭到掳掠，所有汉人都生活在水深火热之中。

有一次，一万汉人被掳掠南下。走到一座悬崖边时，汉人自发向东方跪拜，辞别故土大唐。有人哭晕在路边，有人宁愿跳下悬崖求死。

唐文宗年间，去西域的使者路过河西，见到各地城邑如故，城中百姓也夹道哭泣："皇帝犹念陷蕃生灵否？"他们依然说唐语，穿唐衣。

在这样的环境中，张议潮和所有人一样，痛恨吐蕃的残暴不仁，又对大唐故国心驰神往。

张议潮联合沙州豪族和僧人，经过多年的精心准备，在848年发动起义，光复沙州。

紧接着，张议潮派出十路使节，怀揣十份一模一样的报告奔赴长安——只要有一路能成功，就足以让朝廷知道：河西人心如故。

其中九路使节都死在路上，只有一路僧人绕道回鹘到达河套，然后在天德军节度使的护送下，从陕北抵达长安——不过这已经是两年后的事情了。

派出使节后不久，张议潮休整兵马，只用了一年时间就收复河西十州。再加上沙州大本营，总共收复十一州的国土。

851年农历八月，张议潮的兄长张议潭、女婿李明振等二十九人，捧着河西十一州的地图和户口，奔赴长安告捷。唐宣宗专门设置归义军，并以张议潮为节度使，统率河西十一州故地。

此后多年，张议潮带领归义军北击回鹘，南抗吐蕃，将河西走廊经营得甲兵充足、僧侣繁盛，逐渐恢复了没落多年的汉家文化。归义军的兵锋一度抵达西州（今吐鲁番等地）——那里曾经是北庭都护府镇守的重地。

眼看西域就要恢复，可大唐掉了链子。

在长安为质的张议潭去世后，为了让朝廷相信归义军的诚信，张议潮于867年亲自到长安任职。没几年，大唐境内便爆发了黄巢起义，紧接着就是五代十国。河西成为没人管的野孩子，西域更是远离中原文明的化外之地。

汉家子弟再次进入西域，已是千年之后。土地依然是那片土地，却什么都变了。

西域的地缘板块很独特。它的本土有广袤的沙漠，不适合大规模农耕，也不适合大规模放牧，农、牧经济都只能沾一点。这样的地方不能自发形成独立的文化。

西域又处于大国博弈的交汇点。汉朝和匈奴争锋，西域的小国是墙头草，哪国强大就向哪边倒。南北朝时期，东方较少干预西域，于是西域形成几个大的邦国。但是突厥人强大以后，西域又成为西突厥的地盘。

唐朝崛起，就在西域设立安西和北庭都护府。所以安西和北庭都护府处于四战之地，东北方是突厥和回鹘，东方是大唐，南方是吐蕃，西方是大食（阿拉伯）。不论哪方强大，都会进入西域参与国际博弈；而国力衰落之后也势必会退出。

首先退出的是大唐。

紧接着吐蕃衰落，也全面退出西域。回鹘汗国崩溃之后西迁，成为西域土地的新主人。回鹘不信佛、不信道，也没有儒家的礼义廉耻。回鹘人每天放牧、烤羊，吃饱就睡，精力旺盛的时候就起来打架。

后来归义军逐渐被回鹘和西夏吞并，北宋又没有实力及时跟进，所以西域的千里佛寺消退，几百年间完成文明更替。

1222年，丘处机到八鲁湾觐见成吉思汗。不过四百年而已，他经过的回纥城、昌八剌城、阿里马城已经几乎没有任何中原文明的景象。

往事越千年。

宋朝的西线边疆止步于陕西，元朝时西域属察合台汗国，明朝疆域大部分时候都停顿在嘉峪关内。

直到清朝彻底击败准噶尔部，中原王朝的军队才再次见到胡杨林。乾隆皇帝将西域取名为"新疆"，取"故土新归"之意，并派伊犁将军管辖。

进入19世纪，列强视中国为肥肉。李鸿章主张重点防御海疆，防止英、法、美、日等国从大海而来，扰乱大清的财赋重地。而左宗棠主张"海塞并重"，因为西边有强大的俄国和经印度而来的英国。这就是晚清的"海防与塞防之争"。

平心而论，二人坚持的立场都有道理，大清国一个都不能舍弃。但是李鸿章却主张放弃新疆："咱国土太大，不要了。"

这下就把"钢铁硬汉"左宗棠惹火了，160万平方千米的土地，说不要就不要了？敢情丢的不是李中堂家的地。

于是，左宗棠给朝廷写了一封万言书："天山南北两路粮产丰富，瓜果累累、牛羊遍野、牧马成群。煤、铁、金、银、玉石藏量极为丰富。所谓千里荒漠，实为聚宝之盆。东则海防，西则塞防，二者并重。"

幸好，还有明白事理的人，一个是军机大臣文祥，另一个就是慈禧太后。不管后世给老太太什么评价，但是涉及自己利益的问题，慈禧态度还是很坚定的。

接着，六十四岁的陕甘总督左宗棠，披挂上阵。

当时的新疆，早已被阿古柏割据，建立"洪福汗国"。1868年，英国就向阿古柏赠送了大批军火；维多利亚女王还写了亲笔信，向阿古柏致以亲切的问候。1872年，俄国也与"洪福汗国"签订了条约。

这样一来问题就变得很严重。在安史之乱以后，新疆已将近千年不与中原交流，直到乾隆时期才再次被收复，到此时也不过一百多年。

如果没有左宗棠的强硬态度，新疆恐怕比蒙古国更早脱离中国，我们今天真的是"西出阳关无故人"了。

既然下定决心，那就干吧。左宗棠亲手制定了西征的战略：缓进速决。

首先是钱。左宗棠预计需要800万两白银的军费，但实际到账只有500万两。怎么办呢？他准备向外国银行借钱应急。朝廷也还算给力。在左宗棠向外国银行借钱之后，朝廷看到左宗棠的决心，也大手笔支持。

据统计，1876—1880年，收复新疆共花费5000万两白银，平均每年要用1000万两，占朝廷年收入的15%。

然后是武器。左宗棠向洋人买，向朝廷要，费尽心机为西征军弄来了劈山炮、来复炮、后膛枪等装备。

英国历史学家包罗杰说："这支军队基本近似一个欧洲强国的军队。"中国最优秀的统帅、视死如归的军队、世界一流的装备、朝廷的大力支持——此时的阿古柏，生命已进入倒计时。

1876年3月，左宗棠离开兰州，挥师西进。

战斗过程毫无悬念，1878年1月，盘踞新疆十二年的阿古柏军事集团被全歼，新疆收复。

在一路向西的行军路上，左宗棠命人随时种植杨柳树，仅甘肃就种活26万株，老部下杨昌浚为此写了一首诗："大将筹边未肯还，湖湘子弟满天山。新栽杨柳三千里，引得春风度玉关。"

七十年后，新疆又迎来另一批湖湘子弟。

1949年8月，彭德怀率西北野战军攻克兰州，第一兵团王震率部队解放青海，然后北上翻越祁连山，经张掖、酒泉直逼新疆。

9月25日，陶峙岳通电起义，王震带部队进驻乌鲁木齐。

1954年，中央政府命令组建"中国人民解放军新疆军区生产建设兵团"，彻底奠定新疆的格局。

时隔整整一千年，郭昕和白发老兵，终于等来援兵。

西域终于回家了。

我们一度不相信感动，甚至感觉崇高的价值都很虚伪。

这是经济发展特定阶段的正常现象，但不会是新的价值观，当经济发展走过群魔乱舞的时代，一切都会沉淀。

那些解构和戏谑，可能不会失去市场，但崇高的价值观一定会回潮，最终和欲望达到互相平衡的状态。

到那时就不一样了。

我们看到新疆的地图，会为遗失的文明而叹息，会为安西、北庭的老兵而流泪，也会为匹马戍凉州的张议潮而热血澎湃。

午夜梦回，能感受到身上的热血。

戏谑的价值观不可能承载复兴的重担。白发老兵和湖湘子弟的信念，是感动历史的力量。

小人物的信念，是大国的底气。

大唐如此，中国如此。

唐玄宗李隆基：明君的末路

于朝阳

马嵬驿事件，实际是统治者最忌讳的兵变。唐玄宗之前就因为儿子披甲进宫，便认定他们谋反，从而一天杀死三个亲生骨肉。而马嵬驿这次实打实的兵变，他为什么会一直到抵达成都，都无可奈何地默认了？这些兵变的参与者可都是亲兵近卫啊，还要护送他千里行程，为什么他事后一直没有警惕措施？

兵变后入蜀时，恰遇从蜀地向长安运送春彩贡赋的车队。这支准备进京的运输队伍对皇帝出逃尚不知情。玄宗临时起意，将春彩就地分给了护驾入蜀的禁军兵士，兵士无不感动。不罚反赏，去留自愿——老皇帝依然是驾驭人心和安抚情绪的好手。

再看马嵬驿兵变，没人策划，这些士兵居然有那么高的政治觉悟杀丞相，还斩草除根？又有几个人能指挥得动这些玄宗专门挑选的亲兵？马嵬驿背后有人煽动，是普遍的看法。

一种看法是，马嵬驿兵变的幕后推手是太子李亨，主要发起者和实施者是领兵的陈玄礼。但陈玄礼与李亨在兵变前后都几乎没有交集，这一点说不通。也有人反过来认为这次兵变像是未经策划的偶然群体事件，是突发的禁军哗变，被太子顺水推舟。

唐玄宗晚年心态确实变化很大，马嵬驿兵变也有很多地方从道理上讲不通。那么这次群体事件，就只能赖杨国忠名声太臭，是个偶然事件。其实认清马嵬驿兵变动因的瓶颈正在于，很多人总把晚年的唐玄宗看成一个苦哈哈的糊涂小老头，后来的文学作品也一直在突出他这种苦哈哈的晚年形象。人们把所有可能策动事变的人都猜了个遍，却唯独没人愿意猜是极有可能性的唐玄宗本人。因为这样的真相太没有文学价值了，会让后来那么多描绘明皇与贵妃的文学名篇都变成浅白的戏说而失却美感。从情感上，几乎所有人都选择性地忽视唐玄宗本人。更重要的是，这种皇帝本人策动兵变的解读，对于当时的太子——后来的皇帝李亨而言，太缺乏舆论价值。

本文作一个大胆的猜想：杨国忠之死，甚至杨贵妃之死，根本就是玄宗本人的意愿。观点已抛，仅为个人依据人性和主观线索作出的推测，并进行了详细剖析。引用和解读史料里的相关证据，会放在后边段落细细分享。首先，我们需要梳理并基本了解一下这次事件中的各方角色关系。

事件相关人物

马嵬驿兵变的背景大家都知道，唐玄宗一看长安要丢，号称要亲征，却摆了百官和京师百姓一道，趁夜色带着一千多人，包括重要的禁军宿卫兵、高官和皇子皇孙、皇妃，秘密逃往蜀郡。刚走了一天，还没出长安百里，就发生了马嵬驿兵变。这千余人中，应当还有一定数量的负责运输的扈从，禁军只有六百多人。按照这个人员配置和兵力数量，以及逃亡的秘密性质，唐玄宗带着记注起居的史官逃跑的可能性极小。所以此事件过程的一手档案，应为局势稳定之后根据相关人物口述回忆所作的补录。从后来的立场上讲，唐肃宗为了给自己得位的合法性辩解，增添自己在关键时刻的功绩和威望，也会极力对整个玄宗朝做文学性和形象化的修饰。对马嵬驿这段肃宗获得权力的首要节点的解释，也最具打马虎眼的条件。现在主流认为的这个凄美的结局，也最符合时人、后人的期待，也是时人在评判玄宗功与过之间取得的巧妙平衡，因而成了一个著名的"历史迷魂阵"。

马嵬驿兵变中，在场或不在场的一些相关人物有：

唐玄宗：七十一岁。被杨国忠极力鼓动，前往蜀郡避祸。于是下定决心，偷偷逃离长安，前往蜀郡。

陈玄礼：年龄不详，但根据其曾参与玄宗早年发动诛杀韦后的宫变记录，他追随玄宗至少四十六年，年龄应不低于六十五岁。考虑到他在玄宗二十多岁时已任果毅都尉，马嵬驿兵变时很可能有七十岁左右。性格"淳笃自检"，一直宿卫宫中，从玄宗继位起，深受玄宗信任长达四十五年。马嵬驿兵变时，任禁军龙武大将军，正二品，属于直接对皇帝人身安全负责的禁军最高统领。作为当时护送玄宗入蜀的仅有的六百多禁军扈从的指挥官，相当于玄宗身边第一亲信。他是马嵬驿兵变主事者，兵变发生前曾试图找太子李亨商讨行动，并通过宦官李辅国向太子提前知会此事。杨国忠被诛后，率众向玄宗请杀杨妃。杨妃死后，玄宗召他亲自查看杨妃尸体，他首先率众向皇帝请罪。从玄宗入蜀，到一年多后玄宗回长安，一直到玄宗被软禁前，陈玄礼始终跟随玄宗。玄宗被软禁时，他被肃宗强令致仕，外放后病死。

太子李亨：四十五岁。前太子被皇帝杀死后，顺位成为太子。在长寿的玄宗的常年弹压下，他是一直战战兢兢的老太子。陈玄礼在行动前曾派李辅国知会太子，将诛杀杨国忠；但太子犹豫不决，并未答应。马嵬驿兵变第二天，太子就与玄宗分道扬镳，去了西北朔方军大本营；并很快登基，自立为帝。

杨国忠：早年入川从军，在蜀地起家，长期经营蜀地军事人事，遥领剑南节度使。唐玄宗逃亡前不久仍节制剑南。他是年老昏聩的唐玄宗偏信偏听的宠臣，是宰相，也是死去的权相李林甫晚年的政敌；杨贵妃的远房族兄、结义兄长，与杨贵妃姐姐虢国夫人相好。杨国忠极力鼓动玄宗入蜀。他本人与杨氏一族，也是安禄山"清君侧"的主要讨伐对象。杨国忠被杀后，受兵变牵连被诛杀的还有其长子——户部侍郎杨暄，以及御史大夫魏方进、杨贵妃、韩国夫人、秦国夫人等亲戚。杨国忠的妻子裴柔与二人幼子杨晞、虢国夫人与其子裴徽趁乱逃走后，被地方县令率兵杀死。

杨玉环：贵妃，玄宗晚年宠妃，总领后宫。她是堂兄杨国忠获得唐玄宗赏识的举荐人，是杨氏家族在前朝获得荣宠的首要因素。在安禄山攻陷东都、进攻京师门户潼关的紧要关头，以企图含石自尽的方式，成功阻止唐玄宗御驾亲征、提振士气的决策。潼关被破，玄宗带其逃往蜀郡。杨玉环在马嵬驿被逼自杀。

安禄山：三镇节度使，拥兵自重，安史之乱发动者。平素尊重李林甫，是杨国忠政敌。以忧国靖难为由，声称奉密诏讨伐杨国忠；以"清君侧"的口

唐玄宗李隆基：明君的末路　179

实，率军反叛。其攻陷洛阳后称帝。攻陷潼关后，玄宗被迫离京出逃。

韦见素：副相，杨国忠党。为杨国忠所提携。在马嵬驿兵变中险些被杀，关键时刻被陈玄礼保下，而且是玄宗授意陈玄礼针对性保护。玄宗入蜀后，被玄宗派去肃宗阵营，名为效力，实为监视，备受肃宗冷落。

魏方进：杨国忠亲戚，杨党重要成员。御史大夫兼负责布置逃亡队伍中途食宿之所的置顿使。杨国忠被诛时，魏方进呵责杀杨的兵士后，为士兵所杀。

韦鄂：韦见素之子。在杨国忠被诛、玄宗为是否杀杨贵妃而犹豫的最后时刻，力劝玄宗必须杀妃。

高力士：七十二岁，比玄宗还大一岁，也是与玄宗相识几十年、从龙之时便追随的老部下。玄宗一生最忠心和信任的贴身太监。兼领掌管北衙禁军马政的内飞龙使，属于内廷重要人物。最后时刻力劝玄宗杀贵妃。安史之乱后始终跟随玄宗。玄宗被软禁后，他被肃宗定罪流放，得知玄宗驾崩，吐血而死。

李辅国：太子李亨的亲信宦官。陈玄礼在事变前将要杀杨国忠的消息透露给李辅国，让李辅国转达给太子，希望太子支持。太子犹豫，未能决断。一场影响权力格局的兵变，指挥者陈玄礼竟然只是通过他跟太子知会了一声，根本没有与太子面谈。

皇子李璬：颍王，在玄宗出逃前，临时受封，代替杨国忠遥领剑南节度使。跟随玄宗出逃，在马嵬驿兵变发生后，当即离队，快马入蜀，提前掌握蜀中局势以迎玄宗。玄宗入蜀后不久，其节制剑南的权力被崔圆取代。

崔圆（此时在成都）：剑南节度留后，大致可理解为代理节度使。因宰相杨国忠遥领剑南节度使、节制剑南兵权，崔圆任留后三年，始终未能担任节度使。崔圆由萧炅推荐给李林甫，走入仕途，属于李林甫一党。与杨国忠无交情。因李林甫与杨国忠为政敌，故崔圆也是杨国忠的敌对势力。玄宗出逃前任命崔圆为剑南副节度使，坐镇蜀中迎接玄宗。玄宗入蜀后，崔圆取代颍王，依旧代理剑南节度使，玄宗回长安后转正为剑南节度使。

章仇兼琼（此时已死）：前任剑南节度使，杨国忠党。是杨国忠获得杨贵妃赏识的举荐人。

鲜于仲通（此时已死）：前任剑南节度使，杨国忠党。是杨国忠获得章仇兼琼赏识的举荐人。

诛杨的第一个动机

> 丙辰，次马嵬驿，诸卫顿军不进。龙武大将军陈玄礼奏曰："逆胡指阙，以诛国忠为名，然中外群情，不无嫌怨。今国步艰阻，乘舆震荡，陛下宜徇群情，为社稷大计，国忠之徒，可置之于法。"
> （《旧唐书·玄宗本纪》）

谁说唐玄宗不知情？正史《旧唐书》记载，陈玄礼是明确向唐玄宗请杀杨国忠之后才动手的。

陈玄礼这个事件明面上的核心人物，从年少时就跟随唐玄宗出生入死近半个世纪，是负责皇帝平日人身安全的心腹禁军统领，是入蜀危局下所有亲兵护卫的总指挥，性格又谨慎安分，"淳笃自检"。其职位、资历与忠心程度，谁能使唤得了？恐怕太子也使唤不动。马嵬驿兵变前，是陈玄礼主动找近侍李辅国向太子传话，太子犹豫还没答应，接着就发生了兵变。陈玄礼只是让李辅国传个话，没有与太子直接见面沟通，太子几乎没有机会参与策划。所谓太子参与兵变，也就仅仅李辅国这一条线能得搭上而已。提出杀杨国忠的主动方，明显是陈玄礼。其麾下士兵，是禁军六部，即使对杨国忠有怨言，但在危难时刻要挟皇帝，对这些士兵本人来说也没有现实的实际好处。从士兵利益动机的角度来讲，无人煽动的可能性较小。

陈玄礼是在兵变前就向玄宗进言要杀杨国忠，虽然没有记载玄宗面对陈玄礼的奏陈是如何表示的，但皇帝显然知道陈玄礼的意图和动机。

而且，陈玄礼试图杀杨国忠，已经不是第一次了。

> 及安禄山反，玄礼欲于城中诛杨国忠，事不果，竟于马嵬斩之。
> （《旧唐书·王毛仲（陈玄礼附）列传》）

> 安禄山反，谋诛杨国忠阙下，不克；至马嵬，卒诛之。（《新唐书·陈玄礼列传》）

> 右龙武大将军陈玄礼谋杀国忠，不克。（《新唐书·杨国忠列传》）

谁说陈玄礼是看到士兵哗变，临时起意或没办法了才杀杨国忠？陈玄礼在长安时就准备对杨国忠实施暗杀。根据杨国忠后来并无提防的表现来看，杨国忠之前可能并未察觉。所以陈玄礼在京师杀杨国忠没有成功，是拖到马嵬驿才最终成功的。

这些明摆着的史料，很多研究这段历史、持"偶然哗变说"的专家，都没有提及并解释过。如果一个人反复地要杀另一个人，多次谋划和下手才成功，那么最后成功杀害的这次，有多大可能性是出于偶然？结合屡次谋杀杨国忠的史实来看，兵变不大可能是偶然发生的群体事件。

陈玄礼在长安的那次行动的具体时间，并没有被记录。如果是发生在潼关陷落前后，那就更加印证了此事的谋划中有玄宗的影子，是一个既定的方略。否则作为负责宫禁的禁军头领，作为远离前朝斗争的内廷近臣，陈玄礼在京师杀首相明显是越俎代庖，动机不够。其暗杀行为会影响国家命运与战局走向，带来政治后果，他仅仅作为内廷势力的禁军龙武大将军，个人也承担不起。说他是替老糊涂且不知情的玄宗操心，就擅杀外戚——这心未免也操得太过、太大胆了，不符合他"淳笃自检"、一贯安守职责本分的性格。这场在京师内不成功的诛杨行动，在正史里仅于列传中一笔带过——这种采编方式也可能是史家突出玄宗过度宠幸杨国忠的春秋笔法，遮掩玄宗亡羊补牢的痕迹。这样可以突出马嵬驿兵变的偶然性，进一步向"糊涂"的玄宗全面推责。

从士兵的角度讲，逼迫皇帝杀了他的妃子和大舅子，然后继续护送皇帝入蜀，这是只会增加自身风险、对于目标或结果却毫无价值的事情。如果士兵是担忧自家留京的亲眷，排斥入蜀，兵变的方向就应该是拥立或者追随太子留在北方。如果说士兵仅仅是临时哗变泄愤，那陈玄礼不止一次实施诛杨计划，还在哗变前去联络太子——那这"临时突发"的哗变，也未免太有计划性了吧。

> 国忠集百官于朝堂，惶懅流涕；问以策略，皆唯唯不对。国忠

曰："人告禄山反状已十年，上不之信，今日之事，非宰相之过。"（《资治通鉴·唐纪》）

平明渡便桥，国忠欲断桥。上曰："后来者何以能济？"命缓之。（《旧唐书·玄宗本纪》）

上过左藏，杨国忠请焚之，曰："无为贼守。"上愀然曰："贼来不得，必更敛于百姓；不如与之，无重困吾赤子。"（《资治通鉴·唐纪》）

虽然玄宗确为性命考虑，存在积极入蜀的意愿，但入蜀避难也一直是杨国忠鼓动的方策。而且玄宗逃跑后，杨国忠企图烧毁左藏库，被玄宗阻拦；事后又擅自烧毁便桥，以断玄宗队伍退路，阻碍留京亲眷跟随队伍。玄宗得知后紧急制止。玄宗当了四十多年皇帝，此时会感觉不到杨国忠的意图和越权？

是月，玄宗苍黄出幸，莫知所诣。……见素与国忠、御史大夫魏方进遇上于延秋门，便扈从之咸阳。（《旧唐书·韦见素列传》）

在《旧唐书》的记载中，《韦见素列传》与《玄宗本纪》的叙述略有差别：玄宗队伍黎明悄悄离京，队伍并没有具体的逃离方向。但皇帝队伍刚出城门却遇上杨国忠、韦见素、魏方进这三个杨党核心人物，皇帝是遇见三人后才决定向西的。

但玄宗不可能是没有方向的，因为离京前，玄宗就让皇子李璬遥领剑南节度使，并下令安排蜀道沿路关隘为迎接李璬入蜀做准备——实则是为自己入蜀做准备。很可能玄宗从一开始逃离就没打算让杨国忠入队，知道安禄山不会放过他。杨国忠自己扑了个正着，加入队伍，却没想到跟着玄宗队伍也是他的死路。

"今日之事，非宰相之过。"在长安时，杨国忠就已经开始向皇帝推责。陈玄礼也不为人知地试图暗杀他。随驾逃离后，他又瞒着皇帝下令烧便桥、左藏，皇帝也派人阻止。玄宗与杨国忠的临危博弈其实已经是进行时了，此时二人之间根本没有信任可言了。《陈玄礼列传》的叙述视角，应是陈玄礼或其家族事后所提供的。陈玄礼在京城实施的是暗杀，杨党当时大概率并不知晓。《韦见素列传》的叙述视角，应是韦见素或其家族所提供的。结合这几点，可以大致猜测，如果陈玄礼的确一直在落实玄宗的诛杨意志，即使暗杀杨国忠成功，也不会被公开为皇帝的指示——至少在叛军形势转衰、玄宗离开蜀中回京之前不会。

杨国忠任宰相，独揽朝纲。玄宗仅一千余人的逃亡队伍里，杨国忠儿子为户部要员，亲戚为御史大夫，韦见素是杨党……随行仅有的重臣多是杨党。杨国忠起家自蜀郡，兼剑南节度使，此前两任剑南节度使都是他的亲信，可以说蜀郡兵权在杨党手中经营足有二十年。本应继任节度使的崔圆，在留后的位置上多年，迟迟不能转正，只因不是杨的人。可以说，此时的蜀郡已经是杨国忠经营多年的老巢，关系盘根错节。潼关陷落，杨国忠就极力鼓动皇帝入蜀偏安，甚至杨贵妃都用自杀来要挟玄宗放弃亲征东讨战略。潼关未丢，玄宗还有自信平叛，没有为难杨玉环的意思。但潼关失守，唐玄宗的自信程度和决策路线也就截然不同了。他后期虽然厌政，但几十年的政治家，这点利害应该还是掂量得清的。有杨国忠跟着，恐怕玄宗在蜀郡还有被挟以令诸侯的巨大隐患。

假如马嵬驿事件真的是唐玄宗的意思，那么为什么不直接赐死杨国忠呢？起码现在身边的卫队和将领，还是玄宗身边最牢靠的人；而且杨国忠根本不得这支队伍的人心。这是因为：蜀郡遍布杨国忠党羽，尤其是蜀郡军政被杨党把持多年，所以只要杨国忠本人一死，蜀地杨党就失去了纽带。可如果本受宠幸的蜀地杨党之首杨国忠之死，是皇帝亲手所为，就会刺激到蜀地杨党对玄宗的戒心，不利于玄宗入蜀后的稳定与安全。玄宗需要借刀杀人，以示自己对杨国忠并未失去信任。

杨国忠有可能挟天子以令诸侯吗？令诸侯，在安禄山强势夺下两京的节骨眼上，恐怕是难了；但挟天子，仍殷鉴不远。唐朝之所以能代隋，正是因为隋炀帝落跑江都，身边的将领以宇文化及马首是瞻，最后在江都逼杀了隋炀帝。这正是前朝与本朝交替之因。此时玄宗面临的处境与隋炀帝极其相似，比照历史案例之下不会没有顾虑。实际上，安史之乱是唐朝的分水岭。中央维系地方治理体系的通路渠道被大大破坏，唐廷集权能力严重受损，各地开始出现大量军阀。玄宗杀封常清、高仙芝，未必不是怕这些边疆大镇之节度使在关键时刻向安禄山妥协，然后为瓜分、坐定自己的地盘而出卖皇族。类似案例并不少，比如董卓之乱引发东汉军阀化，以及唐昭宗引虎拒狼，终被军阀完全控制。安禄山叛乱呈燎原之势，如果多方军阀同时掀桌子，晚唐和唐昭宗的悲剧提前百余年上演也并非完全没有可能。毕竟，封常清与高仙芝是一方军阀，而非像郭子仪、李光弼那样仅是皇族拔擢的中层将领出身。临阵连杀大将，玄宗究竟如何思考的，我们不得而知。但杀封、高二人，确实是有失大局，影响恶劣。那么，此前一直控制甚至遥领剑南节度使的杨国忠，无疑也是需要提防的人。只要唐玄宗想想这盛世急转而衰的时局命运与隋朝何其相似，想想这两京皆失的局面与隋朝何其相似，想想身为皇帝、率禁军出逃偏安的情节与隋朝何其相似，想想皇帝身边跟了一个大奸似忠且与逃亡目的地将领交往过密的宰相与隋朝何其相似，再想想隋炀帝被平日恭顺的宇文化及逼死的结局……恐怕只要能想到这里，就有了杀杨国忠的第一个理由，也是最大的理由：防止杨国忠以剑南势力挟持天子。关系到性命，理由就很充分了。

杨国忠在蜀中的势力之大，也不是我杜撰的，连当时禁军将士都能看出来。潼关陷落前，杨国忠也在明面上加紧布局汉中到成都的人事。

> 将士皆曰："国忠谋反，其将吏皆在蜀，不可往。"（《资治通鉴·唐纪》）

> 自禄山兵起，国忠以身领剑南节制，乃布置腹心于梁、益间，以图自全之计。（《旧唐书·杨国忠列传》）

杨国忠被杀时，带走的重要官员就是杨党另两个核心。但除了杨家亲属被株连，陈玄礼却受玄宗命令，亲自保护了同为杨党的副相韦见素——这也说明，此事件并非为了诛除杨党，而是针对杨国忠本人，以及靠裙带关系遍布朝堂的杨氏亲族。事实上在这种军事危机的节骨眼上，玄宗不可能在蜀中发动大规模的政治肃清。从某种意义上说，老皇帝多年不管政事，才有杨国忠结党。杨国忠一死，杨党便反而只能暂时围绕玄宗本人，更有利于玄宗控制此时的危险局面。

> 国忠走至西门内，军士追杀之，屠割肢体，以枪揭其首于驿门外；并杀其子户部侍郎暄及韩国、秦国夫人。御史大夫魏方进曰："汝曹何敢害宰相！"众又杀之。韦见素闻乱而出，为乱兵所挝，脑血流地。众曰："勿伤韦相公。"救之，得免。（《资治通鉴·唐纪》）

玄宗派人保护韦见素父子，却没能保下魏方进。但魏方进之死，明确记载为他呵责杀杨国忠的士兵时才被杀。马嵬驿之变后，有人建议往晋中。可这里仍紧邻安禄山势力，双方拉锯战非常激烈，"往晋中"显然是下策，没有被采纳。有人建议往西北，也就是太子之后所选朔方镇，这是有退有进的抗敌上策。可是老皇帝还是坚持选择最为保守、颇显退却之势的蜀中。因为蜀中腹地广阔，外缘封闭，易守难攻，易进难出，虽不利于与中原争锋，但偏安一隅的话，起码保几年性命，显然是最佳选择。这时替老皇帝说话的，恰恰是最利于安抚蜀地杨党的韦见素。救他的作用显而易见。如果魏方进能像韦见素一样识相点，不站在杨国忠本人的一边，学韦见素赶紧走开，不刺激士兵，或许也能保下性命。毕竟他虽然与杨国忠有亲戚关系，但位阶不高。

这样看来，这不像是临时爆发的哗变，其诛杀目标和范围是较为明确的：杨国忠及杨氏亲族。

诛杨的第二个动机

陈玄礼是对唐玄宗说完请杀杨国忠才动手的。杀杨国忠，玄宗知情并决策的可能性很大。但没有记载玄宗如何对答与决定。至于杨贵妃被逼自尽，是不是玄宗原意只想杀相，没想杀妃，但士兵们临时激愤和畏惧秋后算账而架住下不来台的玄宗？或是玄宗实在无颜让这个其实有深厚感情的"解语花"知道此事是自己所为，和陈玄礼演了一出双簧苦情戏？再或者，是玄宗对陈玄礼、高力士临时反悔，装傻想独留贵妃？毕竟，杀了枕边人的全家，还如何能维系往日那般如胶似漆的感情……恐怕杀她也是在预谋之中。

杨氏一族本就是安禄山发难的口号，杨家兄妹的官怨民愤一直都在。安禄山撒下了一个足以混淆视听、蒙骗世人的弥天大谎：唐廷早已被杨国忠所控制，温柔乡里的老皇帝已经被外戚所架空。即使安禄山在攻下洛阳时已经建燕称帝，但大唐皇帝是否还有人身自由，是否真的为杨氏外戚所控，恐怕天下舆论都仍存疑。天下对这种疑虑的加深，与玄宗在关键节骨眼上杀封常清、高仙芝的昏着儿也有关……安禄山阻断唐廷中央与河北、关东地区的联系，关东人民怎能不去想，安禄山所打旗号或许并非捕风捉影？关东官兵的苦苦坚守岂能不发生动摇？

可能在潼关陷落前，玄宗确实有回护杨玉环本人之意。所以京师暗杀，也许兼有皇帝不愿让贵妃知道他才是杀杨主凶的因素。但在马嵬驿时，形势与潼关陷落前已经截然不同。

"逆胡指阙，以诛国忠为名，然中外群情，不无嫌怨。"陈玄礼其实也讲明了这第二大理由：拔除安禄山"清君侧"的口实，以正天下视听。

与汉景帝诛晁错的逻辑相同，诛除杨氏一族，其实是拔掉叛军"清君侧"的口实，以消除叛军举兵的合理性，削弱叛军军心，向天下昭示唐廷与皇帝并非安禄山所捏造那般早已失控，以夺回舆论人心、揭露安禄山个人利益意图的必要之举。这才是政治。但在这段历史记载中，此种政治意图完全被文学性粉饰了。陈玄礼很明显是玄宗的人，主流却更相信是肃宗干的。从之前唐廷为潼关战略之争临阵杀大将，到贵妃含石阻唐玄宗亲征，再到杨国忠在逃亡路上与玄宗的策略冲突，说明玄宗和杨国忠已经越来越处于一种互相不能信任的危局博弈中。事实上，安禄山反叛已呈卷席之势，当时唐廷无力平叛。京师即将沦陷，唐朝已经是大厦将倾。而安禄山的直接发难理由就是杨国忠本人。此时，杨国忠也明白，自己随时可能是双方刀俎下的鱼肉。杨国忠此前敢与三镇节度使安禄山对抗，身后也是有一方军区支持的，就是剑南蜀军。争取掌握兵权，是此前兼任剑南节度使的杨国忠能够自主自保的最好方式；蜀中遍布杨党，又给他提供了这种可能性。而这与唐玄宗的利益已然是一种矛盾状态。他应该提防玄宗，至少也得提防玄宗身边的军人。或许他也被看似糊涂的老皇帝给麻痹了。

中国历史上有三次著名的以"清君侧"为发难理由的叛乱：

第一，汉景帝七国之乱，"诛晁错，清君侧"。汉景帝痛杀帝师，七国联军声势转衰。

第二，唐玄宗安史之乱，"讨杨国忠"，马嵬驿诛杀杨国忠，安禄山的声势转衰。

第三，建文帝靖难之役，"讨齐黄，清君侧"。建文帝始终力保齐、黄二人，对峙三年最终让燕王得胜，建文帝不知所终。

从历史经验来看，拔除"清君侧"叛乱口实的好处是非常明显的：杀掉"清君侧"对象的叛乱，是皇帝赢了；没杀掉清君侧对象的叛乱，是皇帝输了。

> 是时，天下以杨国忠骄纵召乱，莫不切齿。又，禄山起兵以诛国忠为名；王思礼密说哥舒翰，使抗表请诛国忠，翰不应。（《资治通鉴·唐纪》）

王思礼也曾谏言哥舒翰，让他向皇帝请杀杨国忠。可以看出这个拔除"清君侧"口实的诛杨动机，也是当时的形势使然，是当时很多人的共识，他们很容易想到。可是唐玄宗在潼关陷落之前，始终回护杨玉环，故力保杨家，仅仅对杨国忠个人有暗杀举动。所以连哥舒翰都不敢公开提这个明显正确却会触碰玄宗矛盾心理的、并不难想到的政治方案。陈玄礼在长安就曾对杨国忠动手，不至于会比王思礼向玄宗进言还晚。陈玄礼平日是玄宗身边的老人，这类内廷能关起门说话的亲信智囊还有高力士。他们这些跟了玄宗四十几年的铁杆老伙计，不至于没有私下暗示过玄宗，玄宗不大可能听不到。安禄山讨杨的谎言明明白白，诛杀杨国忠就会戳破谎言——玄宗自己也不大可能想不到。只是潼关陷落前，玄宗认为唐廷在军事实力上可以平叛。但玄宗出逃后，平叛信心已然崩溃，心态已变。他自己重新想到这一点，而且做出决策，也是很有可能的。

　　此朕之不明，悔无所及！
　　……
　　朕比来衰耄，托任失人，致逆胡乱常，须远避其锋。知卿等皆苍猝从朕，不得别父母妻子，茇涉至此，劳苦至矣，朕甚愧之。(《资治通鉴·唐纪》)

　　说到皇帝的心态，在潼关陷落前，玄宗是不想认错的，是焦躁、维护脸面的。叛乱刚起，安禄山都已经反了，他依然认为是杨国忠在造谣。玄宗始终是顶住朝堂的压力，几乎以自己的人格在保安禄山。安禄山本来也是想等七十岁的玄宗死后再动手，还念一点老皇帝的知遇之情。可杨国忠极力挑拨，狂揭安禄山老底，刺激得安禄山不得不提前动手……所以，安禄山反叛，对玄宗的情感、自尊心是极大的打击：待人推心置腹，却被人恩将仇报，堂堂资深盛世明主，被一手栽培出来的后辈戏耍于股掌之中……现实面前，连杨国忠也能对皇帝说风凉话了。怨愤难平，急于讨回脸面，当是玄宗焦躁失策的情绪因素。所以他杀封常清、高仙芝，逼哥舒翰，本质是自己不谙兵道，为催促平叛、尽快挽回脸面，外行瞎指挥内行。但是自打逃离长安之后，情势已经发展至此，不由得他不反省。于是，他在开始逃亡之后，反复反省并承认错误，说自己老了，糊涂了，失察了……这个心态的前后变化是极明显的，所以我不认同脸谱化地解读玄宗，认为他前边糊涂就始终糊涂。因为事态发展、心态发展，都是动态变化的。所以，此前他不愿意考虑的方案，这个时候很可能就心下暗自接受了。

知会太子的动机

　　陈玄礼以祸由杨国忠，欲诛之，因东宫宦者李辅国以告太子。太子未决。(《资治通鉴·唐纪》)

陈玄礼在行事前，其实无须得到太子的同意。他也不是第一次要杀杨了。他与太子也本无交集，太子最终也并未答应，更未助力于他，他仍然独立行事成功。知会太子几乎没有任何实际作用。太子与杨国忠不和，他也不必有得罪太子的顾虑。身为玄宗亲信、以性命相托的武将，他此时与太子接触，更是触碰皇帝逆鳞的行为。要知道，玄宗的多疑性格和对太子的提防，是举朝皆知的。之前储位之争，玄宗杀子可是没有一点仁慈和犯迷糊的表现。但陈玄礼仍旧与太子作不痛不痒的商讨与知会——或许是故意将此事往太子身上引，让人更多地往太子身上猜。让太子立于危地，以防太子周围聚党，是玄宗一贯的手段。如果确是玄宗故意为之，在陈玄礼背后这么明显的主仆关系下，他得尽可能用兵变撇清自己，混淆视听。后来玄宗也并未对陈玄礼的多此一举表示反感和秋后算账，反而与陈玄礼始终互相保持高度信任的关系——因而他很可能是提前知情的。而肃宗显然也没有去重用陈玄礼这个六十五岁以上、属于玄宗辈的老将军。玄宗回长安后，陈玄礼仍在兴庆宫追随玄宗。肃宗、玄宗与陈玄礼，都不像有太子与将军同谋后该有的事后表现。

毕竟，这时太子仍在入蜀队伍里，皇帝无法预知太子第二天会离队——那么太子入蜀后，蜀地杨党围绕皇帝而提防太子，是玄宗既有政治制衡状态的延续，显然对玄宗更有利。

很可能，杨党还在，玄宗是要把这件事往太子身上引。可后来杨党已经失势、瓦解，杨国忠的历史罪责已经明确，继位的太子反而希望历史的记录往自己身上引。所以，几方一起促成了这个奇怪的"合谋"。

诛除杨氏这个活儿，即使不是太子所为，后来的唐肃宗也不会介意揽到自己身上。虽有忤逆之嫌，却有除恶之功。起码在马嵬驿与玄宗分道扬镳之前，权力并不在太子那里。但这个事件如果归于太子，在后来舆论上对太子是有利的，能够塑造太子临危决断、挽扶危局、威严果敢的形象。毕竟安禄山就是打着诛杨国忠的党争旗号，天下对杨国忠的祸国地位当时是定论了。所以肃宗既不承认也不点破，不清不楚，无所谓认与不认，却使大家仅根据书面上的三言两语而认为他的作用很重要。

高力士作为玄宗最信任的人，直言杀妃；甚至很快补上杨国忠宰相之位的韦见素，其子韦鄂也直言相谏杀妃。他们是否提前就知晓玄宗本来的意思，玄宗是否临时犹豫，想争取独留贵妃，刻意试探群臣与侍卫的底线——都未可知。但对杨玉环的死，玄宗后期有懊悔和伤悲，却无任何怨言和追责。总之，贵妃是被他杀了。

> 上议亲征，辛丑，制太子监国，谓宰相曰："朕在位垂五十载，倦于忧勤，去秋已欲传位太子；值水旱相仍，不欲以余灾遗子孙，淹留俟稍丰。不意逆胡横发，朕当亲征，且使之监国。事平之日，朕将高枕无为矣。"杨国忠大惧，退谓韩、虢、秦三夫人曰："太子素恶吾家专横久矣，若一旦得天下，吾与姊妹并命在旦暮矣！"相与聚哭，使三夫人说贵妃，衔土请命于上；事遂寝。（《资治通鉴·唐纪》）

唐玄宗反复临阵杀将，是遂了杨玉环的心意。在潼关被破前，玄宗虽然屡出昏着儿，显得急躁，但对平叛，对京师安全、自身安全是基本有信心的。事实上安禄山对潼关久攻难破，河北老巢又被郭子仪、李光弼打得愈发不稳。长此以往，叛军会腹背受敌，安禄山也是相当焦虑的。在潼关陷落前，唐朝的据守优势还很明显。玄宗在那时提出传位太子和御驾亲征，也是传递给太子的积极信号。玄宗在潼关陷落前，仍然是把杨玉环放在第一位的；所以逼着一线大将搞政治站队，最终误了大事。

这些只是一种基于史料框架，解构人物心理动机后的猜测。但我个人觉得，可能性不比太子策划此事小多少。因为观察玄宗，绝对不能忽略他是一个政治家。玄宗选择了退却，但他还不至于要让整个大唐都跟着他退却。马嵬驿兵变的本质，很可能根本就不是兵变，而是玄宗利用近臣制造兵谏假象，进行的一次皇帝本人策划的有针对性、有目标人员范围且可控的灭杀行动。当然，士兵可能是有情绪的。我与主流看法所异之处，仅在于这种情绪为谁所利用。主流认为是太子，或单纯是陈玄礼，我认为背后真正的人是玄宗。

诛杨的第三个动机

> 安禄山不意上遽西幸，遣使止崔乾兵留潼关，凡十日，乃遣孙孝哲将兵入长安。（《资治通鉴·唐纪》）

初九潼关陷落。十二日黄昏，玄宗厚赐随驾禁军钱财和布匹，十三日黎明从长安出发，十四日历四十余千米到达马嵬驿，驻留到十五日出发，十七日历一百千米到达扶风郡，十八日历一百五十千米到达陈仓，二十日历一百八十千米转为南向到达散关，进入蜀道。安禄山兵马进入长安，则是玄宗出逃十天之后的事情。这个时间差很关键。

> 仗下，士民惊扰奔走，不知所之，市里萧条。……甲午，百官朝者什无一二。……上过便桥，杨国忠使人焚桥。上曰："士庶各避贼求生，奈何绝其路！"留内侍监高力士，使扑灭乃来。……甲子，上至普安，宪部侍郎房琯来谒见。上之发长安也，群臣多不知，至咸阳，谓高力士曰："朝臣谁当来，谁不来？"……于是王公、士民四出逃窜，山谷细民争入宫禁及王公第舍，盗取金宝，或乘驴上殿。（《资治通鉴·唐纪》）

根据这些记录，早在玄宗出逃前，京城里有钱有实力的，就已经开始纷纷出逃。玄宗出逃后，"王公、士民"等有能力逃跑的，也大多跑空。有"士庶"与官员紧随玄宗队伍其后而来。

> 乙未，黎明，上独与贵妃姊妹、皇子、妃、主、皇孙、杨国忠、韦见素、魏方进、陈玄礼及亲近宦官、宫人出延秋门，妃、主、皇孙之在外者，皆委之而去。……安禄山使孙孝哲杀霍国长公主及王妃、驸马等于崇仁坊，剔其心，以祭安庆宗。凡杨国忠、高力士之党及禄山素所恶者皆杀之，凡八十三人，或以铁楇揭其脑盖，流血满街。己巳，又杀皇孙及郡、县主二十余人。（《资治通鉴·唐纪》）

玄宗带走了宫中的贵妃一家，皇子、皇妃、皇孙，但来不及带走宫外的。宫外的，应该是宗室远亲居多。所以安禄山攻入长安后，屠杀的多是与皇帝血缘较远的不得势的王妃、驸马、郡主、县主，皇孙大概也是宗室旁支居多。真正被杀的公主，只有因被逼与获罪驸马离婚而与玄宗交恶的、同样年迈的玄宗亲妹：霍国长公主。

实际上，玄宗虽然是瞒着众人仓皇出逃的，但并非安禄山兵临城下才出逃。玄宗仅给扈从士兵留了从黄昏到黎明一个晚上的时间做安排整顿。玄宗时期的禁军，据推断多为京师侠少、长安大户子弟，多是常年混城的游侠纨绔，并非两耳不闻营外事的一般兵源。玄宗厚赐之后，无法断定仅仅一个晚上的时间，这些财帛是否能够顺利流入扈从禁军家中。虽然禁军没来得及与家人道别，但我认为既然赐的是帛物，应当能够通过一定的渠道送至多数扈从的家中。或许这也可理解为资助他们家人跟随逃亡的路费？

> 王、侯、将、相扈从车驾、家留长安者，诛及婴孩。（《资治通鉴·唐纪》）

所以，从玄宗出逃到安禄山兵马进入长安的几天里，有能力安排全家出逃的，应该是已经跟着玄宗队伍逃走了。禁军家人中，也有没能力出逃的，最终只能成为殉葬品。所以，字字珠玑的史笔，也会强调一句"家留长安者"，即扈从禁军没能力出逃的家人，被安禄山杀绝，连婴儿都不放过。但这句强调之语，同时可以理解为，也有"家未留长安者"，否则不必多此一言。所以玄宗做了些许起码的安排——因为这关系到皇帝托付人身安全的禁军的忠诚，关系到自己的性命。本为躲避叛军逃命，如果不提防身边的禁军，反而被禁军累杀，岂不是事与愿违？

扈从士兵有无法放下的后顾之忧。很多坚信是马嵬驿哗变的人，讲到这种情绪，会强调士兵在马嵬驿吃不饱饭，所以才闹事。但这只是明面上的理由。当时的置顿史是魏方进，杀，也应该是先杀魏方进。但士兵却是围着杨国忠喊"没吃的了"；杨死后，魏方进在旁边斥责士兵，才被杀。实际上兴平离西安不远，队伍从长安到马嵬坡只刚走了一天多，仍然是京兆府辖区内。当地的官吏跑了，所以才暂时没有足够的食物。等后几日行进到扶风一带的郡县时，军队的补给基本就解决了。一天的时间，士兵饿肚子的积怨，还不至于到兵变的程度。扈从有杀杨的情绪，恐怕还是和他断军属后路有直接关系。

杀杨国忠，确实能够泄愤，因为杨国忠试图烧左藏库与便桥的做法，不仅是阻挠叛军，也是断禁军家人的逃亡路线、断玄宗的后路。因为这不是兵临城下的出逃，这次出逃给后来者留有能够跟随的一定的时间差。杨国忠不仅不忌惮玄宗，更想不到自己所为会引起士兵的愤怒。玄宗这时主动派高力士等人，屡次及时制止了杨国忠的断路做法，他岂会不明白禁军的心思和情绪？所以说，禁军杀杨国忠，玄宗蒙在鼓里——在我看来可能性不大。从这里来看，仅任宰相不过两三年的杨国忠，政治嗅觉与危机敏感度是远不如玄宗的。这种低劣的战略头脑与政治嗅觉，如果真的让他到了蜀中，像宇文化及那样做出挟君甚至弑君的蠢事，也不是不可能。

从这几处记录来看，我个人倾向于认为：大部分禁军的家人是有能力和足够的时间逃走的。否则那支数百人的禁军，就不会仅仅是闹一些情绪、发一些牢骚，更不会是玄宗杀个权臣、流点眼泪、说些感人的话、分点财帛贡品，就可以轻易安抚的了。所以，禁军一直有情绪——而且情绪一直从十三日延续到十七日。玄宗在扶风提出给兵士们分蜀中进贡来的春彩，让他们按自己意愿决定去留，并表示愧疚与感激时，这种情绪才被彻底化解。

> 己亥，上至岐山。或言贼前锋且至，上遽过，宿扶风郡。士卒潜怀去就，往往流言不逊；陈玄礼不能制，上患之。会成都贡春彩十余万匹，至扶风，上命悉陈之于庭，召将士入，临轩谕之曰："朕比来衰耄，托任失人，致逆胡乱常，须远避其锋。知卿等皆苍猝从朕，不得别父母妻子；跋涉至此，劳苦至矣，朕甚愧之。蜀路阻长，郡县褊小，人马众多，或不能供，今听卿等各还家；朕独与子、孙、中官前行入蜀，亦足自达。今日与卿等诀别，可共分此彩以备资粮。若归，见父母及长安父老，为朕致意，各好自爱也！"因泣下沾襟。众皆哭，曰："臣等死生从陛下，不敢有贰！"上良久曰："去留听卿。"自是流言始息。（《资治通鉴·唐纪》）

因此，本人认为：马嵬驿事件中谁利用这股情绪发动了事变，史家各有看法，但不可否定这种情绪的存在。天理人情，任谁和自己即将陷入危险的家人失去联系，都不会无动于衷、没有担忧和情绪。唐玄宗最后化解这种情绪，恰恰是因为他有感性和富有同理心的一面——否则，作秀都作不到点上。安禄山在形势大好、风头最劲时内乱外颓，根本保存不住胜利果实——不得不说，暴戾昏聩之主，与老来屡屡糊涂却尚留有待众之明达的唐玄宗对比，是差得很远的……差的，或许不是智商，而是情商。杨国忠亦如是。

杨国忠麻木作死而不自知，断禁军家属后路，激起兵将群体情绪，也给处于险地的玄宗制造了管理难题——这是杀他的第三个理由。有这三个理由叠加，玄宗还不杀他，那真如同自杀了。

有些人认为马嵬驿兵变仅仅是陈玄礼暗地里为不知情的玄宗解忧——这严重低估了玄宗对禁军动向的敏感度。

唐朝在开国的一二代交替时，就发生过因控制禁军而成功的玄武门政变，开了一个容易引起子孙效法的坏头。所以唐代宫廷政变尤其多，尤其是起于禁军的兵变。

李隆基本人的成长岁月中，便目睹了通过控制禁军而发动并成功的神龙政变，和发动但失败的景隆政变。唐玄宗本人后来诛除韦后时，通过勾连禁军，策划、发动了唐隆政变；诛除太平公主和向睿宗夺权时，又抢夺禁军指挥权，策划、发动了先天政变……玄宗杀太子李瑛、鄂王李瑶、光王李琚时，也是认定他们意图发动禁宫政变。他对勾结禁卫的行为毫不手软……

正是因为玄宗对禁军的形势与动向极为敏感，所以他多次利用禁军，跳跃式地获取了巨大声望和权力。由于玄宗深知禁军的关键性，他在开元时期推动了北衙禁军的募兵化、内廷化、私属化。人家玄宗是"禁军专家"啊，绝对能明察秋毫，有人却认为玄宗不知道禁军要闹情绪？

玄宗晚年的糊涂在于任将多疑，不顾大局。这种表现持续到潼关被破，玄宗连与叛军对峙的信心都彻底丧失。这可能与玄宗极力回护杨玉环的心态有关。但玄宗信心崩溃，选择出逃，实际也反映出他对杨氏心态的改变。

面临全局战争，玄宗的军事能力或许是不足的。但玄宗管了一辈子禁军，控制禁军发动兵变可以说是玄宗发家的老本行，高度依赖数百禁卫逃亡时，他对禁军形势岂会那么不敏感？这是玄宗最傲人的职业能力与职业经验之一。陈玄礼策划这件事，玄宗无所察觉，甚至毫不知情的可能性并不大。认为玄宗对政变和禁军情绪无所察觉、没有应对举措，把玄宗理解成一个完全被动的糊涂小老头，无异于说迈克·乔丹由于年龄太大，很久没有打过比赛，所以会像一个生瓜蛋子一样在限制区傻站三秒，像个没摸过篮球的孩子一样犯规……当时士兵有情绪是肯定的，我们看区区数百字史料都能感受到的情势，玄宗面临性命攸关的形势，亲历亲见，岂会浑浑噩噩而只知整日赶路，而没有思考应对？

李亨做太子时，常年受到玄宗恐慑。鉴于前太子李瑛触碰禁宫兵事的教训，仍在玄宗控制中时，李亨最不敢碰的也是禁军这一块。因此"太子不决"也就可以理解了。所以史书所记载的事件经过，大致不会有问题，本文也没有质疑。但对史料中人物所刻意展现的言辞立场，我怀疑是一整场有预谋的表演；顺着其思路解读，有多处违背情理，颠覆人物既往性格表现及现实成就，显得过于表象化。

放走太子的动机

除了诛杨，太子借民意与入蜀的玄宗分道扬镳，留在北方抗敌，甚至也极有可能是玄宗的意思。

因为以玄宗的性格，到晚年已经是十分厌政了。除了兵权、财权、任免权，一概都不愿多想多管，总想做个甩手掌柜。玄宗虽然杀过一次太子，但他对武惠妃所生、李林甫力挺、曾是杨贵妃前夫的寿王李瑁，打了那多年马虎眼，就是不给太子位。精于识人的玄宗看别人看得准，自己几个儿子什么样，想必也了然于胸。他为了法统稳定，最后把太子位给了本当顺位继承的李亨。李亨战战兢兢这么多年，玄宗也只是任由李林甫和杨国忠轮流吓唬吓唬他，而没有真的废掉他。这说明玄宗并无随意更储的意思，江山迟早是太子的。七十岁高龄的老皇帝，仅指望着多活两年，别像李渊那老祖宗和李旦老爹一样，最后被架空、失去人身自由就成。可是安史之乱，把这个局搅黄了。入蜀偏安的唐玄宗，清清楚楚，明明白白，就是为了活命，不想管这烂摊子。但老到的他也明白，一旦皇室彻底南迁入蜀，大唐道统也就崩溃了。北方平叛各方没了主心骨和斗志，很可能相继投降安禄山，或者割据一方成为摇摆军阀。北方彻底沦陷或分裂，巴蜀一隅也终将为强弩之末，无法独存；自己的地位和性命，依旧难保。留太子，空留危如累卵的皇帝权力；放太子，敦促关中争夺战，乃至整个国家的平叛，大唐的道统才能继续维持——这是一个基本的战略认识。

及行，父老皆遮道请留，曰："宫阙，陛下家居，陵寝，陛下坟墓，今舍此，欲何之？"上为之按辔久之，乃令太子于后宣慰父老。父老因曰："至尊既不肯留，某等愿帅子弟从殿下东破贼，取长安。若殿下与至尊皆入蜀，使中原百姓谁为之主？"（《资治通鉴·唐纪》）

这里的记载，玄宗一举一动都是很重要的。玄宗在被百姓说成是丢家弃祖的大家长时，"乃令太子于后宣慰父老"。这是一个主动的命令，让太子去和父老商量这件事。我们可以代入想象一下，如果我们是这些民众，我们抓住族长抱怨他不为家族考虑，不应该离开家族——在这个时候，族长居然跑到一边，把家族接班人推到我们这里来，让他和我们对话，我们会怎么想？"父老因曰"，民众是顺着玄宗给的台阶，又进而请求让太子留下。难道我们不可以理解为，故意让太子过来说话，这是玄宗的有所表示吗？父老本来是想劝皇帝留下，说不定还没想到太子，反而让皇帝提了个醒：皇帝不留，但可以留太子啊！

上总辔待太子，久不至，使人侦之，还白状，上曰："天也！"乃分后军二千人及飞龙厩马从太子，且谕将士曰："太子仁孝，可奉宗庙，汝曹善辅佐之。"须臾，众至数千人。（《资治通鉴·唐纪》）

皇帝等待太子那边的结果，太子"久不至"；玄宗感叹道："天命啊！"于是把兵马分给太子，"可奉宗庙""辅佐之"，已经说得很明白了。试问，此时皇帝如果坚决要带走太子，太子能拒绝吗？禁军此时是要跟太子走，还是跟玄宗走？这个时候、这个地点的权力，是在谁手中？有些人认为是太子策划此事——但关键的决策权并不在他手里，玄宗会不会把太子推过来和父老说话还是另说，这显然不是太子可控、可当下自决的事情。太子敢忤逆欺君？当下还是玄宗说了算。

最后一句"须臾，众至数千人"更是值得玩味。史料都是采编而来的，并非人物的翔实对话，而是择取其中关键话语及话意进行高度浓缩的文言记录。不同史料对一手资料的内容可能有所选择地增减，但记下的是字字珠玑，所采选的句子或许藏有一定含义。这是史家的暗笔。史书为何要啰唆这一句呢？如果我们有基本的情景还原能力，就可以想到，玄宗说"天命啊"的时候，是在感叹这件事的偶然性。有父老挡住道路劝玄宗，人之常情；而须臾片刻，上千民众会聚过来，那是因为玄宗作出了历史转折性的决策。更多的父老是被一个大事情临时吸引过来的——连父老都知道玄宗突然发布了一条令人意想不到的指示。所以我个人理解，这本来是偶然的少数民众劝谏，正在酝酿关系历史走向之重大决策的玄宗，借此时机正式表达立场，吸引更多民众围观，事件的场面才片刻间扩大化。史书提到这一句，就是印证，这是玄宗决策时的场面发展过程，是由玄宗所主持与导向的。

皇室不该完全南迁，是一个战略基本认识。玄宗带着政治经验丰富的几个重要智囊，对还要不要北方的问题，不可能无所思虑。玄宗仅仅是想借历代都要拖几十年才能军事统一的巴蜀盆地的地利，保住自己性命，并不是真的昏聩到无所谓丢弃社稷和国家。毕竟，那个盛世，是玄宗亲手打造出来的。

我想，太子"久不至"时，玄宗的心里是既喜且悲的。悲的是，自己老迈，只图存活。玩了一辈子的御人权术，大权从未旁落；弹压太子几十年，结局竟是自己主动草草交权。喜的是，他好歹给大唐留下了希望，太子也没有懦弱到这个时候都不敢接任，自己算给祖宗做了些救赎吧。禁军此前劝玄宗不要向蜀中去，玄宗就默不作声，而由韦见素出来打圆场。其实这里也一样，皇帝实在是无颜对百姓说出那句"朕非走不可"，才把太子推出来跟百姓说话……

> 又谕太子曰："汝勉之，勿以吾为念。西北诸胡，吾抚之素厚，汝必得其用。"太子南向号泣而已。又使送东宫内人于太子，且宣旨

欲传位，太子不受。（《资治通鉴·唐纪》）

玄宗之前提过一次"欲传位"，这次又是一次"欲传位"。欲传位，不是真的传位。这可能连试探都不是，更像是戴高帽、加紧箍。你表示愿意的话，父亲尚在你就急着抢班夺权，你不孝；你表示不愿意的话，是为父亲留着江山，那你是对父亲和百姓都立下了"不当皇帝"的承诺——假如违背，会有违心之愧、诛心之罪。当然，这紧箍和皇族斗争的风险相比，太虚了。太子也就是在玄宗嫡系的队伍里，暂时不敢应承。当然，这个表示还有更重要的好处，就是太子虽然没承诺当皇帝，但行使权力是名正言顺、得到天子授权的。可太子毕竟也是在赌——这仍是太子后来自己称帝的依据之一。玄宗，也是在赌。

玄宗闻之曰："此天启也。"乃令高力士与寿王瑁送太子内人及服御等物，留后军厩马从上。令力士口宣曰："汝好去！百姓属望，慎勿违之。莫以吾为意。且西戎北狄，吾尝厚之；今国步艰难，必得其用，汝其勉之！"（《旧唐书·肃宗本纪》）

《旧唐书》对玄宗诏谕记得更详细些。重点在于两条：第一，"勿以吾为念""莫以吾为意"；第二，西北诸胡戎狄，"必得其用"。前者，是最后的政治嘱托，言下之意：我已经不重要了，你关键时刻可以做一些可能损害我利益的决断。后者，是最后的事务嘱托，是交代说：西北胡各部，可以是重点依靠的力量。这可能体现了玄宗此前杀封、高的动机之一。太子后来称帝，就向西北各族借兵，可以说大概是遵从了这最后的嘱托……

太子有决心要留下，皇帝也有决心要放走他。这并不冲突，与马嵬驿诛杨是否与太子有关，因果联系不大。所以我个人对太子策划马嵬驿兵变，持否定态度。

唐玄宗只想活命，保住一日三餐，有人伺候就行。对于一个七十多岁、失去斗志和精力的高龄老皇帝而言，他对曾经辉煌的帝国，最后能尽到的一点责任，也就是放下这已如镜花水月般的权力，提前放走太子了。太子迟早要掌握权力，不如让他现在就走。太子作为名正言顺继承自己皇位的皇储，在北方只要还掌有一些军权和地盘，蜀地杨党如有异心也会投鼠忌器，自己在蜀郡的安全也就更加有保障。即使明知太子将来会失控，甚至提前称帝，这笔买卖依旧很划算。毕竟面临难于上青天之蜀道的舟车劳顿，年逾七十的皇帝知道：自己还能有几年光景呢？他当时的古稀年龄已经能名列帝王寿命榜前茅了，能安稳地活下去就不错了。两京已失，那局面，想必也非一年半载就能平定；太子也没有多余精力到蜀中逼宫。作为太子的父亲，太子即使夺权，也不至于对父皇下杀手。这些事情，老皇帝在逃亡的路上应该不止考虑过一遍。

太子离队这一段，也很可能是后来肃宗及当事群臣向史官复述的历史记载。到底是太子借民意向父皇施压，还是借民意来弱化玄宗当时的决断能力，避免给自己在关键时刻的英明果决减分，不得而知。主观的东西很难证伪，你也不能说哪个有问题，即使观点不同也只能以主观驳主观……后来玄宗交出玉玺，降尊为太上皇，与马嵬驿队伍是玄宗嫡系部队的情形不同，后来的太子已经掌握北方主力，玄宗也只能如此。

禁军诛杨，玄宗是否知情

> 丙辰，次马嵬驿，诸卫顿军不进。龙武大将军陈玄礼奏曰："逆胡指阙，以诛国忠为名，然中外群情，不无嫌怨。今国步艰阻，乘舆震荡，陛下宜徇群情，为社稷大计，国忠之徒，可置之于法。"会吐蕃使二十一人遮国忠告诉于驿门，众呼曰："杨国忠连蕃人谋逆！"兵士围驿四合。及诛杨国忠、魏方进一族，兵犹未解。上令高力士诘之，回奏曰："诸将既诛国忠，以贵妃在宫，人情恐惧。"上即命力士赐贵妃自尽。玄礼等见上请罪，命释之。（《旧唐书·玄宗本纪》）

> 丁酉，次马嵬，左龙武大将军陈玄礼杀杨国忠及御史大夫魏方进、太常卿杨暄。赐贵妃杨氏死。（《新唐书·玄宗本纪》）

> 军士围驿，上闻喧哗，问外何事，左右以国忠反对。上杖屦出驿门，慰劳军士，令收队，军士不应。上使高力士问之，玄礼对曰："国忠谋反，贵妃不宜供奉，愿陛下割恩正法。"上曰："朕当自处之。"入门，倚杖倾首而立。久之，京兆司录韦谔前言曰："今众怒难犯，安危在晷刻，愿陛下速决！"因叩头流血。上曰："贵妃常居深宫，安知国忠反谋？"高力士曰："贵妃诚无罪，然将已杀国忠，而贵妃在陛下左右，岂敢自安！愿陛下审思之，将士安则陛下安矣。"上乃命力士引贵妃于佛堂，缢杀之。舆尸置驿庭，召玄礼等入视之。（《资治通鉴·唐纪》）

其实，在《资治通鉴》与新旧唐书中，成书时间最接近马嵬驿事件的五代《旧唐书》没有提到太子参与此事；而是提到陈玄礼向皇帝奏请杀杨。各书没有记录皇帝如何表态，在列传中提到李辅国参与谋划。在宋朝成书的《新唐书》《资治通鉴》里，记为陈玄礼找李辅国知会太子第二日诛杨，太子还"未决"。而除了《资治通鉴》里明确记录为"上闻喧哗，问外何事"，表面作对士兵之前杀杨国忠不知情外，《旧唐书》仅仅记录为士兵们杀了杨国忠后不散，皇帝问了才知道，是要继续杀贵妃……

如此来看，只有《资治通鉴》明确记载杀杨国忠，玄宗表示不知情。新旧唐书是未置可否。所以，这个事变，玄宗到底知不知情、有没有作出决策，其实我的猜想也并非特别离经叛道，仅和《资治通鉴》有异。我也不是怀疑《资治通鉴》的记录是假的，而是认为，这仅仅是一场秀。秀作出来了，就是客观事实，也会被记录；但我怀疑这句"问外何事"是装的。但当事人真正的内心想法，和浓缩的史料记载字里行间背后的第一历史的细节真相，是不可能仅仅依据记录来论断的。难道历史人物没有被揭开、不为人知的谎言被记录下来，就不是谎言了吗？我们为什么不能质疑史料所透露的主观动机是刻意而为的呢？实际上玄宗朝恰恰是唐代制度之变的转折点，是一段涉及多领域改革的时期，如群相集议转向首相独裁，府兵制转向募兵制，还有税制、律法、行政、漕运等众多方面，可以说是全方位的密集变革期。但玄宗朝的改革最终又引发了巨大的乱局。北宋因改革而爆发的党争最为激烈，所以北宋保守派著史多有影射改革派，夹杂意识形态解读略多。如果不是研究史料本身，而是思考历史经验，通过主观上的战略决策心理反推，适度解构并不是坏事。

对于马嵬驿之变，有个前提不能变，玄宗是一个当时身体还硬朗的、精通驭人之道、老谋深算的政治家。玄宗早年精力充沛，李林甫以前的宰相，几乎没有超过四年任期的。玄宗朝宰相有二十六人之多。那时候诸多开元正、副名相，在能力和风格上，多有互补。而且玄宗常常是正相、副相一起撤，换全新班子；根据每个阶段时弊需要，任用不同类型的宰相。到晚年，玄宗厌倦政务，李林甫破天荒地掌相权近二十年。如果没有安史之乱，杨国忠在相位的时间，估计也会很长。从开元到天宝，他任相的风格，由从短期高频的更替互补，转为长期持续的斗争牵衡，所以有了李杨斗、杨安斗。他是太习惯和自信于他的驭人平衡之术了，最终也误在这一点上。

玄宗对李林甫与杨国忠的独断专行，并非不知。他晚年曾在闲谈时评价李林甫："此人嫉贤妒能，举无比者。"那玄宗为什么还长期任用李林甫呢？恰恰是因为他需要宰相的独断专行。

> 子岫为将作监，见权势熏灼，惕然惧，常从游后园，见辇重者，跪涕曰："大人居位久，枳棘满前，一旦祸至，欲比若人可得乎？"
> 林甫不乐曰："势已然，可奈何？"（《新唐书·李林甫列传》）

李林甫其实还是比较有政务能力的一个人。连他儿子都感到忧心，他并非不知自己积怨会招祸。或许，他明白这是取得玄宗长期信任的必要做法。玄宗不管政务，若是人事和威望也被相权架空，肯定会不放心。所以玄宗后期，皆用不得人心的腹黑奸相，以保持着较稳固的政治制衡态势。李林甫与杨国忠不把自己搞得臭味熏天、不与现任储君结深怨，恐怕也当不得太久的宰相。而当沦为玄宗弃子时，这积怨又是玄宗可以随时挥起的政治利剑。李林甫刚死，便被抄家定罪。安史之乱刚爆发，杨国忠便被泄愤诛杀。老皇帝一直都为自己准备着，随时用来担责疏愤的替罪羊。

> 丁未，至京师，文武百僚、京城士庶夹道欢呼，靡不流涕。即

日御大明宫之含元殿，见百僚，上皇亲自抚问。人人感咽。（《旧唐书·玄宗本纪》）

玄宗为太上皇，在兴庆宫居。久雨初晴，幸勤政楼。楼下市人及街中往来者，喜且泣然曰："不期今日再得见太平天子。"传呼万岁，声动天地。（《太平广记·卷一百八十八·权倖》）

当时人们痛恨搅乱盛世的李林甫、杨国忠、安禄山……而玄宗本人，则一直都是那个受百姓爱戴、怀念，仅是被"奸臣蒙蔽"的太平天子——即使是在天下生灵涂炭之后。

玄宗的心性

唐玄宗这个人的能力和性格，具有特别强烈的矛盾性。这与他本身的人格特质、成长经历及所处的境遇都有关。建立过伟大事业的帝王，普遍都有着相似的忧虑和思维，故而多疑又重权谋。这是环境决定的。但是从基本人格特质来说，每个帝王又明显有各自的风格特点。比如同为执政数十年的暮年皇帝，秦昭王、汉武帝就颇多类似点；而唐玄宗与乾隆这类"全才老人"，可能相似之处更多。以下是唐玄宗的成长经历：

他出生那年，爸爸代替伯父做了奶奶的傀儡皇帝。他在家里排行老三。

他三岁那年，被封为楚王。

他四岁那年，奶奶开始大肆杀戮他的宗族，人人自危。

他六岁那年，奶奶废掉他的爸爸，成为女皇帝。他爸被降为皇嗣，全家被逼迫改姓为"武"。

他九岁那年，亲妈被奶奶弄死。爸爸被人陷害，差点全家获罪。自己被降级为临淄王。

他十四岁那年，伯父重新被立为皇嗣。从这一年起，他爸排行老二；他自己也排行老三，未来与皇位几乎无缘了。

他十七岁那年，奶奶从洛阳回到长安，从此将他们亲兄弟五人，全部软禁在兴庆坊，号称五王宅，即后来的兴庆宫。

他二十岁那年，史载其"仪范伟丽，有非常之表"。

他二十一岁那年，奶奶终于去世了。伯父登基为帝。他被外放潞州。

他二十三岁那年，堂兄太子造反；伯父怀疑他爸，全家险遭牵连。

他二十六岁那年，回京。伯父被伯母杀死，伯母临朝称制。他与姑姑联手发动政变，杀死伯母，拥立他爸称帝。陈玄礼也参与了此次行动。因有政变夺位之首功，他得长兄辞让，被立为太子。

他二十七岁那年，姑姑把控政事堂，攻击他作为次子，不该立为太子，并极力挑拨他与皇帝的关系。

他二十八岁那年，爸爸为摆脱姑姑的离间和在政治上的步步紧逼，传位于他，自称太上皇。但太上皇称"朕"，命曰"诰"，五日一受朝。皇帝只自称"子"，命曰"制敕"，每日受朝，兵权、人事权及死刑权，取决于太上皇。他爸依然防他，甚至向他明言：传位仅为避祸。一旦他爸战胜姑姑，很可能会复辟，或引入其他皇子制衡他。那么，坐过皇位的他将是亲爸的首要防范与打击对象。

他二十九岁那年，再次发动宫廷政变，清除姑姑势力；顺便从他爸太上皇手中夺得真正权力，亲理国政。姑姑被赐死，爸爸也退居二线。

玄宗从小由于父亲的敏感地位和危险境地，实际上多数时间是尊贵的质子状态，也早早由于政治斗争失去了该有的母爱。这种时刻的不安感，一直伴随到玄宗中年时期。

玄宗早年第一次政变，代表的是父亲的势力，目的是除韦后；第二次代表自己的势力，除太平公主，逼父交权。可以说，两次结果虽然都是成功，但动机都颇为被动。哪一次不去做，都或将是死路一条。玄宗晚年是失去了被环境倒逼的情势和心态。

下面说说唐玄宗的帝王能力。唐玄宗的能力，基本上都在识人用人方面。看看唐玄宗时期的名相：

灵活善治的姚崇，刚正纠风的宋璟，风度不凡的张九龄，锐意革军的张说，诤言直谏的韩休，专于治务的裴耀卿。即使是最后大搞小团体、口蜜腹剑的奸相李林甫，也是善于设计制度、精简行政的效率能手。李林甫也深谙典章，编有重要的《开元新格》和《唐六典》，是能臣干吏、改革先锋。就算是最无能的奸相杨国忠，起码也是深通理财之道的财政能手。

唐玄宗一直都非常懂识人用人，即使对被他放纵了近二十年的李林甫，他晚年也曾评价道："此人嫉贤妒能，举无比者。"他心明如镜，知道姚崇不够清廉，也知道张说不够正直，但他对他们都能用得恰到好处。他对张九龄的文人风骨极其不悦，后来却总要在别人推荐新宰相时问一句："风度得如九龄否？"他对韩休的忠言逆耳感到烦躁，被问及此事时却说："吾虽瘠，天下肥矣。且萧嵩每启事，必顺旨；我退而思天下，不安寝。韩休敷陈治道，多评直；我退而思天下，寝必安。吾用休，社稷计耳。"唐玄宗用宰相，除了李林甫，没有超过四年的，都是正、副相一起撤，换全新班子；每个阶段根据时弊需要，任用不同类型的宰相。玄宗早年的盛世，是靠驾驭能臣而成的。

唐玄宗早年一直生活在不安全的家庭环境里，尤其是，打击他的，都是他的奶奶、伯父、姑姑、爸爸一类的至亲长辈。而他自己也发动政变，很大程度上忤逆了父亲。所以当他年老后，对儿子的防范异常厉害。尽管如此，对太子位的稳定，他相对还是非常谨慎的。而对兄弟，唐玄宗还表现出很重感情的一面。比如，据说他登基之初，制作了长枕头、大被子，常邀请四个王爷兄弟晚上一块儿睡，叫五王帐。他还将昔日亲兄弟们一起居住的五王宅改建为兴庆宫，成了长安三大内之一，将之当作自己真正的家。他又将兄弟的王府建在兴庆宫周边。他对曾让太子位的大哥一直很尊重、亲近，对兄弟们也始终关照有加。长兄病故时，已是花甲之年的唐玄宗竟当着众人面号啕大哭起来。他后来还仿照自己兄弟曾亲密度日的五王宅，给儿子们也建了十王宅、十六王宅——当然，那也是豪华"监狱"。李隆基的少年岁月，是他一面礼亲重情，一面谨慎多疑，后来越发突出的矛盾性格的来源。

对安禄山、杨国忠的盲目信任和宠信里，不能说没有感情的因素在。尤其是安禄山，他大概是真的将其看成了"自己人"。安禄山也曾言：如果不是杨国忠逼得紧，是打算玄宗仙逝后再动手的。可见其确有知遇情分在。甚至从陈玄礼、高力士等老人跟随了玄宗一辈子，始终对玄宗不离不弃来看，玄宗并不是一个不念旧的人。他虽然提防家族，但并不是对友情无动于衷的人。他对大哥宁王的始终爱戴，一方面是因为宁王谨慎，另一方面也是源自幼时朝夕相处，虽是兄弟亲情，更似少年友情。

不安感很强的性格特质，往往会导致这个人提防所有的人和事物，但也依赖熟悉的人和事物，所以有很矛盾的念旧的一面。这一面，在玄宗的爱情观上也有表现。

李隆基一生，算是真正爱过的，大概只有武惠妃和杨贵妃二人。

李隆基原配的王皇后，虽然在他登基前对他的帮助很大，可是一直无子，被废之后郁郁而终。李隆基对她还是抱有挺大遗憾和惭愧的。但这也从侧面说明了，武惠妃在其心中的地位无可比拟。

有一天，仪范伟丽的青年天子，遇见这个清水芙蓉的小宫女，深深地被她吸引。在得知她是女皇的侄孙女后，年轻的皇帝仍顶住当时朝堂巨大的反武浪潮压力，为她专设了独一无二的惠妃名号。皇帝专宠了这个心机颇深的爱人二十多年未变；即使明知她诬陷了皇后，坑害了自己的太子和皇子。但武惠妃自己却得了疑心病，惊吓而死，享年三十八岁。

在他伤心落寞之时，他看后宫哪个姑娘都不顺眼。于是，那个天赐的红颜，终于来到他的身边。有人把杨玉环推荐给皇帝，"或言姿质天挺，宜充掖廷"——现在看来，敢说这种话，怕是也得先猜透玄宗的心思，否则不是找死吗？

玄宗是个念旧的人。杨玉环，寿王的妃子、武惠妃的儿媳，和惠妃应该关系不错。寿王又是宁王府上养大的孩子；宁王是玄宗的好大哥，估计也熟悉。杨玉环原本就跟玄宗圈子的重合度还挺高，恐怕二人早就认识。杨玉环的才华他早就看在眼里，欣赏在心里，只是这会儿才敢考虑把她纳过来。

他的性格和精明从未改变，但从立志开元到意足天宝，他的志气和喜恶是真的变了。七月七日长生殿，他为杨玉环大肆铺张，摆尽排场。其实那更是为了他自己，为了自己那颗畏惧苍老、畏惧党争、畏惧烦恼，想永葆年少与美好的心。于是他不再频繁地换宰相了，他认定了李林甫——即使他知道此人嫉贤妒能得举世无双。李林甫没有让他失望。高效的行政运转，让他在政事上几乎不用再操心；而且李林甫把自己名声搞得很臭，他也不用担心其收揽人心。纵容唱白脸却很能干的奸相二十余年，同时借力打压太子势力，让反对派仍旧只能围绕和仰仗于唱红脸的皇权——如果没有藩镇问题,这将是多么精致的平衡啊!他从此专心与有讲不完共同话题的杨贵妃一起,在后宫梨园纵情于艺术的世界里。

很多人都觉得,寿王李瑁和抢自己媳妇的老爹,关系肯定很差,后来过得一定很悲催。所谓"脏唐乱宋",这在开放的唐皇室也不是头一桩腌臜事了,估计寿王除了郁闷两天也不会多想。寿王经常给父皇干跑腿活儿;作为惠妃爱子,想来父子俩关系也是不错的。甚至看出当年父皇的哀伤与心思,主动献妻都有可能……在马嵬驿兵变后,那边杨玉环刚自缢身亡,这边李瑁就替老爹跑腿办事,去慰问受伤的宰相韦见素;哪还顾得上回忆青梅竹马年少时?这一年,杨玉环也是三十八岁。

要深入分析唐玄宗的人格特点,就不能不注意他广泛的兴趣爱好和艺术成就。史书称其"多艺尤知音律,善八分书"。

唐玄宗作为被后世称道的书法家,有《鹡鸰颂》《纪泰山铭》《石台孝经》等传世至今的经典。

唐玄宗精通音律,擅长作曲,有《霓裳羽衣曲》《小破阵乐》《凌波仙曲》《春光好》《秋风高》等佳作。其配乐的《霓裳羽衣舞》《凌波舞》都是极为经典的乐舞。他本人还能熟练弹奏琵琶、二胡、箫、笛子、羯鼓等多种乐器。他与杨玉环的感情基础之一,就是彼此共同的志趣喜好。善跳胡旋舞的安禄山,也是以此博得唐玄宗的宠信。"玄宗既知音律,又酷爱法曲,选坐部伎子弟三百,教于梨园。声有误者,帝必觉而正之,号皇帝梨园弟子。"

除了书法和音律,唐玄宗还爱好围棋,通晓历象之学,善骑射,尤其马球技术精湛。另外,唐玄宗也是唯一有诗词入选《唐诗三百首》的皇帝。

唐玄宗并非秦始皇、汉武帝那般雄才大略的虎狼之君,也不是隋文帝、明太祖那样事必躬亲的工作狂。唐玄宗有着精准的识人眼光,又懂得制衡与驭人之道;他选拔有才干的臣僚任其发挥所长,自己则举重若轻,无为而治地坐看盛世。事实上,回忆唐玄宗的"明主"事迹,我们认知中通常浮现的是"忆昔开元全盛日,小邑犹藏万家室。稻米流脂粟米白,公私仓廪俱丰实",而非他的个人英雄形象。所以无为而治的他,才有那么多的精力成为一个特别全面、多才多艺之人。当然,常在河边走,哪有不湿鞋。当他以此套路执政四十年后,尤其是迷于艺术、荒于政务、疏于察人的晚年,这种颇具其个人风格的、十分依赖察人用人、本来效能很高的无为执政手法，反而会因失察难察，不可避免地频繁出现破坏力也相对较大的权力漏洞。

玄者，取自玄星之意，先明后暗。在一波波如履刀锋的政治斗争中，睿智果敢的少年，领袖群伦，除掉了一个个强大的政敌，登上帝位。他执政前期，安定朝堂，革除弊政，任贤选能，大兴科举，躬行节俭，让大唐乃至整个中国封建历史，迎来了最为开放辉煌的顶点——开元盛世。但他的晚年，留恋宫闱，荒废政务，听谗信佞，腐败奢靡，终于引发了安史之乱，令升平百年的大唐盛极而衰。开明？昏庸？他究竟是怎样的一个人呢？

他应当是一个聪明而老辣的人，否则怎能御群杰而缔盛世？他成长于诡谲的权争之中，不得不做个理智清醒的政治家。可是，总能把人看透的他，应该也会在一些厌倦权力与虚假的日子里，沉浸在艺术的世界中，寻找些许平淡的美好与真实的自由。于是才有了风采卓绝的书法《纪泰山铭》，才有了美夹千古的名乐《霓裳羽衣曲》。我想，如果一个人喜研围棋，热爱书法，醉心诗词，能够吹响漫绕心灵的笛声，奏起动人神魂的琵琶，那么无论他平日里是多么理智冷静，内心都至少藏有一抹帝王不该有的浪漫主义色彩。

史家说荒淫的帝王会误国，但历史仿佛又隐约说：误国的总是专情的帝王。杨玉环，那是一个心地纯稚的明媚女子，那是一个回眸一笑百媚生的女孩，很简单、很幼稚，又懂事、又贴心，完全不像他周围那些愈发令他厌恶的、功利又狡黠的人。她也热爱艺术，热爱音乐，有着同样无与伦比的艺术才华。每当这个天生丽质的年轻女子，配着他动情弹奏的乐曲，旋扭起曼妙的舞姿时，历经风雨和荣耀的他的心中，仿佛又回到了少年的时光一般。他们有说不尽的共同话题，他们有唱不尽的歌曲，他们有分享不尽的兴趣；他们甚至会像一对小夫妻一样，发些脾气，又扭捏地忍不住和好。于是，他眼里就只剩下这个完美的女子，只想和她一起飞跃人间，飞上那月宫中、仙山上，做对神仙眷侣，琴瑟和鸣，永生厮守。而对于权力，他彻底地厌倦了。那一刻，在唐玄宗的内心，唯有艺术和爱情，才是永恒的吧……

一个业余的艺术爱好者，能够钻进艺术的世界，能够略有所成，说明他的内心世界应该是有一些敏感的、能够自处的、不切实际的愿想与情怀。但与我们的理解不同，感性与理性并非对立，只是人的两面，区别是强弱、深浅而已。玄宗很可能是感性思维和理性思维同时很深刻的心性特质。

唐玄宗，不得不侍奉权力，那是他拥有一切，包括性命，包括可以拥有女人的基础。他或许不想把自己的全部精力放在冰冷而毫无美感的政治上。他顶住反武浪潮爱着武惠妃，他顶住人言可畏爱着杨玉环，用叛逆之心，争取着帝王本不该有的自由。可惜，当那一抹浪漫主义被爱情牵出而泛滥时，当他放弃了作为帝王应尽的责任时，很多结局就已经注定。当他感情用事，便不相信自己对其恩遇有加的安禄山会反叛；当他情绪失控，便激愤处死高仙芝和封常清。终于，在危急关头一次次事与愿违的错判误断，让他忽然发现，自己对军政，甚至是自己一贯擅长的察人辨心，好像都不太懂了，好像都无能为力了。也许从他逃离京师、踏出长安城的那一刻起，他就已经从对美好的倾信与沉醉中醒过来了。身边这个不用自己操心的宰相，身边这个让自己沉醉于艺术、无法自拔的女人，随时会要了自己的老命。危机之下，他变回了昔日如履薄冰的李隆基，而不再是糊涂的小老头。

玄宗出身皇室贵胄，不是暴发户发迹，他的爱不需要炫耀。他缔造的盛世，国力为大唐之最，他受万民拥戴，他的爱不需要证明。他身边的人，无论好的坏的，都在琢磨他的心思，很多事情他只需要使个眼色即可，他的爱不需要理解。他万人之上，呼风唤雨，手握生杀予夺之权，他的爱不需要别人的保护。他后宫佳丽云集，即使他是个偏情的人，也必然广幸后宫，所以子嗣众多，他的爱甚至不需要受制于生理……那他的爱到底需要什么？需要与他敏感于音符、画面、意境的艺术人格以及他深厚的艺术造诣，达到高标准共鸣的知音，需要如杨玉环这般心地简纯的才女。或者说，这样的女子本身，就是唐玄宗对美、对艺术追求的一部分。所以玄宗赞美杨玉环是自己的"解语花"。

唐玄宗爱杨玉环吗？爱的。他很喜欢这个女人，没有假，但是不及性命首要，无论为自己还是为时局。起码在他对平叛彻底失去信心前，他还是极力回护她的。

她是李隆基才华面的灵魂伴侣，却没有他政治面的共同语言。或许，和王皇后、武惠妃正好相反吧。当在政治上失去成就动力的皇帝，发现脱离早年的环境倒逼后，自己真正的人格自我是恣游艺术，能吸引他的也就只能是杨玉环这个颇负才艺的小女孩，而不再是政治上和后宫管理上的贤内助。

玄宗晚年心志虽变，疏离军政，但权谋之道、全身之虑，是他从幼儿起就赖以生存的能力。在马嵬驿，他让她死，因为他要活。他无法面对最后时刻的她，那种惭愧就是爱。

不能说这是虚伪的爱情。这种爱情，排在性命攸关之下，比起绝大多数一生也没机会试探人性的平凡人的白头到老，不知道真实到哪里去了。即使是让人要死要活的初恋，即使是坚忍多年的爱情长跑，即使是大多数普通人的携手一生，扒掉物质条件与对未来的预期时，还能剩下多少感情因素呢？

> 丙辰，高力士流巫州，王承恩流播州，魏悦流溱州，陈玄礼勒致仕；置如仙媛于归州，玉真公主出居玉真观。上更选后宫百余人，置西内，备洒扫。令万安、咸宜二公主视服膳；四方所献珍异，先荐上皇。然上皇日以不怿，因不茹荤，辟谷，浸以成疾。上初犹往问安，既而上亦有疾，但遣人起居。其后上稍悔寤，恶辅国，欲诛之，畏其握兵，竟犹豫不能决。（《资治通鉴·唐纪》）

七十八岁，重新回到长安六年后，唐玄宗已被软禁在太极宫内、严密监视。之前一直陪在他身边的高力士、陈玄礼、妹妹玉真公主，也陆续被唐肃宗外放和控制。

宋传奇小说《杨太真外传》，勾画了最后那个凄凉的晚上。孑身只影的唐玄宗，用紫玉笛吹奏了几首凄凉的曲子，不知是不是他晚年思旧所作的《谪仙怨》，或是《雨霖铃》。之后，他便沐浴更衣，卧在了床上。第二天清晨，这位先明后暗、尝遍世间极致的荣辱冷暖与悲欢离合、末时被儿子待如囚徒的老迈帝王，被发现已然身体僵硬，结束了他波澜起伏的一生。也许，陪他到最后的，真的是他的箫声，是艺术，而不是权力。

不知道最后一刻，在感性与理性中矛盾一生的唐玄宗，脑海里是否会浮现起那样一幕：太液池水撩动着金色的余晖，大明宫中，自雨亭下，一个历尽风雨的豪杰，击鼓奏乐；一个楚楚动人的少女，曼舞轻歌……

王坚：改写世界历史的钓鱼城之战

小约翰

作为一场战役，钓鱼城之战的影响力，在史学界得到了广泛认可。史学界普遍认为，这场战役影响了整个13世纪世界历史的走向，客观上影响了全球文明史。但是在非历史爱好者的普通群众之中，钓鱼城之战的知名度相当之低，相比被神化的赤壁之战、官渡之战，知道钓鱼城之战的人寥寥无几。

这里我帮大家科普一件发生在重庆的、改变世界历史的战争。此战之后，重庆合州被世界史学界称为——东方的麦加。

记得过去有个颇为无聊的调查，问：谁是人类历史上权势最大的人？调查结果显示，大家认为的人选有：成吉思汗、拿破仑、亚历山大、恺撒、秦始皇、希特勒、伊丽莎白女王等。

但就实际权力和统治疆域而言，人类历史上，在最广阔的土地上实现统治的，毫无疑问是这位：如雷贯耳的成吉思汗铁木真的孙子、蒙古帝国大汗孛儿只斤·蒙哥。此人在中国历史上的知名度委实不高，相比于他爷爷，他算是个无名小卒。

他所统治的疆域有多大呢？统治面积达到三千多万平方千米，西抵中欧、西亚，东到大海，北抵西伯利亚，南抵南亚。而且此时蒙古帝国正在快速扩张：西路军准备占领伊斯兰教最后的堡垒叙利亚，攻打埃及，进入非洲；东面正在进攻南宋；北侧，蒙古帝国的势力一路向北亚扩张；几十年后还会渡海攻打日本。

这是人类历史上空前庞大的帝国，从未有如此广大的地域归属于同一个政权。大蒙古帝国后来的势力扩展到了四千万平方千米（不过此时已经不归一个蒙古大汗统治），而大英帝国不过三千万平方千米。蒙古的铁骑几乎征服了大半个已知的人类世界，差一点在13世纪实现世界统一。

为什么最后差了一点呢？因为中国有个钓鱼城。

在说钓鱼城之战之前，先交代一下背景。

上面我说了蒙古帝国有多大，可是它为什么这么大？

13世纪，蒙古高原上一个不起眼的部落联盟——蒙古帝国突然崛起了。本来从来都归属于中原王朝的一个松散的落后部落，一跃拥有了人类世界最强大的军队，想灭谁就灭谁，想打哪儿就打哪儿。在成吉思汗的带领下，蒙古帝国从东亚一路推进到西亚、中欧，所向披靡，战斗力强大到让人怀疑他们是不是用了热兵器。

作为一个东亚草原上的部落，蒙古帝国一路攻陷了莫斯科、基辅、华沙，在波兰击败了西欧十三国联军，进攻奥地利，围攻维也纳，逼得教皇天天祈祷上帝不要这么惩罚欧洲人。在中亚，蒙古帝国以摧枯拉朽之势攻灭了不可一世的花剌子模，向西进攻阿拉伯帝国。在老家东亚，蒙古帝国攻灭了曾经的宗主国大金，逼死大金皇帝；吞并了西夏，俘虏了西夏所有的王妃和公主；让吐蕃臣服；迂回消灭了大理。放眼人类世界，蒙古帝国完全没有对手。

成吉思汗有四个嫡子：术赤（名义上的嫡子）、拖雷、窝阔台、察合台。成吉思汗死的时候，蒙古还没有灭金。他死以后，由窝阔台继承了大汗的位置。不过蒙古帝国内部有很深的矛盾：成吉思汗的四个嫡子里，按照蒙古人"幼子守产"的规矩，大汗之位应该是属于幼子拖雷的。不过拖雷高风亮节，在成吉思汗活着的时候就明确表示让窝阔台当大汗，埋下了后来蒙古内讧的伏笔。

后来的事就是一笔烂账了，拖雷被窝阔台谋杀（一说是拖雷为了帮窝阔台稳固地位而自杀）。直到拖雷死时，兄弟两人都没有公开矛盾。但拖雷派的势力始终是蒙古帝国里最大的。窝阔台和拖雷是同父同母的亲兄弟，他们不会同室操戈。可是他们死后，他们的孩子就没有那么深的感情了。于是在窝阔台大汗死后，蒙古帝国出现了激烈的内讧。经过长达五年没有大汗的内讧之后，拖雷的长子蒙哥，在自己的好友拔都的支持下，以蒙古帝国里最强大的武力为支撑，成功当上蒙古大汗。

蒙哥自己也不会想到，他居然成了最后一位蒙古人公认的大汗。

蒙哥这个人，历史是如何记载他的呢？他和其他的蒙古贵族不一样。此人不好享乐，沉默寡言，好军事，喜武艺，一看就是当大汗的料。于是，在当上蒙古大汗以后，他做了两件事：一是派他弟弟旭烈兀攻打西亚；二是由自己亲自指挥，准备攻灭亚洲的文明帝国——宋王朝。

蒙、宋在此之前已经多次交手，蒙古早已看出宋军不堪一击。当时是宋理宗执政。此人虽说不能算扶不起来的昏君，但是也属实不算什么明君，属于中等以下的那种皇帝。宋朝在大敌当前的形势下，仍然党争不止，文武不和、临阵换将都是常事，所以蒙哥大汗准备一次性攻灭宋朝。

南宋宝祐六年（1258年），蒙古正式制订了灭宋计划：蒙哥大汗本人率领主力进攻四川，准备从重庆顺江而下直捣临安；弟弟忽必烈则从江淮进攻鄂州（今湖北武昌）；还有一路从云南、广西进攻湖南——三路大军准备在长江中游会合，一举灭宋。

虽然南宋当时军事很弱，不过鉴于之前已经吃过蒙古人的亏，对这场战争，南宋并非没有准备。之前南宋曾经派大将余玠经营四川十几年。余玠此人深刻了解宋军的弱点和蒙军的弱点，他避开了可能的平原战斗，在四川的山区高地修筑了十几座城堡，连成一片，准备在城堡下给予蒙古人最大的杀伤——事实证明这个思路是非常正确的。

可惜的是，功高盖主的余玠遭到奸臣陷害和宋理宗猜忌，在这场战争开战之前气得暴病身亡，成了这场战争的最大遗憾。

开战之初，余玠建筑的城堡确实给蒙古军队带来了一定的麻烦。蒙古军队以南宋废弃的成都府为基地逐步进攻，艰难地攻下了南宋在成都地区的防守中心：云顶山城。

然后，南宋的将领们就开始成批投降了。

很多将领面临和余玠相同的窘境：外部有强敌入境，内部居然还有奸臣倾轧，走投无路的将领们选择了投降。蒙哥率领的蒙古大军势如破竹般攻下了蜀中大部分的州郡。

1258年底，清理了四川各州郡之后，蒙哥亲率四万蒙古军队（号称十万大军），兵临钓鱼城下。此时钓鱼城已经是宋朝在四川的最后一座城堡，攻下钓鱼城，蒙古大军就可以直捣重庆，顺江而下，一举灭宋。

蒙哥认为这是顺理成章的事情，他一生的战绩也告诉他，面前不过是又一座即将被征服的城市。

1258年的蒙哥是这么想的。

接下来，请允许我介绍，人类冷兵器战争史上最强堡垒之一——钓鱼城。

钓鱼城三面环水，一面是山。对于不擅水战的蒙古军队来说，他们的主力只能从陆路进攻。然而钓鱼城城墙均依山而建，巨大的高度落差之下，蒙古军队几乎所有的攻城机械都失去了作用。

钓鱼城的守将，叫王坚。如果说蒙哥大汗的知名度不高的话，那王坚就属于完全没有知名度了，我甚至找不到一幅他的画像。

如果说有什么实实在在曾经拯救过南宋的人，那王坚就是其中之一。

王坚少年从军，最早是南宋名将孟珙的部下，随孟珙入川。余玠死后，他负责主持钓鱼城防务。此人从始至终保持着高度的战斗意志。史载，王坚主持修的钓鱼城"日夜不懈"，囤积了大量的粮食、武器，加固了城墙。他还把钓鱼城的两道城墙延伸到江里，命名为"一字城"；还沿江修筑水师码头，防止蒙古水军偷袭，阻隔与重庆的联系。在蒙哥到达之前，来自川中的难民和残兵退拢到钓鱼城的，已经有数十万；王坚将他们全部收编，充实守城力量。

钓鱼城本来地形就有利，加上工事修得好，明眼人都看得出来，这块骨头相当难啃。

然而这些在蒙哥大汗的眼里都是没有意义的，他像对付其他宋朝城堡一样，派了一名叫晋国宝的南宋叛将去钓鱼城劝降。他认为，里面很快就会打开大门投降。

王坚把劝降的晋国宝拉到了校场，当着自己的部下，咔嚓一刀。

蒙哥大汗愤怒了，因为杀掉蒙古的使者，表明城里的人已经做好了被屠城的心理准备。从入川以来，他还没有见过这么有种的宋朝人。

1259年正月，寒风凛冽，蒙哥迫不及待地开始了进攻。

钓鱼城有八道城门，然而开始攻城的蒙古军队很快觉察出了不对——他们没有工具。

面对狭窄、陡峭的山路，蒙古军队之前攻城所用的冲车、投石机、回回炮等工具，统统运不上去，只能用最原始的云梯往城楼上爬。然而，平原上的城墙有的是可以爬上去的地方，钓鱼城的城楼却只有那么宽。无论蒙古军队来多少人，根本无法展开——就像在胡同里打架，你就是有青龙偃月刀也施展不开。但钓鱼城守城的人甚至可以倒班，轮番在城楼上防御蒙古军队的进攻。

就这样，战斗从正月打到了二月，从二月打到了三月——哪怕蒙哥大汗亲自督战，蒙古军队也没有取得任何进展。整个灭宋计划，在一座弹丸小城面前已经耽误了两个月。

进入四月，大雨连绵，整整二十天双方没有战斗。四月二十二日，蒙军再次开始进攻。四月二十四日他们甚至一度攻上了"一字城"，但很快就被王坚亲自带领勇士击退。

转眼进入五月，重庆的夏天大家是知道的，太阳一出来犹如火烤。蒙古军队从北方草原来，先是四月的大雨，然后是五月的暴晒，士兵们很快禁受不住了，军队中开始流行瘟疫，就在这个时候——

王坚出城了！

五月，王坚开始率队夜袭蒙古大营。本来就严重水土不服的蒙古军队这下连觉都睡不安稳，战斗力大为削弱。

这个时候，宋理宗就算是再昏庸也知道钓鱼城的重要性了，严令四川制置副使吕文德援救钓鱼城。宋、蒙双方在长江上展开激战，局势对蒙古越来越不利。

这个时候，聪明的战略家应该改变战术了。蒙军大将术速忽里建议蒙哥：在坚城之下屯兵是兵家大忌，应该留下小部队看着钓鱼城，让宋军别出来就行了，咱们亲自率主力绕过去，直下江南，何必跟王坚在这里死磕呢？

可是蒙哥打了一辈子仗，实在没见过这么硬的敌人。他已经愤怒得听不进正确意见了，坚持死磕到底，不撞南墙不回头。

事实证明，死磕到底的结局，往往是磕死！撞了南墙再回头，就晚了。

转眼到了六月，战争已经僵持了半年，蒙哥使尽浑身解数也不能取得进展，反倒是自己的军队里瘟疫越来越严重。这时候，蒙哥想到，城里十几万人守了半年，自己再围个半年，饿死、渴死他们也够了。

然后就在六月的某一天，王坚令人从城墙上扔下了两尾三十斤重的大鱼和一百多张大饼，并写了一封信给蒙哥："尔再攻十年，城亦不可得。"

王坚并没有吹牛，他早就想到了这个问题。为了解决粮食和水源，他在钓鱼城里挖了十三个池塘和九十二眼井，城里和山麓上还有大片的耕地，如果想困死宋军，只怕要困到21世纪。

六月，还发生了一件搞笑的事。

蒙古前锋元帅叫汪德臣，是一个被蒙古化的汉人，过去家族是金朝臣子，金国灭亡以后就降了蒙古。汪德臣作为先锋，在钓鱼城久攻不下的情况下，立功心切，居然异想天开，想凭一张嘴劝降宋军。

蒙哥曾经评价汪德臣"汝身虽小，胆若山大"。胆若山大的汪德臣骑着一匹马来到钓鱼城下，刚说了开场白，宋军的滚木、礌石倾泻而下，当场将他砸成重伤，运下山就死了。堂堂蒙军元帅居然以这种搞笑的方式被宋军击毙。

蒙哥大汗此时又气又怒，又恼又羞，进退两难，于是他做了一个决定——命令修建一座高台，他要看看钓鱼城里究竟是什么样子。

这是一个改变了世界历史的决定。

当王坚听说蒙军修筑高台以后，并没有派人阻挠，而是暗暗做好了准备。

七月，蒙军高台修成。七月二十一日，正如王坚所料，蒙哥大汗亲自登上高台瞭望钓鱼城，埋伏好的宋军各种炮石顿时齐发，飞石正中蒙哥大汗。七月二十七，这个人类历史上最有权势的人伤重不治，死在了重庆的大山里。

关于蒙哥大汗的死，有很多种说法，本文采信了其中一种。据不同史料记载，有人认为蒙哥是病死的，有人认为蒙哥是被宋军击伤、伤重而亡的。但无论哪种说法，有一点是肯定的——他因为这场战役而死在了钓鱼城下。

蒙哥大汗的死有多大影响呢？

对宋朝而言，蒙哥大汗的死标志着蒙古攻势的彻底瓦解。此时的三路蒙古军队，除了蒙哥这一路，另外两路都势如破竹，节节胜利。忽必烈马上就要攻下鄂州，南路蒙军已经兵临长沙；蒙哥一死，两路军队迅速撤走，南宋的国祚生生被续了二十年。

对蒙古而言呢？

蒙哥大汗的死，立刻导致了蒙古的全面内战。由于蒙哥死得太突然，连继承人都没有确立；蒙哥死后，他的两个兄弟——忽必烈和阿里不哥开始了数年争夺汗位的战争，导致整个蒙古扩张的脚步彻底停滞。

在这场战争中，窝阔台汗国、察合台汗国和钦察汗国支持阿里不哥，伊尔汗国支持忽必烈。内战虽然以忽必烈胜利而告终，但是蒙哥大汗时候那种蒙古大汗的地位却一去不复返了，之后的元朝虽然与四大汗国还有名义上的宗主关系，却再也不是一个统一的政权了。蒙古帝国终于走向了分崩离析。

对世界来讲呢？

还记得蒙哥的两条扩张路线吗？除了自己的这一路，他的弟弟旭烈兀率军攻入了阿拉伯地区。巴格达哈里发是整个伊斯兰世界最后一位哈里发（即整个伊斯兰世界的统治者），蒙古军队围攻巴格达，哈里发派人传话说，蒙古军队如果进攻巴格达，就会遭到真主的惩罚。

旭烈兀命令掘开幼发拉底河，水淹巴格达；最后活捉了哈里发。他居然玩了个"行为艺术"，把哈里发放进一间装满金银财宝的房间里活活饿死（一说万马踏死）。

占领伊拉克以后，旭烈兀开始进攻叙利亚。闻听蒙哥大汗驾崩的时候，旭烈兀正在围攻大马士革。闻讯，他迅速带领主力东返，企图争夺汗位。但是由于实在离得太远，走在半路上，忽必烈就宣布继任大汗了——于是旭烈兀转为支持忽必烈。

伊斯兰文明在旭烈兀走后转危为安，蒙古留下的军队不足以继续进攻叙利亚，最终被埃及的马穆鲁克击败，没有进入非洲。

对基督教文明来说，这场战祸随着蒙哥的死终于走向了终结。否则世界文明史可能就要改写，在13世纪可能就会出现一个统一全世界的超级政权。

而这一切，只因为在遥远的东方，那一场伟大的反抗侵略者的战争。

民族英雄千古。

陆秀夫：负帝投海殉国

晓木曰兮历史系

1279年，南宋祥兴二年。

这一年，拜占庭东罗马帝国和日耳曼神圣罗马帝国为了恺撒的王冠明争暗斗，花剌子模的苏丹和巴格达的哈里发为了伊斯兰教最高正统拔刀相向。

对于中国人而言，这一年最主要的事情是"祥兴"这个年号的终结。远在东亚的蒙古人和陆秀夫主导下的南宋，正在为了皇帝的荣誉进行着殊死搏斗。

当时的南宋二十万军民都在崖山之畔的大海上，枢密副使张世杰不用陆秀夫的谋略，在危急存亡的关头，准备带着小皇帝突出重围。

生存还是毁灭？陆秀夫选了后者。

护卫了南宋一生的陆秀夫坚持不让皇帝出走，而是把他绑在身上，君臣二人投海自尽了。他放弃了生的机会，毅然选择了死。

当时的南宋明面上还有二十万的大军，围堵在崖山南北的元朝将领张弘范、李恒，仅仅只有五百艘船。

看似还有希望。而人世间最有威力的东西，莫过于希望。

陆秀夫为什么在这个生死关头做出这个选择？南宋二十万军民在崖山海战中的情况又是什么？这场南宋占尽天时、地利、人和的海战，为什么输得没有任何悬念？南宋百余年的底蕴为何一朝尽没？

陆秀夫是崖山海战的见证人，也是南宋彻底腐朽过程的亲历者。

嘉熙二年（1238年），近八十万蒙古大军围攻淮西庐州。

南宋多年遭受金兵侵扰，宋理宗赵昀纵情酒色，不关心国家存亡和人民的死活。权相贾似道把持朝政，与内侍董宦臣狼狈为奸，蒙骗宋主，排斥群臣，鱼肉民众，对金统治者的入侵一味苟安乞和，致使金军铁蹄所至，城邑为虚。

陆秀夫的老家盐城，直到绍定五年（1232年，陆秀夫出生前四年），才由两淮制置使赵善相率兵收复。

在国家处在被入侵的苦难之中时，端平三年（1236年），陆秀夫出生于盐城县（今江苏建湖县）一户家道衰败的人家。

宝祐三年（1255年），陆秀夫离开家乡，进京赶考。这时陆秀夫才十九岁。对陆秀夫来说，参加科举考试，是当时唯一的投身报国的途径。

宝祐四年（1256年），临安城，集英殿。此科一共有进士六百零一人，状元是著名的文天祥，二甲第一名是谢枋得，陆秀夫排名第二十九。

之后，陆秀夫返回京口，迎娶章氏为妻。

金榜题名时，洞房花烛夜。这一年可谓是陆秀夫人生最幸福的一年。

宝祐五年（1257年），朝廷委任贾似道担任知枢密院事。每一个封建王朝没落之际，都会出现皇帝"亲小人，远贤臣"的现象。

庙堂之上的变动，深深地影响了陆秀夫。面对现实，他的理想根本没有发挥的地方。取得功名的陆秀夫不愿意继续当官，心灰意懒的他只能在家中研修书籍，等待合适的时机。

是金子总会发光的，动荡年代最需要匡扶天下的人才。淮东制置使李庭芝是陆秀夫仕途道路上的一个贵人。听说陆秀夫的名声之后，他大力邀请陆秀夫出山襄助自己。

李庭芝是南宋末年难得的将军，驻守淮东扬州城，在江淮线上抵御着蒙古的铁骑。这里是距离南宋朝廷最近的防线，也是蒙古大军的主要攻击地点。陆秀夫选择来这里赴任，主管文字性的工作。这是陆秀夫第一次为官。

进士及第，文韬武略，陆秀夫一生的仕途就此开始。

这一年，他二十一岁。

宝祐六年（1258年），奸臣贾似道担任参知政事、右丞相兼枢密使。

南宋现在的主要策略就是幻想着蒙古大军不南下，纳贡称臣之类的都可以，只要不打仗就行。大蒙古国也不会放过这个灭宋时机，大军兵分三路，迅速南下。

贾似道作为丞相，瞒报军情，不做任何的准备，只想着封锁消息，蒙蔽主上。

蒙古大军这次的目标是鄂州（今湖北武昌区）。鄂州在当时是南宋重镇。他们准备强渡长江。

贾似道提出迁都，陆秀夫等人强烈反对：大战在即，迁都只会使得军心不稳、士气下降。

忽必烈在九月发起鄂州之围；贾似道阵前求和，答应忽必烈纳币称臣的请求。

蒙古可汗蒙哥骤然离世；忽必烈为了与阿里不哥争夺最高权力，率兵返回蒙古高原。

忽必烈从鄂州撤退后，1260年在开平（今内蒙古多伦县一带）称汗。

蒙古人内战打了四年多。这四年里，南宋得以苟延残喘。

1261年，南宋景定二年。

陆秀夫建议李庭芝把两淮制置使署所从京口迁到扬州。

两淮是南宋的核心区域，这里是南宋的军事优势地区，也是南宋经济最发达的地方。其中尤以扬州为重，扬州是宋朝时期的经济重镇。

两淮制置使的中心放在扬州后，这里民心、士气大振。李庭芝在陆秀夫的辅佐下，重视战备，大力发展经济，幕府里人才济济。当时的人们称之为"淮南小朝廷"。

李庭芝器重陆秀夫的才学，对他的人品更是"雅器重之"。

陆秀夫才思敏捷，下笔成文；待人热情，谦虚谨慎；平时沉默寡言，战时当机立断。李庭芝对陆秀夫倍加重用，将其由普通幕僚，升迁主管机宜文字，参与起草给朝廷的奏折和公告、法令，并委以处理各部门的公事等。

李庭芝说："陆秀夫文韬武略，才智过人。我得一秀夫，胜似如虎添翼。"

1264年，南宋景定五年，大蒙古国至元元年，忽必烈决定迁都燕京。两个月后，宋理宗驾崩。太子赵禥即位，是为度宗皇帝。

李庭芝以面见圣上之名进京；陆秀夫作为幕僚，跟随李庭芝进京。

南宋朝堂上奢侈腐败之风大盛，皇帝没有帝王之相；庙堂之上的人，大多是贾似道一类的佞臣。陆秀夫带着无尽的失望与悲伤，离开了临安城，回到了两淮驻地。

求人不如求己，稳定国本最基础的办法就是巩固地方民众。陆秀夫在李庭芝批准后，随即在扬州及两淮部分地区开办学校，宣扬理学理念，培育两淮地方民风。

在多年的努力下，两淮地区民心可用。蒙古军队多年来偶有入侵，也被两淮地区的人们打回去了。

陆秀夫清楚，两淮的得失决定着长江一线的安全问题。长江倘若有了闪失，南宋这半壁江山也将不复存在。

1267年，南宋咸淳三年，大蒙古国至元四年，忽必烈在整顿蒙古各方势力之后，率兵南下。

忽必烈重用贤能之人，厚待南宋投降的将领，加大力度推行汉文化——上到官员，下到百姓。这极大地促进了辽、金故地人们对蒙古政权的认同。

一日，忽必烈召集文臣武将，只有一个议题：如何迅速攻灭南宋？

忽必烈没有经过正常的忽里勒台选汗大会得到汗位——在蒙古人心中，这种行为是对成吉思汗的不尊敬。蒙古人有幼子守灶的传统，忽必烈凭借武力夺取了最高的大汗地位，他急需一场战争转移蒙古人的注意力。

有人建议先攻下四川盆地，顺流而下。也有人建议先攻取江淮地区，一把钢刀直接插进南宋心脏地带。

众人各执一词，莫衷一是。唯有南宋投降过来的刘整认为，"欲灭南宋，先取襄阳"。这位缔造元朝水师的南宋降将，提出的战略非常狠辣。

四川周边山岭环绕，易守难攻；江淮地区水网密布，不利于蒙古骑兵的进攻。进攻四川不如进攻荆襄，夺下荆襄则易取淮泗，南宋朝廷所在的江南地区也就唾手可得了。

襄阳位于长江流域的中间位置,先把襄阳攻下来,可以直接把南宋倚仗的长江防线断成两截。从襄阳往东,兵锋直指两淮江南;往西,也可以阻碍四川地区的来军。

对于陆秀夫所在的扬州而言,倘若襄阳丢失,江南地区的门户则会洞开。

在制定好灭宋的战略之后,蒙古大军迅速抵达襄樊。忽必烈命史天泽率军出征。对当地的地形优劣有着独到的了解的史天泽,先筑新城,再添长围,使南宋大军不能南北兼顾。

宋将张世杰紧急率军北上,只可惜远道而来,败下阵来。

张世杰吃了败仗,度宗皇帝这才知道襄樊战场的严峻局面,赶紧安排更多的援助部队。可这就像是葫芦娃救爷爷一样,一个接一个地上,无法形成集中的优势兵力。

一个个援助部队连连败北。驻守襄阳多年、守护襄樊重镇多年的南宋大将吕文德终于撑不住了。

吕文德是南宋末年难得的将才,固守襄阳多年,令蒙古铁骑无法踏足襄阳城。在各方援助势力纷纷失败之后,吕文德深知无力回天;再加上多年战阵,疾病缠身,于1269年死在了固守多年的襄阳城。

此时,守卫襄阳的南宋将领范文虎消极备战,宋廷安排李庭芝前往支援。陆秀夫负责军机文字事宜,以重要谋臣的身份,一同前往襄樊。

陆秀夫深知,作为外来户,了解当地情况的最好方式就是询问当地的老百姓。当地的百姓多年居住在这里,熟悉这里的具体情况。

在多方打听之后,陆秀夫酝酿出一个声东击西的办法。

农夫知晓有一条不知名的小河可以直通襄阳城,可以先由其他将领大张声势,吸引蒙军的注意力,陆秀夫带人把物资带进襄阳城。

这场声东击西的战役中,李庭芝帐下的两名将领与蒙古人军作战时表现得相当英勇,陆秀夫也率军完成了既定的任务。但最后关头,由于范文虎胆小怯战,躲在三十里外驻军,声东击西的计划最终也没有能取得更大的战果。

范文虎上报朝廷,说是陆秀夫的计划打乱了他的整体部署,导致蒙古大军的出击。李庭芝随即被罢官还乡,陆秀夫也离开了襄樊前线。

襄樊一战是南宋至关重要的一战,这场战争的胜负直接决定了南宋政权的存续。

陆秀夫作为李庭芝的幕僚,这场战争是他这一生中第一次经历的大型战争。在这场战役里,他也发挥了幕僚的作用,亲自探察襄阳当地的实际情况,筹谋援助襄阳的策略。

扬州的安稳决定着两淮的归属;两淮是否安稳,直接决定了南宋朝廷的存续。

李庭芝离开扬州后,扬州城民心浮动。

忽必烈火速任命史天泽、伯颜统领元军各路人马。刘整、吕文焕作为前军向导,二十万大军迅速南下,先头部队早已经抵达扬州城下。

忽必烈受汉文化影响颇深,南下的大军中有四分之三的将领是汉人,足可见其知人善任、任人唯贤。

扬州城一片恐慌,淮泗一线乱成一团。朝廷赶紧把李庭芝请回来;同时,陆秀夫回任原职。

扬州一战,是一场恶战。

陆秀夫在之前援助襄樊的战争中是首次亲临前线,作为主管军机文字的幕僚,为大军出谋划策。这次扬州之围,陆秀夫是一名战士,手提兵刃在战场厮杀搏斗。

元军数万人马驻扎在江北一线,南宋控制的地盘仅剩下江边的一个桥头堡——瓜洲。蒙古大军重兵防守此地,企图打断南北之间的联系。

陆秀夫组织了三千兵马,从晌午厮杀到黄昏,终于领兵进入了扬州城。进入扬州城只是第一步,后续如何御敌才是重中之重。

扬州一战,李庭芝这样评价陆秀夫:"君实,文韬过人,武略超群,志在复国,必成大器。"

进入扬州城后,陆秀夫整理城堞,划定重点防御的地方,安排重兵把守。

之前的几十年面对蒙古大军,很多人都选择了所谓的"良禽择木而栖"。例如,史天泽、吕文焕、刘整之流,这些人是十足的有才能的人,最终选择了顺应历史发展的潮流。

蒙古大军三次西征，南宋的臣子们肯定有所耳闻。更多的人会本能地害怕和畏惧。扬州还被称为"淮南小朝廷"的时候，李庭芝帐下人才济济。到了扬州城被围困的时候，所有人都跑光了，仅剩下陆秀夫还在勉力维艰。

是他看不懂局势吗？显然不是。陆秀夫有大局观，文韬武略早已经远近闻名。但陆秀夫作为地方大员，没有急于施展自己的抱负，而是坚定地维持着这个烂摊子，自始至终都没有考虑过投降。

陆秀夫在蒙古大军的重重包围下，冷静地分析了局势，向李庭芝说出了自己的想法：

蒙古大军凭借人多势众，再加上秋高马肥，把目标对准了扬州城。攻下扬州城，可以轻易越过荆湖地区；其他长江以北的大军，就可以肆无忌惮地强渡长江，集中优势兵力，夺下临安城。

解扬州之围，最好的办法就是以宋军小部队多股势力的反包围，突破蒙古大军的包围圈。具体的部署就是：留下部分防卫扬州的兵力；把其他的部队分成三部分，分别从三个方向反攻。

这个战略可谓是胆大心细。其关键在于，陆秀夫敏锐地发现了元军战线过长的弊病。

大军分为多股兵力，绕到元军背后，等待好时机发动突然袭击——这样一则可以歼灭元军有生力量，二则可以挫伤元军士气，三则可以取得老百姓的支持。

李庭芝完全采纳陆秀夫的谋略。此次之后，两淮战线上罕见地出现了宋军的反击。

伯颜、刘整统率的十多万大军展开在两淮地区，战线过长导致组织相当臃肿。史天泽、吕文焕一路的湖北方面大军，一直没有战果。

日久天长，大军的供给不给力，伯颜围困扬州的大军只得选择退回淮西以北的地区。元军撤退，是宋军的一个时机。元军数量众多，其中不乏一些刚刚投降过去的人，撤退的过程肯定很混乱。

陆秀夫亲自指挥三路大军，迅速北上追击元军。中路大军一直追到运河线以北，打到楚州才停下。是役，歼敌万余。

扬州之围已解，整个淮东地界，已经没有元军。

1274年，咸淳十年，度宗皇帝驾崩。皇子赵显即位，是为恭宗。

谢氏为太皇太后，贾似道独班起居，奸佞为祸朝纲。

南宋的局势愈发岌岌可危。李庭芝等人赶往临安上奏御敌之策。这次进京面圣，陆秀夫随行，并首次成为京官，在朝任职。

李庭芝深知朝廷腐败已久，主少国疑。把陆秀夫留在临安，是为了他的前途和发展，更重要的是为了在临安有个忠臣。

太皇太后恩准后，陆秀夫在临安城主管文思部。

文思部隶属于工部，专门负责皇帝与文武百官的金银钱财，是一个十足的"肥缺"。但陆秀夫没有被金银打动，在京城始终做好自己的本职工作。

秋后，马肥草软，西路元军统帅史天泽病倒，西路大军统归伯颜、阿术掌控。

史天泽病倒之后，或是兔死狐悲，抑或是想完成史天泽未竟的目标，吕文焕请命亲自为先锋大将，由襄阳入汉济江，直扑南宋而来。

军情紧急，陆秀夫在临安坐不住了，上奏请命辞官去前线。贾似道也乐得耳边清静，加封陆秀夫为淮东制置使参议官，兼任淮东路提典刑狱公事——相当于李庭芝的军事参谋长加监狱典狱长。

陆秀夫火速赶往扬州城。这次的围城战比上次凶险多了，元军猛攻淮泗一线，已夺下多个城池。李庭芝孤掌难鸣，率军与元军交战数次，可惜都以失败告终。

疾风知劲草，板荡识诚臣。昔日，李庭芝所在的扬州没有危险时，帐下幕僚极多。这些人并非没能力，相反，他们非常明白局势的变化。

局势有利的时候，人们都会蜂拥而至，生怕自己落后；一旦局势发展得对自己不利，这些闻声而来的人，跑得比谁都快。这次扬州之围，李庭芝帐下的幕僚纷纷远去。

在临安城主管金银钱财的陆秀夫，主动辞去京城的肥缺，前往战火纷飞的前线，人性的光辉就在一瞬间显示出来。

人生来都会趋利避害，但有些人却选择负重前行、逆流而上。

危急关头，陆秀夫的到来，给驻守扬州的李庭芝增强了信心，称赞陆秀夫回来是如虎添翼。

有的人有能力、有才干，却只想着自己的利益；有的人空有一腔救国热忱，遇到事情就自乱阵脚。而陆秀夫既有忧国忧民的心胸，也有退敌护国的策略。

面对血与火的考验，陆秀夫又一次献策。这次，关键是疲敌。所谓疲敌，就是拖住元军，固守不战。这样既能够减轻荆襄的压力，也能拖垮元军士气。

元军久攻不下，就占据扬州城背面的平山堂，在这里修筑望楼，以窥探扬州城的防备部署。

陆秀夫迅速安排士兵在城内也修筑了一道土墙，阻挡元军的窥探。同时，他发现城中有诸多流民。

多年的战争，河南、山东、山西等地的老百姓不堪元军侵扰，纷纷前往扬州城，寻找赵氏皇家的庇护。这些人多为青壮年，他们的家园被元军强行夺走，祖先们千年来呵护的土地成了蒙古人的跑马场。

经过长途跋涉，身体素质不好的流民在途中就已经离世。来到扬州城的这些流民，大多意志坚强，身体底子好，是很好的兵力补充来源。

陆秀夫亲自把这些青壮流民编练起来，组成新的一支军队。这支新的军队参与城中维护工作，逐渐成为李庭芝麾下的新生军事力量，后来在抵抗元军的过程中，发挥了重要作用。

仅仅九日，城墙上的土楼就远远地超过了元军的望楼高度。

青壮流民组成的两万军民亦可以走向战场。陆秀夫在守城期间，出谋划策，随军出击，指挥战斗。同时，陆秀夫深入民间，体察民间老百姓的生活。

战火纷飞之际，蝗虫灾荒不断；陆秀夫随即建议李庭芝开仓放粮，接济百姓。

扬州城官兵一体，上下一心，扬州的防备已经初见成效。

人才有时候就是全才，陆秀夫就是典型。

身为幕僚，在李庭芝的帐下，遇到战事，陆秀夫都会冷静地分析局势，提出有建设性的建议。

为人臣子，在战火纷飞的情况下，他领军作战，亲往前线，手持兵刃，纵横疆场。

作为老百姓的父母官，陆秀夫始终都很在乎百姓，指导农业发展，开辟盐道，降低赋税，开仓放粮。

…………

随后不久，陆秀夫的事迹传到临安城，朝廷又一次调陆秀夫回京任职。因为陆秀夫在这次扬州之战中对农业的帮助，这次他的官职是司农寺丞。

司农寺丞是主管国家农业生产的官职。虽然远离前线，但在战争年代，这个职务是非常重要的。正所谓兵马未动，粮草先行。

陆秀夫在李庭芝的大力举荐之下，离开扬州城，在临安主导全国农业发展，为长期抵抗元朝积攒本钱。

李庭芝可谓是陆秀夫一生最重要的人，是知音一般的存在。离别之际，陆秀夫向李庭芝和盘托出了心中的长远规划。

扬州之围几次败北，蒙古大军肯定不会善罢甘休。坚守扬州的胜利不能停滞不前，必须加大力度，继续积攒军械，巩固防线。

元军多次在扬州功亏一篑，必然会做出调整。淮东本来就是有利于南宋军事力量的地方；下一步，元军必然会把荆鄂作为首要攻击的目标。荆鄂倘若不存，李庭芝在扬州的一切成果也就岌岌可危。

陆秀夫认为汪立信的御敌三策还是可以一试的。汪立信的具体策略就是：锁汉江、挡玉泉、陕州宜都以下联置堡寨。

这也是李庭芝的期盼，以陆秀夫的才干和水平，定然是捍卫南宋的最后一道防线。把陆秀夫举荐给京城，也是希望他能够在关键时刻耿直上奏，联络各方义士，保全大宋。

二人即将离别，陆秀夫泪流满面，长揖到地，留下两句诗给李庭芝："近来又报秋风紧，颇觉忧时鬓已斑。"

这正是文天祥《题碧落堂》中的两句诗。

陆秀夫回到临安，随即赴任。他认真地查阅资料，审视呈文；深入州县，了解当地的农业生产事宜。陆秀夫不要官员陪同，清廉从政，为筹集粮草奔波。

江南当地的民谣这样称赞陆秀夫："老爷千千万，清官一二三。清官何等清？莫过陆秀夫。"

随后，陆秀夫被擢升为宗正少卿，兼权起居舍人。

元军在淮东失利，阿术献计伯颜：佯攻扬州，牵制李庭芝；大军主力前往荆鄂；荆鄂到手，顺流而下，扬州城必然无力抵抗。

元丞相伯颜迅速调整战略，抽调大部分元军增援荆鄂。

吕文焕亲自前往战场。同时，伯颜以金钱、爵位为诱饵，荆州将领黄顺归降元。荆鄂门户洞开，吕文德费心守护多年的荆鄂地区，已经难挽颓势。伯颜率大军趁势掩杀，大军马上攻下整个荆鄂地区。

长江中游天险不复存在，南宋政权被硬生生地打成两段，扬州城岌岌可危，南宋岌岌可危。

危急关头，贾似道之流默不作声。陆秀夫提议，必须由贾似道丞相亲自领军前往，才能抵御蒙古大军。贾似道没法反驳，只好前往前线。

这个弄权之臣，整日酒池肉林。恰逢元前军先锋刘整病故，贾似道趁机攻击元军。

刚一交战，贾似道就被吓破了胆，带过去的十三万人马损失殆尽。他自己躲进扬州城，南宋危在旦夕。

贾似道兵败，南宋朝堂上众人纷纷请求迁都，以躲避蒙古大军的锋芒。皇帝和临朝称制的太后没了主意，只有陆秀夫坚决反对迁都。

说得好听点是迁都——实际上，这就是文武百官的集体逃命。

迁都并非不可，迁都是暂避锋芒的一种战略转移。但暂避锋芒之后，南宋是否还会有机会卷土重来呢？朝堂之上的臣子们暂避之后，估计树倒猢狲散了。

士气和民心就是在一次次的躲避之后丢失殆尽的。北宋高宗皇帝远征契丹失败之后，选择暂避锋芒，后来就一直纳贡称臣，到现在自称侄孙，乞求苟全。

陆秀夫进言："为今之计，只有诏令各路兵马，前来勤王。拱卫好京城安稳之后，再做其他打算。"

命令下来，只有扬州城的李庭芝第一个积极响应。

扬州与荆鄂本就是捍卫南宋的两扇大门。如今，荆鄂已失，李庭芝扛着巨大的压力，抽出两万兵马，让这两万人进京勤王。

勤王大军突破重重阻碍，终于抵达临安城。陆秀夫激动不已，大军中有很多就是他当年组织的青壮流民，如今早已经成为铁血战士。

此时，又来了一支援军，由原郢州都统制张世杰率领。

参政陈宜中见张世杰到来，知道他原是从元军来的，很不放心。陈宜中把张世杰的部队调开，另拨一支新军由他统率，派往浙西抗敌。

陈宜中为何如此怀疑张世杰？原来其中也有缘故。

张世杰是元将张柔的从子，少年起，一直跟随张柔左右。张柔在蒙古军夺取幽、燕后归顺蒙古，屡次受命南侵，残杀宋室臣民。

张世杰看在眼里，恨在心里，一心想投宋复国，不再为蒙古卖命。因此，战事懈怠，规劝张柔返宋。张柔责他叛元，欲施军法。张世杰无奈，只得率部投宋。他屡建战功，成为南宋较有名气的将领。

陈宜中怕张世杰叛宋，成为元军的内应，故不予重用，并抑制他的兵权。张世杰毫无怨言，挥师浙西，稍挫元军的锋芒。

后来陆秀夫奉旨前往张世杰营中奖谕。张、陆彻夜交谈，两人因见解略同，视对方为知己。

临别时，陆秀夫、张世杰携手出帐，眺望江南春色，感慨万千。

紧接着，江西提刑文天祥招募两万人马进京勤王。

虽说各地抗元义士都来到了临安城，只可惜，南宋的精锐大军在贾似道手上起不到应有的作用。

临安城中的大小官员纷纷远离京城，各自逃命去了。左丞相跑了，被追回来；右丞相又不告而别。南宋朝堂灭亡的征兆已经逐渐浮现出来，庸庸碌碌之人终日在朝堂上弄权误国。

关键时刻，皇帝加封陆秀夫为礼部侍郎。

贾似道兵败之后，江汉沿线的守军没有战心，纷纷遁降。伯颜大军迅速挺进建康城（南京）这座当时中国南部最大的城市，就这样被奸臣贾似道白白地葬送了。贾似道随后在逃亡中被宋军诛杀。

荆鄂丢了，建康丢了，江淮防线已经形同虚设。在建康城站稳脚跟的元军火速出击，伯颜大军主力兵锋直指临安城。

南宋皇帝最后的庇护所，现在已经没有任何防御纵深了。

留梦炎、陈宜中分别是南宋的左右丞相。陈宜中的策略就是乞求元军退兵，向其称臣纳贡。工部侍郎柳岳到元军大营求和失败之后，陈宜中又派礼部侍郎陆秀夫前往元军大营。

伯颜是一个很有能力的元军将领，很早就知道陆秀夫的才干。陆秀夫在南宋属于鹰派，也就是坚决主战的代表。这次陆秀夫作为南宋的代表前来议和，伯颜想要狠狠地杀一杀他的威风。

伯颜首先说自己不愿意黎民百姓受苦，希望南宋罢兵、束手就擒。陆秀夫说，既然希望黎民百姓安稳，就退回长江以北，商议和平事宜。

这场议和，本来伯颜想要给陆秀夫个下马威，好好地整治一下他。结果，陆秀夫不卑不亢，有理有节，反驳得他无话可说。

次日，伯颜试图诱降陆秀夫，被陆秀夫大义凛然地斥责和拒绝。

焦山战役，张世杰大败；荆南各地都为元军所夺取。伯颜后顾无忧，大起兵戈，猛攻扬州，意在临安城。

南宋这边早已经乱成一团，只剩三人还在坚守。文天祥、张世杰、陆秀夫，这三个南宋末年最后的忠勇之人走到了一起。

南宋皇帝、太后不知大事，朝堂上的文武百官，顿时作鸟兽散。

左丞相留梦炎自知南宋已经无力回天，自己卷铺盖跑了。右丞相陈宜中主管各项事宜，却只知道消极备战。在最后关头，陈宜中担心自己的所作所为留下千古骂名，带着自己的钱财也跑了。

宋太祖一条哨棒打下的赵氏江山，就这样逐渐走向崩盘。

朝堂会议上，空荡荡的皇宫大殿上就站着三个人。

陆秀夫提出建议：迁都。

张世杰疑惑地问他：之前不是反对迁都吗，为什么突然反复？

陆秀夫说，之前襄樊与淮东都在，这两条防线足以拱卫临安城；但如今襄樊以南都成了元军地盘。

丢失襄樊所在的长江中游，扬州城独木难支。为今之计，只有迁都。迁都就意味着赵氏皇室得以存续下来——保卫大宋，现在最要紧的就是保卫皇帝一脉。

淮东危急，李庭芝仍然坚守在前线。福州、广州沿线的东南沿海还是宋土，尚有数万将士可用。

在南宋危亡之际，陆秀夫又一次敏锐地发现了关键之点。南宋的情势已经没有回旋的余地，唯一的希望就是皇帝。只要保护好皇帝，一切尚未可知——当然，这也是陆秀夫最后能做的。文天祥、张世杰深深认同陆秀夫的建议。

德祐二年（1276年）正月初，伯颜大军驻扎在距离临安城三十里的地方。

当下，南宋丞相都跑光了，只好起用文天祥为右丞相兼枢密使。

文天祥在危亡之际，毅然接受丞相之职。说实话，这个职务现在是一个烫手山芋，无论与元军议和成功与否，都是南宋灭亡的替罪羊，都会被钉在历史的耻辱柱上。

不过，文天祥用自己的能力告诉世人，什么是民族的气节。

文天祥被扣留，潭州失守，湖南告急，临安全城震惊。

一片混乱之中，陆秀夫指示淮军各部坚守南门，两位皇子（益王、广王）得以离开临安。随后，陆秀夫亲自带领士兵回城，希望劝皇帝南迁，只可惜城门紧锁，元军已经进城。无奈之下，陆秀夫只得带数万淮军前去保护益王、广王。

二月初五，南宋皇帝朝着元大都的方向跪拜，举行了正式的投降仪式。

伯颜攻下临安城后，大肆屠杀居民，疯狂掠夺金银珠宝；命范文虎追击二王；三月押解显帝、太后等人送往元大都。

范文虎追击二王的路上，陆秀夫设计埋伏，斩杀元军三千余人，保护二王安全。

陆秀夫与张世杰在温州合兵一处，等待文天祥归来。文天祥被元军俘虏之后，幸运地逃出生天，历尽千难万险，终于抵达温州。

五月，益王赵昰在福州即位；改元景炎，加封陆秀夫为直学士院。

在小朝廷安稳下来之后，陈宜中诋毁陆秀夫，说他目无君上；陆秀夫随即被贬潮州。面对诋毁，陆秀夫无可奈何。失望至极的他前往潮州，这一年他已经四十岁了。不惑之年，陆秀夫的疑惑却越来越多。

满腔愁苦的他准备开设学馆讲学——讲学是那个年代文人经常做的事情。教化民风是一件大事，这也算陆秀夫对自己的交代。就在准备过程中，陆秀夫突然得知李庭芝为国尽忠，死在了元军手中。

元军在平定了内部的动乱之后，随即投入了更多的兵力征伐南宋小朝廷。

李庭芝是南宋末年难得的实力派将领，终其一生，他都没有在京城中养尊处优过。他一直处于战争前线（要不就是被罢免还乡），他驻守的淮东是南宋心脏地带的屏障。

若是扬州的守将是个无能之人，在元军的人海战术下败下阵来，或者来一个"识时务"，南宋的寿命可能会缩短很多年。

襄樊和四川地区可以凭借很多天险，这里的得失决定着南宋的安危。但淮东地区的得失，直接决定了这个王朝的结束时间。

江南是偏安政权最倚重的地方：这里的长江天险，可以发挥最大的作用；水网密布，可以很大程度上阻碍蒙古骑兵；农业发达，可以支援其他地区。

这次李庭芝战死，扬州城破，江南一线门户洞开。

李庭芝死前遭遇了一件痛彻心扉的事情，蒙古大军把皇帝、太后俘虏之后，随即让他们劝降李庭芝。

元军使者略带讽刺地问李庭芝："不是我劝降，是你们的谢太后劝降。你们的皇帝都没了，你还在替谁守护城池？"

李庭芝答道："自古只有奉诏命守城，哪有奉诏命投降的！"

是啊，皇帝都成了阶下囚，太后写的亲笔信也送来了。封建社会讲究为人臣子要尽职尽责，李庭芝忠诚于大宋的皇帝，可如今，连皇帝都被俘虏到元大都了。

艰难酸楚，个中滋味谁人知晓？

元军从襄樊顺流而下，迅速攻下淮东各地，扬州已经成为孤城了。淮东各地沦陷，这个小朝廷也只剩下逃跑的份了。

伯颜大军迅速南下，准备下海追击二王。李恒入江西袭击文天祥，唆都接连攻陷泉州、漳州、惠州、广州。景炎帝在张世杰的保护下，在最后一刻乘船离开广州，前往潮州。

1277年，景炎二年，陆秀夫接旨还朝。不久，元军将领刘深又带大军包围潮州，宋军败退秀山。

元军的优势在陆地上。面对元军的绝对优势，陆秀夫等人只得把皇帝等人带到海上。

大军在一处港湾寻得庇护，南宋小朝廷在这里搭起了住所。恰好有八个山头，皇帝说一山一龙。陆秀夫随即更正说，应该是九龙，皇帝是真龙天子——这就是香港九龙的名称来源。

海浪波涛中，数万南宋军民没有补给，没有基地，有的只是无尽的恐慌。很多时候，压倒骆驼的最后一根稻草就是缘于自身的恐惧。

陈宜中躲在占城（今越南南部城市），朝廷多次召见，也不见踪影——这位逃命丞相从此退出历史舞台。

陆秀夫担负一切军政事务，督军驻守，加强备战。

屋漏偏逢连夜雨，幼年皇帝在落水后，病情加重，惊吓恐惧中一命呜呼了。小皇帝死的时候仅仅十一岁，行朝在这一刻到了崩溃的边缘。

临安城没了，丞相跑了，皇帝死了。这日子还怎么过下去？行朝中的人都觉得大限将至，准备各自四散而去。

在这个紧要关头，陆秀夫站了出来："度宗皇帝还有一个皇子，诸公能抛下这个小皇子不管不顾吗？"

"古往今来，有很多中兴之主，都是凭借几千人就恢复了朝廷宗庙。我们文武百官都在，数万将士枕戈待旦，难道不能如此吗？"

经过陆秀夫的一番慷慨陈词，人心稍微安定下来。

八岁的卫王赵昺即位，改元祥兴。陆秀夫擢升为左丞相，张世杰为越国公。

陆秀夫写了两个皇帝的遗诏和登位诏书。海风呼啸，他成为这个王朝最后的护航者。

祥兴元年（1278年）十二月，元军士兵伪装成老百姓，逐渐对文天祥形成包围圈。文天祥数千军队尽数溃败，自己也成了俘虏。

宋军在雷州兵败后，行朝一行人选择了崖山做根据地。

南宋祥兴二年（1279年）正月初二，蒙古汉军都元帅张弘范率领水师离开海丰，朝着珠江口进发。

张弘范帐下李恒率领大军从陆路进军，张弘范亲自指挥水师从潮州进发。在甲子门，张弘范遇到宋军斥候，得知幼帝就在崖山。

崖山，崖山。

崖山位于如今广东新会县南边八十里的大海中，与西边的汤瓶山对峙。中间海面开阔，故称崖门。两山中间有港口，形成天然的避风港，可以隐蔽宋军的一千余艘船。

陆秀夫组织宋军在崖山修建行宫，同时还修筑了三千余间房屋。内忧外患之中，陆秀夫仍然每天给小皇帝讲授《大学》中的经典，期盼他成为中兴之主。

正月十四日，张弘范大军抵达崖山以南的海域。

宋军把修筑的房屋全部烧毁，以示坚持抵抗的决定。只可惜，宋军没有把守住出海口，被元军的一字长蛇阵包围。

现在南宋最主要的军事力量就是张世杰的部下，张弘范派人三次诱降张世杰，最后，无果而终。

劝降没有效果，张弘范只能硬攻。

元宵佳节，一年一度的海上竞渡正常举行，崖山附近的人们喧嚣鼓舞。崖山周边，二十万南宋军民分散在一千多艘船上。他们肯定没有参加当地居民的元宵竞渡——因为在前一天，张弘范的大军已经围住了他们。

崖门内近一千五百艘船只都在紧锣密鼓地筹备着军火用品。南宋作为防御的一方，无论是心理上还是战术上，都是被动的。

崖山海战从正月十三日全面展开，一直持续到二月初六。

南宋很有自知之明，在陆地上的战争他们根本就不是元军的对手。南宋可以凭借的就是水师。在水网密布的长江一线的防御战中，锤炼出了南宋最强大的水师力量。

崖山海战初期，南宋拥有的各类船舰共计有一千多艘，这在当时可谓是一支较强大的海军力量。

在崖山最开始的这段时间，陆秀夫带人收集了很多粮食，这些粮食可以供二十万军民用半年。

蒙古士兵本来就不适应海上作战，之所以一直重用南宋的降将，也是想要依靠他们海上作战的优势。

元军的舰队仅仅五百艘，这五百艘船的体型远远不如南宋的。战争还没开始，元军的两百多艘船就已经迷路了，在南海转来转去找不到方向，并没有参与崖山海战。也就是说，崖山海战中，只有元军的三百余艘大小船只和南宋一千多艘船作战。

南宋军民有二十万，许多将领都是在和元军常年作战中锤炼出来的，士兵们属于在主场作战，士气高涨。

若是宋军的指挥不出现重大失误的话，崖山海战或许还有转机，最起码不会败得那么彻底。

张世杰是崖山海战的主要军事将领，他是一个谨慎的人，坚持把所有的船只都用铁索连接起来，具体的策略就是死守，不准大军出击。

四年前，焦山之战中，张世杰就是把十艘船连在一起而吃了败仗的。这次他把错误放大了一百倍，崖山海战的结局在这时就基本确定了下来。

元军有了战机。

张弘范一行的水师抵达甲午门时，陆秀夫深感张世杰策略有误，提议更正。

陆秀夫认为：蒙古水师用船舰堵住崖山南边的出海口，已经断了后路。为的就是让咱们前后之间不能进退，当务之急应该集中优势兵力主动出击——胜了最好，不胜也可以撕开缺口，打断元军的包围。做最坏的打算，我们还可以让皇帝从海西位置突围出去。

陆秀夫在危急时刻找到了问题关键，固守也得有守的资本。在陆地上固守，可以同时开展农业，巩固民心。但现在的战场在大海上，前后都没有依靠，固守最拖不起的是时间。

元军完全可以等待大军到来，完成包围——困上几个月，南宋这二十万大军就不战自败了。

最紧要的是水源，在大海上一旦没有了饮用水，谁也撑不住。张弘范占据了崖山之后，重兵把守崖山沿岸，同时派人阻截南宋取水的小船。

靠船上的淡水坚持了一周后，二十万大军只能喝海水，几乎所有人都上吐下泻。生理上都有了问题，心理上最坚定的信念也都消磨得不剩几分了。

南宋的土地在崖山大战前，已经都成了元军的地盘。

战争最考验人性。坚持需要一个盼头，在这茫茫一片的深蓝大海上，一切都是变数。

崖山海战成功的关键有两个：一是打破张弘范在崖山之南的包围圈，另一个就是需要一场胜仗来激发士气。

张世杰认为：大军在海上游荡时间太久了，二十万人中，无论是士兵，还是妇孺家属，都已经离心离德。

在没有红绿灯的十字路口，面对各个方向疾驰而来的车辆，人们的第一反应，就是站在原地不动。这是人最基本的本能反应，面对危险的时候，人们大多都选择驻足不前，观望一番；等待形势明朗，再做打算。

张世杰是南宋末年难得的忠臣，但从能力来说，他绝不是一个合格的将军。

崖山海战是南宋的谢幕之战。作为南宋最后的丞相，陆秀夫再次劝告张世杰：倘若仅仅是崖山南边的一路水师，尚且可以与之作战；若是一直固守，崖山之北更多的元军到来，形成包围态势，那时就回天乏术了。

陆秀夫自始至终都是一个文人士子、封建社会的士大夫。他是一个丞相，将军阵前厮杀，丞相出谋划策。

扬州城的李庭芝知人善任，对陆秀夫的计策言听计从，终成一段佳话。但张世杰坚持自己的想法，一千多艘船，自北而南排成一字长蛇阵，各自用大铁链连接在一起，周边垒起巨大的楼棚。

死守崖山，这是张弘范最希望看到的一幕。元军主力还没到，水师力量太过单薄。张世杰的死守，给了自己修筑楼棚、千船横锁的时间，也给了张弘范筹谋的时间。

眼看着南宋一千多艘船锁在一起，已经彻底失去了机动性，张弘范派遣几百艘小船装满茅草、火油，趁着大风天，火烧宋军。

陆秀夫：负帝投海殉国　　237

张世杰提前做好了准备，在前面一排的船上面涂上淤泥，元军的火攻没有奏效。

就这样，崖山海战的第一阶段以宋军小胜告终。陆秀夫陪在小皇帝身边，稳住皇室家族成员。

时间飞逝，二月初，元军李恒率部而来。自北而来的大军迅速扭转了局势。在北面的李恒部，猛攻南宋与崖山之间的通道；张弘范的大部队在崖山安置好了大炮。南宋二十万军民没有了水源。

张世杰的小聪明让宋军小胜一局；但在绝对的战略劣势下，一切的努力终究化作云烟。

大军夹击之下，张世杰无可奈何，把皇帝以及行朝官员带上船，纵火焚烧崖山行宫及一切杂物。

张弘范提前安排奇兵，断了宋军后路；大军分成四队，分别距离南宋水师一里开外。

南宋水师得以苟全的重要因素就是背靠崖山，基本上是一面御敌。

二月初六，正午时分。

潮汐到来，巨浪拍打着崖山。

南宋水师大军随海潮向东偏移，失去了崖山作靠山。元军迅速完成了对南宋水师的合围。张弘范各路大军四面夹击；天公不作美，大雨倾盆而至。

无数的羽箭往来纵横。张弘范在接近宋军船只时撤下了幕布，在混乱中几艘南宋的船只都被攻陷了。由于船只连在一起，多米诺骨牌效应开始了。甚至南宋的大旗也不见了。更多的人看到军旗不在，在紧张恐惧中陷入了混乱。

炮声轰隆，雷声滚滚。厮杀、惨叫声不绝于耳。

张世杰带着十八艘船，希望带走幼年皇帝。陆秀夫不同意，担心皇帝又被俘虏；张世杰自己趁乱逃了出去。

陆秀夫并不认为单单凭借这些人能突围出去。陆秀夫的妻子、儿子跳江自尽。他跪倒在幼帝身下："国事至此，陛下当为国死；德裕皇帝辱已甚，陛下不可再辱。"说罢，把小皇帝绑在自己身上，君臣一起跳进大海。

张世杰突围后说："我为赵氏，已力竭了。一君亡，又立一君，今又亡。"随后，自溺于江中。

1276年,"临安"了百年有余的南宋,在法理上已经不存在。陆秀夫等人的勉力维艰,硬生生延续了南宋三年的命数。

1279年,二月初六,南宋最后的皇室血脉与军民葬身大海。

南宋彻底亡了。

这一年,陆秀夫年仅四十三岁。七日后,有渔民把陆秀夫的遗体安葬在崖山以北的青径口。

崖山海战中,南宋有很多的错误操作。

首先,在雷州战败后,南宋行朝二十万人退避崖山,本来就是权宜之计。暂避锋芒后就应该主动出击,让自己处在有利的地位。

陆秀夫察觉到这个问题,就建议主将张世杰占据崖山西南出海口。水无常形,兵无常势。胜败本就在转瞬之间,留后手是很重要的。张世杰或许是盲目自信,或许是缺乏信心,没有听取建议。

其次,陆秀夫所说的崖山出海口非常关键。从双方综合考量,元朝水师首要的目标就是控制住这里。没有了出路,剩下的就是熬时间,而这正是南宋的劣势。

最后,最严重的失误就是张世杰下令把所有的船锁在一起——这个战略秉持主将一战定胜负的执念,却丧失了水师的机动性,放弃了出海口。

崖山就这样成了南宋的"水葬场"。

南宋就这样亡了。

陆秀夫的一生都在战火中度过,1279年是他的终点,却不是封建社会士大夫辉煌终结的时刻。

除夕夜,本来是家人团聚的美好的日子,1279年南宋的除夕夜却是在慌乱中度过的。

南宋在1279年仅仅维持了三十多天,这个国家已经成了十足的海上之国。漂泊在崖山大海边的南宋行朝的人数有二十万之众——一部分是士兵,更多的是士兵以及官员的家属。这个群体是南宋最后的希望,也是元军的眼中钉。

元军即将统一全国,在大海上的这一千多艘船就是眼中钉、肉中刺,务必除之而后快。

一条船上百余人，在粮草断绝、缺乏水源的时候，一切的理想信念都变得虚无缥缈。何况整个北方大陆都在元朝行省的规划之中，南边还有张弘范的水师挡着去路。

1279年是宋朝定格的时间。

很多人都说，陆秀夫没有带着小皇帝突围出去太可惜了！留得青山在，不怕没柴烧。

这个想法过于理想化了。

1279年，灭亡南宋的仅仅是张弘范以及李恒的南北两路水师；在元军的等级序列中，他们仅仅是第三等。第一等的元军没有参与后续的灭亡南宋，在南宋故土上驻守的也仅仅是第二等的大军。

可以说，崖山海战，就是一场狮子搏兔的游戏，这头狮子根本没有发挥全力。

南宋的二十万军民中，妇孺家属居多；即使突围成功，也只是少数人。绝大多数人都会成为弃子。

这二十万人为什么也选择投海自尽呢？因为身份。

他们的确是南宋将士们的亲戚朋友，还有一些忠义之士。说到底他们是老百姓，并不是真正的士兵。但他们的身份早已发生了变化。

南宋首都临安城沦陷，皇帝、太后尽数成为俘虏。王朝的象征已经没有了。大元的奠基者忽必烈最期盼的就是这个。

结果，两个小皇帝相继即位，在一路逃亡的过程中也聚拢了十数万的臣民。

赵氏是皇家，皇家的根基是忠心于他们的人们。斩草须除根。两个小皇帝无论是生是死，千余艘船上的二十万人，已经成为这个王朝实实在在的象征。

民心向背，对帝王而言是最重要的。

这二十万人也明白，在元朝四等人的制度中，越早被征服的等级越高。他们象征着的南宋是最晚降服的，受到歧视和虐待是必然的。更糟糕的结果是，即使投降，他们也基本上会被屠杀殆尽。所以，在陆秀夫的示范作用下，或是因为忠于南宋，或是因为绝望至极，抑或是羊群效应，他们都选择了跳海自尽。

崖山海战的主角不是小皇帝，也不是在中枢辅政的陆秀夫，更不是指挥作战的张世杰，而是这二十万人，这多数不曾留下名字的人。他们是普通人，没有皇帝、丞相、将军所拥有的荣誉。

　　最后的二十四日，恐慌与死亡始终萦绕在崖山上。

　　最终，陆秀夫带着皇帝维护了自己最后的尊严。有了带头的人，其他人也做出了惊人之举。他们不愿意做受尽屈辱的弃子。宋朝的弃子已经很多了。

　　在元军的合围之下，带皇帝突围，是一件困难的事情。

　　在生死存亡的关头，即使不去想元军开出的天价筹码，仅仅为了自己活下去，也难免会有人把小皇帝抢走，送给元军。

　　陆秀夫拒绝张世杰带走小皇帝，最担心的是小皇帝被俘虏。

　　文人有傲骨，赵氏皇家的血脉就剩下这一个，倘若还被俘虏的话，受辱是肯定的。之前的赵氏皇帝被俘后被送到了青藏高原，所遭受的虐待可想而知。更有甚者，宋朝皇帝的墓穴被挖开，皇帝的头颅成为玩物。

　　陆秀夫清楚这些，这就是陆秀夫负帝投海的考量。

　　1279年，君臣一同赴死，成为南宋挽歌。

　　文天祥被俘后，目睹了崖山海战后的惨烈，浮尸十万。他挥笔写下了《过零丁洋》：

> 辛苦遭逢起一经，干戈寥落四周星。
> 山河破碎风飘絮，身世浮沉雨打萍。
> 惶恐滩头说惶恐，零丁洋里叹零丁。
> 人生自古谁无死？留取丹心照汗青。

　　贵族精神是什么？在陆秀夫所在的南宋时期，臣子为江山社稷而死，当如是。

　　就像文天祥说的那样："人生自古谁无死，留取丹心照汗青。"士大夫版本的贵族精神，在陆秀夫的身上体现得淋漓尽致。

江阴八十一日：大明最后的坚守

豆 子

1644年，明朝灭亡。

清军扫平了不思进取的李自成农民军后，顺势南下。他们攻城拔寨，用到了弓箭和长矛、大炮和火枪，一路上所向披靡。

扬州十日、嘉定三屠、江阴八十一日、大同之屠、广州之屠……一系列惨绝人寰的大屠杀也随之开始了。

在这些大屠杀中，清军在江阴这个地方遭遇了前所未有的抵抗，原因是江阴士民强烈抵制剃发令。

最后，小小的江阴城，清军竟然攻了八十一日才攻下来，而且损失惨重，折了三个王爷、十八名大将、七万五千余士兵。

城破后，江阴士民九万七千余人被屠。全城只有五十三人，因躲在寺观塔上，才躲过此劫。

一

清豫亲王多铎亲自领兵来到常州，下令常州各县的人员都要听从号召，拥护领导，顺便把头剃了。

负责通知的传达员当然要选明朝的官员。被选中的，是明朝御史刘光斗。

刘光斗把文件全部下发，各地均积极回应。毕竟明朝官兵都撤了，留下一帮手无寸铁的士民，也不能等着挨刀不是吗？

唯独江阴没动静。

江阴没动静，这事让刘光斗很纳闷儿。毕竟这种事，回复就意味着不必挨打，不回复就意味着有情况了。那时候，通信不发达，所以两下里沟通起来非常费劲，刘光斗决定亲自到江阴走一趟。

来到江阴，他发现事情好像真的很严重。因为江阴县令已经跑了。

县令滚蛋让刘光斗很为难，因为这位县令并不是贪生怕死才滚蛋的，他只是不想跟着清廷干——他这是辞职，是为了表明自己不合作的态度。刘光斗认为，既然县令跑了，接下来只管按官衔大小往下找人就对了。于是刘光斗问参将张宿，可否帮忙传达一下朝廷的旨意。

张宿没理他，走了。他就去找县丞胡廷栋，胡廷栋说自己不干了。他又去找海防的老程，老程表示他要辞官。学使朱国富和兵务马鸣霆也跑了。

都跑了。

江阴没有县官，江阴的百姓也很着急。于是士民推举莫士英当代理县长，相信莫县长能主持大局——但这似乎是大家的一厢情愿。

莫代理很清楚现在的局面，刘光斗是"识时务者"的正面教材；而那些辞官跑路的官员，都是不知顺逆的傻子。他赶紧把县里的名册整理后交了上去，又拿出仓库里的钱贿赂刘光斗。

他觉得自己一定是江阴县令的不二人选了。不花自己的钱却能做富庶之地的县令，的确是一桩好买卖。可惜，拍马屁是需要天赋的。碰见天赋比他高的，他就只能干瞪眼了。

一个名叫方亨的人出现了，他是明朝的进士，家住河南。在河南还没动静的时候，他就主动跑到清军前献宝——可以说，在拍马屁这方面，莫士英远不及方亨。

清廷觉得方亨让人放心，于是让方亨当江阴县令。

方亨来了之后，便把莫士英挤到了一边。江阴来了四个清兵，方亨很客气地接待了他们。他们是来督促办案的，因为豫亲王多铎已经下发了剃发令。

剃就剃呗。这不是什么难以执行的任务，方亨很快就把告示贴了出去。然而，江阴第二天就有人联名上书要求留发。要求留发这一点很容易理解，披发左衽的那是异族，身体发肤，受之父母，不敢毁伤；你剃发是你的传统，我蓄发是我的习俗。

方亨听完大家的说明，就开始发飙。他发飙是必然的，因为他是在执行任务——万一上司看到他的任务没完成，官可能就没得做了。一切富贵，都将归于浮云；一切努力，等于白费。

眼见事情办不成了，方亨只能破口大骂。众人见他骂娘，也跟着骂娘。

真是一群刁民！方亨正在气头上，跳起来指着北州的那群乡老说："我不管了！我不管了！"

二

闰六月初一，常州府下令：

留头不留发，留发不留头。

和大家想象的不一样，清初的剃发，并不是和清廷戏里头演的一样。它是分时期的，清初要求剃的发型像鼠尾，清中期的发型像猪尾，后期像牛尾。

常州府下达的是加强版的剃发令，把剃发和生命结合到了一起。"留头不留发，留发不留头"是后世尽人皆知的句子，随便了解点历史的人都应该知道这不是说着玩的。后来老乡把剃发的师傅叫作"逮着"，其实就是"待诏"。所谓的"待诏"，实则是政府派理发者巡街，碰见不符合规定发型的人就摁住给他理发。

方亨很高兴，因为有朝廷撑腰，震慑这帮百姓应该绰绰有余。

他把这句话告诉给手下，让手下多多地抄写公告，抄写完后发布出去，也好让大家知道朝廷对于剃发的决心。

不过，方亨发现，手下的脸色有点不大对劲。

方亨问："你怎么了？"

手下把笔摔到了地上。

方亨愣住了，瞪着手下问："你找死吗？"

手下说:"就死也罢!"

方亨虽然也是读书人,却是个粗鲁的人,归根结底是个简单粗暴的家伙。他撸起袖子就要冲手下抡拳。然而在众人的保护下,方亨的拳头并没有派上什么用场。

方亨抡空拳头的举动,让北州乡季世美等人非常气愤。他们更气愤的是:当清廷的顺民也不是不行,但让人把脑袋瓜子刮成半个光瓢就太欺负人了!改朝换代可以,但剃那发型算什么?这算什么信仰?

他们叫上伙伴,带着兵器从北门开始敲锣,一路跑到县衙,在县衙前示威。示威的人越聚越多,吸引来了一万余人,敲三下锣,吼一声,震天响。

方亨出来,让人把他们的兵器收了。兵器当然可以收,可是收兵器的人在哪里呢?

方亨表示:人手其实是不够的,但你们可以主动把兵器交上来。

大家就笑了。方亨不跟他们一般见识,躲在衙门里不出来。局面陷入了僵持。

然而有一个人的出现,打破了原本并不过分的氛围。

来者正是方亨的老师。

当时,苏老师带着人来给自己的学生贺喜,看见这群人闹事,于是指着人群就骂:"你们这群奴才,个个都该死!"

苏老师这书是白读了,不知道众目睽睽之下千万不能惹众怒。带头的又是些年轻气盛的小伙子,当时就把苏老师拖过来一顿狂揍,活活打死了;尸体晾在空地上,准备点火烧。

老师都死了,方亨不能不出来了。他出来就吆喝,说要抓带头闹事的。于是他自己也被拉了过去,人群把他挤在了中间。

这个时候,方亨终于想起羡慕他的莫主簿。他喊老莫,却发现老莫从人群里跟跟跄跄地跑了。

方亨想到,如果自己再不服软,应该一泡尿的工夫内,就跟老师一个姿势躺地上了。于是他说:"大家别闹了,不剃头就不剃头,我答应帮大家给朝廷写申请!"

方亨回到衙门,立即给朝廷写信:请派兵围剿江阴。

结果这事被捅出去了,是县里的小吏告的密。搬救兵围城的事,方亨骂骂咧咧地写,骂骂咧咧地说,就差没让门房老大爷听见了。

于是大家就又把方亨抓了起来。大家抓方亨是想让方亨再写一封信,不要让朝廷出兵,并且要求不要剃头。可惜方亨是"有骨气"的,他表示这种信他是不会写的。大家商量着再让方亨上台;但方亨表示,自己上台可以,但所有闹事的都得死。

最后一点和平解决的希望,就这么破灭了。

所以我们发现,江阴百姓并不像传说中的那样不怕死。他们怕死,怕得要命。他们只是希望有一个人能为他们主持公道,缓和一下气氛,甚至求一求清廷放他们的头发一马。但任何请求都是不可能行得通的。

百姓被逼上绝路,这是没得谈了。没得谈就只能反抗了。

三

主持这一切的,是一位典史。

辞典上明确写着"典史"的定义:典史是中国古代官名,设于州县,为县令的佐杂官,但不入品阶、"未入流"。

这位典史,叫作陈明遇。

兵备分发了兵器,所有人都领到了称手的武器。随后,陈明遇召集大家在公堂开会,公审细作。细作交代出了其他细作,算起来有七十多个,他们奉了常州太守的命令,准备举火为号,开门迎接清军进城。

众人分头搜捕细作,把细作斩首,还从一个青衣人的身上搜出了地图。地图上画着兵马进军江阴的路线和江阴守军的各个埋伏点。据细作交代,沈曰敬和吏书吴大成、任粹然等人,在马三家里商量着如何血洗江阴城。于是众人把沈曰敬揍了个半死,把马三和吴大成凌迟处死;任粹然也受了刑,临死前没忘了吓唬别人说:"清军很厉害,你们要小心。"

总之,清军要血洗江阴这件事已经是铁定的了。

他们不仅要血洗江阴,还血洗过扬州、济南和大同,杀八十万人是杀,杀一千万人也是杀，只要不配合，就得杀。杀多了就怕了，怕了就服了。不用跟他们讲道理，谁赢了谁就是道理。

真是混账逻辑。

江阴的举动受到了周遭的关注。乡里的义士听说后，纷纷前来投奔，足足凑了十万人。

因为细作没了动静，而且综合信息来看，江阴似乎抵抗之势甚炽，所以清军也不敢妄动。打头阵的清军遭到了部分袭击；而原本只想浑水摸鱼的清军水师，还没干仗就已经被团灭了。这实在是太窝囊了。

水师的领兵是一个名叫王良的家伙。他本是江阴人，当过几年不法之徒，领导过一些事业，在江阴也算有名。船队路过双桥的时候，围观群众，主要是农夫，骂王良骂得很难听。

王良的兵被骂得太惨了，嚷着要下来揍这些农民。

群众表示：你们有种就过来。

王良下令靠岸。

这是个错误的举动。愤怒的群众拔青苗往船上扔，青苗带着烂泥砸到了挤得满满当当的水师船。那些兵站不稳，纷纷掉进了河里，不会游水的都淹死了；会游水的更惨，游到岸边就挨揍。

围观群众太多了，都拿着锄头砸向士兵。爬上来的清兵只能跪地求饶，却依然被打死。被打死的清兵塞满了整个河面，堵在了河里的石头上；尸体越压越多，河水为之断流。这一场滑稽的战斗，却让清军莫名其妙地损失了一批水军。

江阴已经选出大将来了，徽商程璧和陈明遇等人均认为，邵康公可以担任大将，负责招兵买马。粮饷、参谋也都有了合适的人选。都到这份儿上了，留着方亨和莫士英也没啥用了——不仅没用，还可能成了内应，不如杀了。

清兵越来越近，已经从城西的营地转移到城南。各地赶来江阴的救兵，本来就是临时凑的，几百、几千的都有，很能干的有，很差劲的也有。招兵买马的效果很客观，加上援兵和近几天回城的客流，江阴的防备力量又加强了。

与此同时，清兵在城外琢磨了很久。撤退多日后，他们再次压了上来——准备最后动手了。

清兵感觉江阴是块硬骨头，他们请求朝廷增援。清廷一口气调来了十多万兵马，那是由三位王爷、一千名将领率领的大军。

谁打先锋呢？

沧海横流，英雄本色，人人应该争当先锋模范，于千万军中横刀立马，不然怎么能够对得起如此的恢宏气势呢？！

说得太好了！

大家决定，让刘良佐去。

刘良佐曾经是南明江淮地区的办事员。清军入关后，多铎率军南下，刘良佐带着十万大军投降，并且捉了南明的宏光皇帝给清廷当见面礼。

刘良佐没有错过这次表现的机会。他的兵在西门跟杀出来的城兵厮杀，无一伤亡，却砍死了江阴五十个出战的百姓。可见，江阴城匆忙组成的军队，战斗力实在堪忧。

清军就很放心了，从东门到北门，分十六营围城，抢了富户，烧了东城，碾压乡兵，却只损失了一员骑兵。

相比较而言，来江阴帮忙的泗善港的葛畏弼父子就有些拿不出手了。他们带了五百人，本来干的是私盐贩子的护卫，平时不少捞油水，所以来帮忙也没改掉喝酒赌博的习惯，吃饱喝足去打仗，结果全军覆没。

外围的乡镇上，清兵杀人放火，青烟遮天蔽日。这导致乡里的百姓不等清兵来屠村，就主动去找他们拼命。

拿下江阴，看起来似乎没那么费劲。于是清军让刘良佐写了一封劝降信。大意是：大家都剃发了，就你们江阴不剃发，这就是你们的不对了，你们怎么就那么特殊呢？不就是换个发型吗？难道你们的命还不如发型重要吗？命就这么不值钱吗？你们把头发剃了，我保证什么事都没有！

江阴士民在陈明遇的主持下开了个会，讨论的内容当然是如何回了这封信。眼下的情况是，几千年来，中国改朝换代，百姓也不是不知好歹，也不是不归顺，可从来没见过这么侮辱人的。清兵奸淫掳掠，坏事做绝，苏杭还没有定局，江阴也绝对不会偷安。陈典史给清军回信了，回信的内容大概是这样的：

"我们已经下定了决心。你们能不能听我们的，那是天命。免回。"

听你们的？免回？回信的内容着实把清军气得不轻。立功心切的刘良佐更是火冒三丈。他让军士散开，去周遭剽掠：人可以随便杀，钱可以随便拿。

清兵的扫荡，把江阴周边乡镇的游勇打得毫无还手之力。那些平日里扛着锄头劳作的农民，也没必要单枪匹马跟他们硬干，知道自己不是对手，就都逃跑了。

逃跑也是不行的。劝降只是手段，等开了城门，也得把城里的人斩尽杀绝——刘良佐就是这么想的。但城里暂时还进不去，只能派人去追逃跑的乡兵，追到就杀，一个不留。

刘良佐把周遭的乡村血洗了，就专心致志地攻打江阴城。攻城军里，弓箭手上万，这些弓箭手目前的任务就是往城里放箭。而江阴城内对付落雨箭的方法也很简单，拿个锅盖就挡住了。不仅能挡住，还能回收利用，一天能回收个几十万支箭，收获相当丰富。

陈典史虽然在巡城，劝慰、犒劳，但一直不担任主帅。这倒不是他害怕——他要是害怕，早就跑了，留在这里巡城干什么？

陈明遇跟大家说："我不是当主帅的材料，应元才是。"

众人的疑虑瞬间全消。

对，阎应元才应是抗敌主帅！

四

阎应元，北直隶通州人，原是个武生，后来当了京仓大使。他以前当过江阴的典史，虽然现在已经不干了，但他的名声依然不亚于战国的那几位君子。

在任期间，阎应元的德行与陈明遇一般，却比陈明遇更加有军事指挥能力。他是个能文能武的帅才，头脑清晰，有着超强的策划能力和执行力。

请他出山，一定能行。

问题是，人家本来已经跟江阴没什么关系了；发生这种要命的事，能躲的都躲得远远的，谁还愿意干这苦差？

"试试吧！"陈明遇说。

从城上缒下的十六人，消失在了茫茫夜色之中。他们是去找阎应元的。

祝塘镇，阎应元简单听说了他们的来意，沉吟片刻。

"我有一个条件……"他说。

"尽管说！"

"都得听我的！"

"然后呢？"

"没然后了。"

这还能叫条件吗？！

走吧！！！

前途险恶，十六个人护送是不够的。祝塘镇的老乡表示，他们要护送阎应元一程。

一路走到城门附近，阎应元把闻讯赶来的老乡打发走了。老乡带着粮食，原本是想进城共同抗战的，却被阎应元劝走了。是的，打仗这回事，不是空有一腔热血就能行的，羸弱与乌合的人，到了战场上等于炮灰。

城里的就在城里吧，没进去的就不要进去了。但阎应元要进去，他带着四十来个家丁入城后，首先就命原兵使徐世荫、曾化龙开始造火药。这两人都是他的老同事，论业务他们是无比熟悉的。然后，他通知城里的有钱人出资当军饷，统统放到察院，一一记录，公开透明。随即他开始统计人数，清查全城户口，登记在案；整饬服饰和兵甲、旗帜；并对各门的镇守作了安排：

武举人王公略守东门；

把总汪某守南门；

陈明遇守西门；

阎应元自己守北门。

阎应元与陈明遇总督四门，日夜巡历！阎应元的到来，坚定了大家守城的决心。

清军主帅震怒，命九员虎将爬云梯登城。他们以为江阴城上的这些守兵是连民兵预备队都不如的乌合之众，却不知城中的一切都已被阎应元等人安排得有条不紊、妥妥当当。就比方说有人爬梯子上来，就由长枪队上前刺他们。这九员虎将，死了四个，残了五个——其中有个身中三箭的，有个脑袋被削掉的，有个被火烫死的，还有个活活摔死的。

清军主帅上场了。他不信就连这乌合之众的一关都过不了。

于是大家目睹了这位主帅登城、与守城兵士互砍、被刺、被锁喉，直至坠落的全过程。

他被摔得粉身碎骨。

城下的清兵忽然散开，大哭道："七王爷死了！！！"

是的，那是七王爷。

城下的二都督，一路从北打到南，打北京，杀南京，从来就没这么费劲过；怎么江阴拳头大的地方，愣是打不下来呢？！于是下令，十营兵选数员猛将，派兵赶快扎十张云梯，在第二天分十处登城；如有退却，格杀勿论。

七月十二日，北门。

是的，北门。

清兵认为北门最好打，所以最先猛烈攻击北门。

但北门又是最难打的，因为镇守北门的，就是阎应元！

二都督会后悔的。但此时的他，并不知道"后悔"两个字怎么写。他一马当先，率领清兵登城。

他们在护城河上架了十座浮桥；过了浮桥，便可以把云梯搭在城墙上。这种做法，理论上可行，可是实际上操作起来却很困难。

因为城上的人在往下扔石头。石头砸下来，脑袋瓜就会开瓢——就算不开瓢，也会被重重的石块砸得蒙圈。

怎么办呢？清兵想到用掩体挡着前进——于是城墙上的守兵就改用火箭射他们，间或泼他们点油，一把火就烧起来了。

尽管如此，清兵还是摸到了城根。

二都督防护很严密，他穿了三层甲，腰里别了两把刀，肩上也插了两把小刀，身先士卒地爬上了云梯。二都督很猛，他真的爬上来了，石头都砸不蒙他，可见二都督有着极强的抗击打能力。二都督爬了上来，抽刀就开始胡乱砍——他的力气很大，没人扛得住他。就算有人刺到，因为他穿了三层甲，比犀牛皮还结实，大家也奈何不了他。

此时有人喊："别刺他身上了，没用，都刺他脸！"

一时间，刀子和枪头雨点一般刺过来。一个姓汤的小孩拿着镰刀钩住了他的脖子，拉断了他的喉管。竹木匠姚迩割下了他的头。大家把他的尸体扔了下去。

清兵本来都已退下去观望；看见主将死了，也不敢动，眼见尸体掉下来了，都过来抢尸体。此时城上忽然响起了梆鼓声——这是砸石头的号令。既然清兵过来抢尸，不妨让石头也凑凑热闹。砖头和石块纷纷如雨下，又砸伤了一千多人。

尸体还没抢到，于是清兵拿来牛皮帐挡着，总算把尸体抬了回去。

"头呢？"八王爷薛王问。

"对啊……头呢？"刘良佐说。

"我问你，头呢？！"

"头……哦，头在城墙上呢……我去找他们要！"

刘良佐派的要脑袋的来了。当然不给。

第二天又来。还不给。

再来，依然不给。

刘良佐急了，没别的办法，他分析，如果出钱，江阴人肯定就会把脑袋还给他了，这脑袋江阴人自己留着也没什么用处。于是他让人带着钱过来求。

城上的人把银子用银鞘吊上去了；一群人在下面等了半天，也没看见城上的人有什么表示。于是他们喊："还我王爷的头！"

城上的人就把头用蒲草包着扔了下去。

打开一看，是一颗狗头。

最终二都督的头还是扔给了清兵，那是因为清兵求得频繁，太烦人了。城上的人已经无法忍受那种鬼哭狼嚎式的恳请，加上本来就收了银子，哪能不办事呢？

五

清兵接连的失利，让薛王非常愤怒，他只能要求更多的人马前来江阴助阵。而北州那边薛王的营帐，已经开始采取柔化政策了。刘良佐也写了一首劝民歌。

说白了，就是招安。

薛王的招安我们也见过，无非是"里面的人听好了，投降可免你一死！你们谁想投降，放下武器，过来就可以了"。可惜嗓子都喊哑了，别说降兵，连个屁都没有。直到有一天，江阴的四个生员前来商议投降大计。

薛王是明智的人，看得出他们是典型的奸人。这种人他见得多了，只要给他们钱，就能让他们回城宣传他的怀柔政策。领着人前来投降，许诺封官不敢说，利肯定是有的。他给了这四个人每人一锭大元宝。那四人回城，就开始了活动。

薛王上当了。

这四个人回到城里，去见阎应元和陈明遇——原来是他俩安排他们去的。四人在诈降中看出了清军的破绽，他们表示，只要有一百多位敢死之士，事情就有得做。这一百多"降兵"，前面几个人拿着降旗，后面的人抬着银箱——但里面并没有银子，全是火砖。只要薛王的营门一打开，这些火砖就会发挥它们的威力，因为火砖就是炸弹。

薛王还是太轻敌了，当他满怀喜悦地接受这些财宝的时候，火砖也被引燃了——薛王营地一顿连环爆炸，营帐附近的人全被炸死了。死了两千多人，其中包括两名上将，薛王本人也只剩下了一颗脑袋。薛王死了，由十王爷负责给他收尸。而深入敌军营地的死士，又是何等的心情呢？

十五日，战事进入了白热化。

城上对清军的攻击方式主要是火攻、石攻，以及骂攻。火攻用的是火球和火箭，石攻用的是石头和砖头——对于居高临下的人们来说，这有着得天独厚的优势。至于骂攻，也只是辅助作用。你想登城，就得靠近；你一靠近，我就拍砖。你来我往，拍死了几百个。作为一名优秀的统帅，刘良佐感觉颜面无存。

他让人造了一个巨型的牛皮帐，用来挡砖头——但这个大帐其实是有问题的，因为它虽然不怕砖头，却怕火。城里的人把桐油熬得冒烟后甩到营帐这边，营帐就烧出了洞。江阴人拉的屎也舍不得扔，都用机炮给甩了下来，作为送给清军的"开心小礼物"。

此外，城上的人还发挥了各自的特长，有人制作了一种类似于鱼钩的大钩，把人钩上来，斩首后再扔下去。还有之前清军射来的那些箭，又给他们射了回去。

城外的援兵不可能来了。阎应元决定，趁天黑，劫营。他率领一千勇士下城，突入敌营，连抹带刺，杀了数百人，随即火速撤离。等清兵的其他营来救的时候，他们只看见了同伴的尸首。

刘良佐是受够了，把营挪了地方以后，找到了十方庵的僧人，让和尚跟阎应元讲话。和尚的工作做得不是不尽心，都哭了，也没感动城上的人。刘良佐打发和尚滚蛋，自己上马，只身向前，他要跟阎应元谈谈。

多少次，他和阎应元这么谈过。因为他们曾经是同事、朋友，他们曾经为了一个目标而努力。但有些人变了，有些人没变。

刘良佐认为他的选择是对的，所以他要和阎应元直接对话。

他望着城上，喊道："宏光已死，江南已顺。足下如能识大体，富贵又岂能在我之下呢？"

阎应元回道："江阴士民，三百年来食毛践土，深戴国恩，不忍心望风投降。我是大明的典史，绝不侍奉二君。将军身为侯伯，手握重兵，进不能恢复中原，退不能保障江东，又有什么面目来见我江阴的忠义士民呢？"

看来劝是没用了。但他和阎应元以前是朋友，他觉得还可以再试试。于是过了一段时间，他又骑上那匹马，来到了城下。

没想到这次嘴还没张开，他就享受了火炮齐发的礼遇。他忙不迭驾马奔逃，回头望着朝他发炮的江阴人，大声嘶吼道："你们没救了！"

刘良佐没撒谎。贝勒来了。

贝勒打完松江，就来到了江阴，还带来了二十万人。他问过情况后，就把刘良佐狠狠骂了一通。打一个小小江阴，这么久还没攻下，而且还死了那么多人，证明刘良佐这个人是很没用的。在指责刘良佐办事不力后，他亲自爬上君山，察看了一下地形。

贝勒是个优秀的军事家，他认为，江阴城就好比一艘船一样，南面是头，北面是尾；要同时打南、北两面，恐怕是白费力气；应该集中优势兵力猛攻中间。只要用铁炮打出个大口子，撕开江阴的防线，江阴就到手了。

贝勒让人按计划执行。然而这并没有什么用。一大帮人围堵小小的江阴，死活还是打不下来。清兵就开始往东劫掠而去，大桥、周庄、华墅、陶城、三官司、祝塘都遭了殃。

贝勒的铁炮阵还是有些作用的，一颗铁炮打中了阎应元的右臂，也把城北轰开了一个裂口。但这个裂口第二天又完好无损了——这让清兵很不解，他们想不通阎应元是用什么方法一夜之间就把裂口修好的。

直到次日，十王爷带着的清兵终于见识到了阎应元的组织能力。清兵原本计划主要攻打东、西两门，没什么用之后，就又开始打北门。北门的阎应元让城上的每个人都拿着一块石头，等清兵组织摸索式进攻，就把石头堆得像山一样，清兵抬头望着这连绵磅礴的圆石山，怕了。可想而知，如果谁敢靠近，不敢说死，被砸成残废总是没有问题的。

北门没办法打，那就得打南门。

十王爷让人准备了一百门各式大炮（从各地缴来的），集中炮火猛轰东南城角。十王爷对这种打法很有信心，他领着上将四人、亲军二百四十人站在台旁。阎应元看见十王爷在下面指挥轰城，一时间竟然有些不知如何是好了。

不过，阎应元的大脑飞速运转，很快就想出了策略。

他把城中的汤大力士叫了过来，让汤大力士从下面往城上扛了一架火炮。

火炮架在了垛口，炮眼对准了十王爷。

十王爷被炮炸死的时候，汤大力士还没反应过来——他的听力有问题。但他看见十王爷和四将以及那两百多个清兵葬身火海；一把黄伞被炸飞，从天空中慢慢飘下来；还看见不知道是谁的一条腿，穿着靴子从半空落了下来。

十王爷也死了。

半夜出去烧营的江阴敢死队员收获颇丰。清兵在这里待着，很难占到便宜，就又有人溜出去，到乡镇上抢劫去了。

敢死队员周祥、金满、李芳、针子四个人回到城里，阎应元让人赏赐他们每人一两银子；但管这事的夏维新、王华只给了他们每人六钱。大家知道了，就来闹。不得已，阎应元把这俩贪赃的家伙杀了。

然而夏维新和王华并没有贪赃，也犯不着克扣那四钱银子。只是因为清兵围城日久，城中的赏金快要发光了，再这么大手大脚，恐怕会误事。江阴城里的百姓日夜不能安歇，自然十分疲惫。有些人想着叛逃。不过，叛逃这种事，去了清营是要献宝的，没钱献，当然就得有情报。于是，凡是有二心的，被发现后会立即被斩首。当然已经剃发投诚的也不是没有，有位杨营长搜刮了民财，宰了牛，跑到刘良佐那里献宝——刘良佐发给了他一面大旗。刘良佐不敢来劝降，他就让杨营长来劝——杨营长来了，也被火炮给打回去了。

这天，有大批从江阴来投降的——这说明抵抗也快撑不住了。刘良佐起初很高兴，但想起之前的诈降，怕自己也死了，于是嘱咐手下务必看看城上的守兵剃头了没有。大家一看，果然没剃。

贝勒也来劝，说只要把"大明中兴"旗给拔了，换上"大清万岁"旗，再把四个门的门将斩了，其余的一律无罪，就算不剃发也行。这是个大好的消息，因为大家就是不想剃头；仅仅为了守住这最后的底线，终于让贝勒做出了让步。

阎应元同意了贝勒的部分要求，但有一点他不同意。

他说："杀我可以，其余人全都是无辜的，一律不许斩。"

"呵呵，"贝勒笑了笑说，"那就没得谈了。"

没得谈，那就打吧。

六

八月初八，大雨。

大炮轰城，震荡不绝。护城河也因大雨而变得又宽又深。阎应元派游泳健将陈宪饮带着一批人游过护城河，偷偷钉死了清军的炮眼。大炮的炮弹是充足的，但只要把炮眼钉死，是打不出炮弹来的。

阎应元出这几个兵，目的就是延缓清兵炮轰的时间，从而抓紧时间修好开裂的城墙。刘良佐修大炮修了两天，修好以后怕阎应元晚上再派人来捣乱，干脆直接让人不分昼夜地轮番上阵，炮轰城墙。城里的石灰快没了，粮食也快吃光了——贝勒知道这个消息后，决定留下四万人让刘良佐指挥，自己带人离开这里。

刘良佐不同意。他大概知道，只要这位贝勒爷走了，江阴城的得与失，责任就全落自己头上了。他对阎应元再熟悉不过，面对这个死脑筋的前朋友，他找不出词来形容对他的感受——或许，就现在来说，其实就是怕吧。

阎应元很早以前就预留了面粉。面粉被做成了月饼，分发了下去。剩余的粮食从民间征集，按照数额限量领取，不得提前透支。谁也不会想到，眼看就要饿肚皮的时候，从八月十三日到八月十七日，阎应元居然连续发了多天的中秋节物资。

这些物资，有很大一部分，是徽商程璧的功劳。

商人重利轻义，但程璧应该是个例外。在江阴被围的时候，他原本可以躲得远远的，但他却拿出了自己家的十四万两白银用于军资。清兵气势汹汹时，他又独自一人跑到外地求援——一路被拒绝多次，却始终没有放弃。

城里的阎应元和陈明遇，在八月十五日那天为大家组织了一场隆重的庆典。琴瑟笙箫，霁雨初晴，皓月当空，在苍茫的原野上，清兵也听到了来自城里的歌声。

有人骂："死到临头了，还唱歌。"

有人哭："那是我小时候就听过的歌啊！"

刘良佐坐不住了，他不能任凭这群死顽固搅扰自己的军心。他也创作了一首劝降歌，让士卒进行大合唱。

大合唱是振奋人心的，刘良佐也为这次赏心悦目的表演感到高兴。于是，他在阵仗中喝起酒来，以显示一名指挥官应有的淡定从容。

结果他挨了一顿炮击。

贝勒带着人马到君山查看形势，也被大炮打着了一回。骑兵被打散了，马匹乱闯，连贝勒自己也差点被踩死。清军又从南京运来了二十四门大炮，非常大，一艘船只能拉一门。他们抢了百姓家的铁锅炼成炮弹，每一颗都重达二十斤。乱炮轰城，江阴城摇摇欲坠。不巧的是，炮轰的时候，天上下起了暴雨。

据说清兵听到了鬼叫的声音；城里的人，也看见城中空旷的地方有数万只白鹅，可走近一看，又消失了。

于是大家说，那就是劫难中死去的人的灵魂啊！

八月二十一日，城破。

清军的所有大炮集中轰击江阴城的东北角，大炮的铁球轰进城内，陷入土地数尺；而轰炸到城墙的炮弹，将城墙炸开了一个个口子。清兵摸了过来，躲避炮轰的城民以为外面还在放炮，却不知道清兵后来放的是空炮。

早晨的时候，清兵探头察看城里的情况，发现城中部队排布有序，不敢轻易压上。

可是到了中午，一道红光直射入城，正中祥符寺。城中就有些沸腾凌乱了，清兵趁机杀了进来。

城破了。

一切都将烟消云散。接下来要做的，唯有死而已。

阎应元在东城城楼，向人要了一支笔，在城门上写下一副名垂后世的联语：

八十日带发效忠，表太祖十七朝人物；

十万人同心死义，留大明三百里江山。

写罢，他率领百余人上马格斗，进退八次。人群想要向西突围，但无论如何也冲不出去。阎应元望着众人，缓缓说道："我的任务完成了。"

言罢，他拔出短刀刺向了自己的胸脯。但他没有立刻死去，于是他又纵身跳入前湖之中，马上又被百姓救了上来。刘良佐来了，他派人来抓阎应元。

他说："我没别的要求，只是你们必须给我抓活的。"

他跟阎应元有旧。

阎应元被抓了，他见到了刘良佐。

刘良佐看见阎应元的那一刻，哇地哭了起来。他拍着阎应元的肩膀，不停喊着："你这是何苦啊！"

"可是你又何必哭呢？我既然来到这里，就没想着活着回去。快点把我杀了吧！"

刘良佐没有杀阎应元，他要把阎应元交给贝勒。

贝勒在县衙里等候多时。他很想看看这个阎应元究竟有什么能耐，能把清军挡在城外八十天。贝勒死死盯着阎应元。

"认错吧！"

"我没有错。"

"你不剃发，就是错。怂恿大家不剃发，大错特错。认错！"

"我没有错，认什么错？"

"跪下！"

"除非把我的腿打断。"

随即阎应元破口大骂。一个小兵用枪刺他的小腿，血流如注。他倒在了地上，依然咒骂。

贝勒让人把阎应元押到栖霞寺。夜里，寺里的和尚总能听见里面人的骂声。

第二天清晨没了动静，才发现阎应元死了。阎典史，以不入流之士子的身份，连同陈典史，率领民众抗击清军八十一日，最后英勇就义，其精神定当同日月一般，万古长存。他留给人们的，是八十余天荡气回肠的往事。

与此同时，江阴城内已被惨烈的气氛所笼罩。

阎应元的家属十余人，不投降，杀。

训导冯敦厚，穿着公服在明伦堂自缢；妻子和姐姐投井自杀。

江阴无名女子自杀前写诗："露胔白骨满疆场，万里孤忠未肯降。寄语行人休掩鼻，活人不及死人香。"

陈明遇巷战而死，全家投水自尽。（也有人说他并非战死，而是在那天关上了衙门，全家男女共计四十三人焚火自尽。而他自己持刀与清兵巷战，全身血肉模糊，倚靠墙壁站立而死。）

中书戚勋，入城协守，最终耗光了所有的力气，临死前在墙上写下："戚勋死此。"他的妻女也全部殉难自杀。

许用德阖室自焚。

弓箭手黄云江素来喜欢音乐，城破后抱琴而出，从容就义。

竟无一人投降。

可惜！可悯！可敬！可叹！

次日，巷战，清兵纵火焚城。

与此同时，百姓无一人顺从，纷纷慷慨赴死。清军下令，从东门出去的不杀，小于十三岁的不杀。可惜，江阴的男女老少，投水、蹈火、自刎、自缢，内外城河、绊河、孙郎中池、玉带河、涌塔庵池、里教场河里，都填满了尸体，层层叠叠。仅四眼井中，自杀者便有二百余人。

清兵封刀了，因为除了自杀的，全被他们杀光了。

这个时候，清军的长官终于出榜安民。

他们表示：其实这一切都怨不得我们，都怨你们不知道好歹。现在好了，我们来了，所以你们也别躲了。我们会严肃军纪，给大家营造一个和谐安全的环境。

这就是典型的不要脸了。

江阴没了。在外奔波的程璧终于回来了。

他找了两个地方的部队，他愿意自己出钱让部队来帮助江阴，但都遭到了拒绝。后来他去老家安徽找人，可等他到了地方的时候，这里的兵也早已溃散。

他回到了江阴，看到的是一座空城。

"你们果然还是赢了。"

程璧仰天长啸，他再不愿在这样的世界里苟活。于是他将头发剃光，落发为僧，遁入空门，从此不问世事。

由此我知道，程璧是有信仰的。

是信仰什么呢？我想了很久。

后　记

这篇文章的主体，翻译自清代许重熙《江阴城守纪》。我将江阴八十一日的历史整理成白话，并不是要彰显什么汉人的骨气，也并非为了让人认清什么清廷罪恶的历史。有人说要杀回去，这就是典型的脑子浑了，似乎并不知道历史上农民军自己发动的屠杀与此别无二致。

这篇文章，全文都是江阴幸存者的口述和转述。与史实应有出入，但整体是可信的。

对照历史记载，清军里似乎并没有什么死了三个王爷的说法，军队的人数好像也不对。清朝的历史书里，也没有记录这八十一日战斗的过程。而这一切，恰恰证明了这正是幸存者的见闻——因为幸存者的见闻是不一样的。而把不干净的历史抹去，这是胜利者常用的做法。可胜利者不可能将故事就此一笔勾销，往后的日子里，人们将偷偷怀念那壮烈的战场。乾隆看内部资料，读到了多尔衮给史可法的劝降书和史可法的回信。看完以后，他陷入了深深的沉思之中。他感慨道："史可法之支撑残局，力矢孤忠，终蹈一死以殉。又如刘宗周、黄道周等之立朝謇谔，抵触佥壬，及遭际时艰，临危授命，均足称一代完人。"

乾隆让人修了《贰臣传》，将降清的明朝官员均称为"贰臣"。所以刘良佐再有功勋，在乾隆眼里，他也只是个贰臣。

有人把江阴八十一日比作大明王朝的最后一丝尊严。

我愿意把江阴人民比作一群倔强到不可理喻的孩子。许多人非要让这个没有做错事的孩子认错，我们一群人，看着孩子挨打，直到他因为不认错而被打死，却还大言不惭地问：

这一切都值得吗？认错不就行了吗？

我们成熟，我们沉稳，我们懂得圆滑，也知道适时地卑躬屈膝。我们选择向许多许多的不合理妥协，假装认可蛮横和无耻，却忘了我们最初的坚持。

所以我们都是绝望的孩子。

等我们长大了，满怀悲悯地看待这个世界，还是会发现一些东西的。比如在我们的心中，总有一些东西比别人想象的重要。

那时的我们，才是真正的成熟啊！

我们会拼尽全力保护对我们重要的人和事——尽管在别人看来，那根本就不重要。也许只有我们自己知道，那是我们尊严的底线。

读客传记火爆畅销！

《知行合一王阳明》大全集
百万畅销书！通俗讲解王阳明及其心学思想的经典全集！

《曹操：打不死的乐观主义者》
越是逆境，越要乐观！

《秦始皇：创造力一统天下》
领略秦始皇如何用无穷无尽的创造力一统天下！

《成吉思汗：意志征服世界》
比智慧更强大的是意志！

《李世民：从玄武门到天下长安》
层层解读玄武门风云突变的疑点细节，
条条理析李世民名垂千古的曲折历程，
领略千古一帝先发制人的决断和心怀天下的胸襟。

《深不可测：刘伯温》
乱世攻城略地，拿下元朝万里江山；
盛世安邦治国，定下大明百年基业。
翻开本书，领略刘伯温深不可测的谋略智慧！

读客传记火爆畅销！

《帝国首辅：张居正》

在政敌眼里，他是卑鄙的弄权小人；
在百姓心中，他是伟大的救国英雄！
翻开本书，领略张居正如何不择手段救天下！

《曾国藩：又笨又慢平天下》

坚持笨拙，不走捷径！

《成吉思汗：比武力更强大的是凝聚力》

军事征服只是头一步，
将欧亚大陆的不同人凝聚在一起才是关键一步！

《武则天：从三岁到八十二岁》

不杀人就会被人杀，不称帝则死无葬身之地！

《曾国藩系列经典套装》

政商追阅！"曾国藩研究代表人物"
唐浩明经典畅销之作！

《卑鄙的圣人曹操（珍藏版）》

一件件讲透，曹操收拾三国群雄的卑鄙、奸诈、狠毒计谋；
一页页浸透，曹操体恤天下众生的柔情、仁义、圣人情怀。

激发个人成长

多年以来，千千万万有经验的读者，都会定期查看熊猫君家的最新书目，挑选满足自己成长需求的新书。

读客图书以"激发个人成长"为使命，在以下三个方面为您精选优质图书：

1. 精神成长
熊猫君家精彩绝伦的小说文库和人文类图书，帮助你成为永远充满梦想、勇气和爱的人！

2. 知识结构成长
熊猫君家的历史类、社科类图书，帮助你了解从宇宙诞生、文明演变直至今日世界之形成的方方面面。

3. 工作技能成长
熊猫君家的经管类、家教类图书，指引你更好地工作、更有效率地生活，减少人生中的烦恼。

每一本读客图书都轻松好读，精彩绝伦，充满无穷阅读乐趣！

认准读客熊猫

读客所有图书，在书脊、腰封、封底和前后勒口都有"**读客熊猫**"标志。

两步帮你快速找到读客图书

1. 找读客熊猫

2. 找黑白格子

马上扫二维码，关注"**熊猫君**"

和千万读者一起成长吧！